Michael Waltinger

Niederbayerische Sagen

Nieder-
bayerische
SAGEN

Gesammelt und wiedererzählt von
MICHAEL WALTINGER

Illustrationen von
PETER MÜHLBAUER

7. Auflage

SüdOst Verlag

Bibliografische Information der Deutschen Nationalbibliothek

Die Deutsche Nationalbibliothek verzeichnet diese Publikation in der Deutschen Nationalbibliografie; detaillierte bibliografische Daten sind im Internet über http://dnb.dnb.de abrufbar.
ISBN 978-3-86646-779-8

Für uns, die Battenberg Gietl Verlag GmbH mit all ihren Imprint-Verlagen, ist Nachhaltigkeit ein wichtiger Teil unserer Unternehmensphilosophie. Daher achten wir bei allen unseren Produkten auf den Einsatz umweltschonender Ressourcen und Materialien.
Dieses Buch wurde auf FSC®-zertifiziertem Papier gedruckt. FSC (Forest Stewardship Council®) ist eine nicht staatliche, gemeinnützige Organisation, die sich für die verantwortungsvolle und ökologische Nutzung der Wälder unserer Erde einsetzt.

Unsere Partnerdruckerei kann zudem für den gesamten Herstellungsprozess nachfolgende Zertifikate vorweisen:
– Zertifizierung für FOGRA PSO
– Zertifizierungssystem FSC®
– Leitlinien zur klimaneutralen Produktion (Carbon Footprint)
– Zertifizierung EcoVadis (die Methodik besteht aus 21 Kriterien in den Bereichen Umwelt, Einhaltung menschlicher Rechte und Ethik)
– Zertifikat zum Energieverbrauch aus 100 % erneuerbaren Quellen
– Teilnahme am Projekt „Grünes Unternehmen" zum Schutz von Naturressourcen und der menschlichen Gesundheit

Titelbild: natalia_maroz, fotolia.com
Hintergrund: abbiesartshop, fotolia.com

7. Auflage 2024
ISBN 978-3-86646-779-8
Alle Rechte vorbehalten!
© 2024 SüdOst-Verlag in der Battenberg Gietl Verlag GmbH, Regenstauf
www.battenberg-gietl.de

Vorwort

Als der junge Lehrer Michael Waltinger sich um die Jahrhundertwende voller Elan und Sachkenntnis für die Pflege von Volkstum und altem Brauch einsetzte, war er in Niederbayern noch allein am Werk. Heute rühmt die Nachwelt seine Verdienste um die heimatgeschichtliche Forschung und Sammlung niederbayerischen Volksgutes.

Auch mit dem Sammeln von Sagen begann er schon lange, bevor es Gedrucktes zu dieser Literaturgattung aus Niederbayern gab. Heute ist das Sammeln oder gar Erfinden von Sagen fast zu einer Modeerscheinung geworden, wie sich auch um das Brauchtum oft unübersehbar der Kommerz windet.

In seinem Vorwort zur ersten Auflage erklärte Michael Waltinger, dass Sagen nicht etwa Geschichten sind, die sich ein Bäuerlein oder eine fantasiebegabte Großmutter ausgedacht haben. Sagen sind »das ewige Gedächtnis des Volkes«, das es zu pflegen gilt.

Professor Hubrich rügte, als die zweite Auflage von Waltingers Sagensammlung erschien, dass schon damals viele Geschichten und Sagen veröffentlicht wurden, die mehr oder weniger hübsch zusammengereimt waren, die Probe auf die Treue der Überlieferung aber nie aushielten. Hier ragte Waltinger – so Prof. Hubrich – weit über die Auch-Heimatler hinaus. Jahrzehntelanger Sammelfleiß und der strenge Grundsatz, nur wahrhaft Volkskundliches zu bringen, machten sein Buch zum heimatlichen Quellenwerk.

Auch Max Peinkofer, Heimatdichter und Volkskundler von hohen Graden, rühmte Waltingers Werk, das als erstes Sagenbuch Niederbayerns herauskam. Waltinger, so schrieb er, habe als Bewahrer heimatlichen Volksgutes Bedeutendes geleistet. Tatsächlich kann Waltingers Werk und Wirken als Pionierarbeit gewertet werden.

Der Verlag

Inhaltsverzeichnis

Vorwort 5
Inhaltsverzeichnis 7
Unsere Volkssagen 16
Der fromme Bauer 25
Jungfrau Mechtild auf dem Hohenberg bei Bernried in Niederbayern .25
Die zurückgenommene Opfergabe 26
Der versteinerte Käslaib 26
Der Mamminger Fuß im Dom zu Freising .27
Der Flucher 27
Vom versunkenen Bauern 28
Brotbacken am St. Leonhardstag 28
Der geizige Bauer 28
Gräfin Weklin 29
Die geizige Pflegerin 30
Der hohe Stein 31
Der bestrafte Flachsdieb 31
Der Pfennigberg 32
Die drei Kohlenbrenner vom Daxstein 33
Die Johanniszeche 33
Der versteinerte Grafensohn 34
Der hartherzige Brotträger 34
Das Marterl im Neuburger Walde 35
Der Frevler 36
Der Kommuniontagschänder 37
Die Muttergottes von Stubenberg 37
Bestrafte Gottlosigkeit 38
Da Toifö un s oit Wä 38
Die Entstehung der Wallfahrtskapelle Kohlstattbrunn 39
Wenn's Aveglöcklein läuft, will's Gott, ist Ruhezeit 40
Der Teufel und die Näherin 41
Die Teufelsbeschwörer 41
D' Nummansoida 42
Die Sage von der Höllschlucht und dem Höllbach 43
Der Teufel als Holzmacher 43

Der Teufelstisch 44
Der Teufel am Fenster 44
Der Teufelsfelsen mit der Teufelskanzel 45
Der Teufelsritt 45
Sauloch 46
Die Teufelsmauer 47
Die Römerstraße 47
D' Schirgnkapelln 49
Die Sage von der Steinpetermühle 50
Die nächtlichen Eisschützen 51
Der Teufelsritt eines Hirtenjungen 52
Das Wirtshaus in Steg 52
Der Teufel als Wildschütz 53
Haimonskinder 54
Die verschwundene Frau 54
Sonderbarer Besuch 55
Die Hazardspieler 55
Der Teufel mit der Eselshaut 57
Der Natternberg 57
's Ghachlet 58
Der Teufel in Vornbach am Inn 59
Das Gehäkelt an der hohen Wand 59
Die Haberkirche 61
Der Teufel als Koch 61
Der Teufelsweber von Gotteszell 62
Die Höllmühle 62
Der Teufel und der fromme Lehrer 63
Der böhmische Geschirrhändler 64
Der Müller und sein Schwarzbuch 65
O die Müller! 66
Die Gespenstersoldaten 68
Vom Fahrnbacher Brechhaus 68
Noch eine Brechhaussage 69
Er lebte gar nicht mehr lange. 69
's Nachtgload 69
's Nachtgload bei Gehring 70

Das Marterl bei Ay	72
Das Nachtgejaid	72
Vom Falter bei Fürstenzell	73
Ha-u-na-uen	73
Der Fürstenecker Jagdbischof	74
Die Tanne mit dem dürren Wipfel	74
Von den Drachen	74
Der schwarze Käfer	75
Die Wegmooshenne	76
In der Moosleiten	76
Die Hexe vom roten Bühl	77
Die Hexenelstern	78
Die Schneiderin von Kasparzell	79
Die Hexen im Frauenauer Walde	79
Die Hexennudeln	80
Das Hexenstühlchen	80
Die Hexe von Aschberg	81
Von der Steinkathl	82
Der verhexte Rahm	82
Die verhexten Kühe	83
Eine Hexenaustreiberin	83
Ein Hexenaustreiber	84
Das Hühnerbrot	84
Das Hexenpulver	85
Vo Galgweis und vo Gergweis	85
Das traurige Mädchen	87
Das Federlein	87
Die Trud	88
Eine Vilstaler Trud	88
Die Trud in Altrandsberg	89
Wie die Weberin die Trud vertrieb	89
Die lange Agnes	90
Die lange Agnes in Abbach	91
Die Weiz im Hasenederholze	91
Die Weiz von Reckenberg	91
Die Weiz von Zimmern	93

Vom Wähazvoschoffa	93
Ein Weizlichtl	94
Der Straubinger Bote und das Lichtlein	94
Das dienstgefällige Irrlichtlein	95
Der Amtmann und das Irrlicht	96
Das Lichtlein in der Gegend von Mahd	97
Die wegweisenden Lichtlein	98
Die Spukföhren	99
Das Irrlicht am Inn	100
Schatzbrennen	100
Der verschwundene Geldhaufen	101
Der Schatz auf dem Hohenbogen	101
Der Schatz in Ruhmannsfelden	104
Der Schatz im Bürgerholz	105
Der Schatz im Alterberg bei Viechtach	105
Der Schatz im Schloßberg zu Winzer	106
Eine Schatzgräbersage	106
Verschwundene Schlösser	107
Die Perle in der Teisnach	107
Die glühenden Kohlen im Pumperhölzl bei Engertsham	107
Die Zwerge von Kalkofen	108
Die Schrazen	109
Von den Schrazen zu Untervierau	110
Die Erdmännlein zu Mitterndorf	111
Die Bergwichtlein von Pettenau	111
Das Wasserfräulein	112
Der Bilmesschneider	112
Der unheimliche Holzmacher	114
Männer ohne Kopf	114
Am Totenmann	115
Der Falterwartl	116
Die feuerigen Männer	116
's Bodahaus ön Solla	117
Eine arme Seele erlöst	117
Vom Bauern, der den Grenzstein versetzte	118
Der Markbaum	118

Die zwei Kreuze	119
Der Mann mit dem Gsottstuhl	119
Die Steingretl	120
Die Schönbacher Musikanten	120
Der Wetterprophet von Ringelai	121
Der Musikant an der Windkapelle	121
Der Windberger Prophet	122
Die gespenstigen Beter	122
Der Schneiderfranzi von Wurz	123
Vom Bama	123
Das Nothemd	124
Das Nothemd	124
Der Schnatterer	126
Passauer Zettel	127
Der Durchsichtige	127
Am Diebsbrünnl	128
Vom Neid erlöst	128
Der Stein am Weg	129
Die schöne Frau bei St. Anna	129
Die Schlangenkönigin	130
Der Totenzug in Tittling	130
Die Zaubernadel	132
An einem Strohhalm erhängt	132
Die Elster auf dem Schloßberg in Winzer	132
Eine Anmeldung	133
Kugelgießen	133
Weitere Anmeldungen	134
Der Wolfbauer von Niederbayern	135
Das Dösingerried	136
's Omein	136
Vom Weltkrieg	136
Die Gras- und Rosengasse in Landshut	137
Schweinhütt	138
Der Tod in Schweinhütt	138
Klein-Schweinhütt	138
Der Sterb um Freyung	139

Der Tod mit dem Rechen 140
Die Pest in Ruhmannsfelden 140
Am Pestfriedhof zu Rinchnachmündt 141
Die Pest in der Gegend vom Ayrhof 142
Der Überführer von Haunreut 142
Wie die Rott zu ihrem Namen kam 143
Der Büchelstein 143
Die Sage von der Rusel 144
Sage vom Geißberg bei Arnstorf 145
Das Ossafräulein 146
Der Pfahl 147
Der Hirschenstein 149
Der Fischer am Arbersee 149
Vum Rachlsee 150
Vom kleinen Arbersee 151
Die Entstehung des Lusen und seiner Steinkappe 152
Wie der Dreisesselstein seine Form erhielt 153
Die drei Jungfrauen im Plöckensteinsee 153
Der Zaubersee am Dreisesselberge 155
Die güldnen Schneereiflein 155
Das Kind im Dreisesselberg 156
Der Schneiderstein 157
Die hölzerne Hand 157
Die Streit 158
Die Höllmühle bei Hebertsfelden 158
Die Streit und der Friedbach bei March 158
Ayrhof 159
Dommelstadel 159
Eglsee 159
Gaisbruck 160
Vilssattling 160
Der Name Oberspechtrain 160
Welchenberg 161
Patersdorf und Fratersdorf 161
Fürstenstein und Engiburg 161
Die Ritter von Lichtenegg und Hohenbogen 162

Der Gotzerhof bei Engiburg 162
Vom Drachselsrieder Schloß und dem Schatz in Gnögei 163
Die Erscheinung bei der Ruine Dießenstein 163
Ritter Tuschei von Söldenau 164
Die Romanze vom Schwammerling 166
Die Braut von Fürstenstein 167
Das Schloß auf dem Luitberge 168
Das versunkene Schloß bei Degernberg in Niederbayern 170
Die Irrglocke zu Hutthurm 170
Der reitende Hauptmann 171
Der Dragoner 172
Das Kreuz bei Nussing 173
Die Kapelle zu Reckendorf 174
Die Wetterglocke auf dem Gallner 175
Das Glockental bei Niederroning 175
Die Hund' von Flintsbach 176
's Hexnnandl 176
Die Glocke von Hainberg 177
Der hl. Severin in Künzing 178
Silphinus 178
St. Gotthard 178
Die Martinsgans 179
Der hl. Günther 179
Englmar 180
Der stumme Abt 180
Abt Edmund 181
Veit Höfer, Abt in Oberaltaich 181
Das nächtliche Gebet der Mönche 183
Heinrich der Heilige 184
Bischof Wittmann 185
Herkommen des Pfingstritts zu Kötzting 185
Die hl. Kümmernis 186
Der arme Spielmann 188
Wolfsindis 190
Gamelbert und Utto 191
Von der Gründung des Klosters Metten 191

Entstehung der Kirche in Wollaberg 192
Vom Kirchenbau in Gottsdorf 192
Geiersthal 193
Von der Entstehung der Wallfahrtskirche Osterbrünnl 193
Von der Entstehung der Kirche in Oberkreuzberg 194
Die redenden Ochsen in Großenpinning 194
Die Kapelle in Reckenberg 195
Grainet 195
Das Brunnenbarbel 196
Ursprung der Wallfahrt Bogenberg 196
Die Bestätigung der Wundertätigkeit des Bildes auf dem Bogenberg .197
Vom Kloster St. Maria in Niederviehbach 197
Das niederbayerische Loretto 198
Halbmeile 198
Der Frevel zu Halbmeile 199
Neukirchen hl. Blut 199
Die blinde Marter 200
Das wunderwirkende Kruzifix auf dem Kreuzberg zu Haardorf 200
Von der Wallfahrt zum hl. Kreuz in Tann (in Niederbayern) 202
Christus und Petrus in einem Bauernhof zu Niederalteich 202
Die Rastbuche 204
Fürbitte der hl. Maria um Erhaltung der Ähren 204
Landshuter Wein 205
Der Fußtritt Christi 205
Die zwölf Apostel in Niederalteich 205
Das Teufelsvieh 206
D' Amoasn 206
Sagen vom Schnee 207
Das versunkene Kirchlein 207
Brudersbrunn 208
Handlab 209
Schimmelkapellen 209
Von der Holledau 210
Der Ritter von Bogen 213
Graf Aswins Tanne 214
Das Schloßfräulein von Weißenstein 215

Die Hunde von Weißenstein 215
Gambrinus vor dem Egger Bräuhaus 218
Die Schneiderburg 219
Die Riesengeiß auf dem Hohenbogen 220
Der Pflug im Wappen von Straubing 221
Landshuts Wappen 221
Der Hofnarr zu Trausnitz 222
Turnier zu Landshut 222
Der geschundene Wolf zu Passau 223
Die drei Lederer zu Passau 223
Die Finsinger 224
Ortsneckereien 226
Die Moizerlitzer 230
Was die Sage von den Deggendorfer Knödeln erzählt 230
Von der Neßlbacher Kirchweih 231
Der Ortsname Wunder 231
Wie Wischiburg zu seinem Namen kam 231

Unsere Volkssagen

Wenn der Städter im Sommer aus dumpfer Zimmerluft hinaus aufs Land flüchtet, um in der freien Gotteswelt die Lungen zu weiten und die Nerven zu stärken, so wird er wohl später häufig sich der gewonnenen Eindrücke erinnern und vor Freunden und Bekannten von den Bergen und Tälern, Flüssen und Seen, Wäldern und Auen schwärmen und von Land und Leuten erzählen, auch, wie wohltuend die Ruhe draußen in den stillen Dörfern oder im gastlichen Einödhofe auf ihn gewirkt. »Schön war es! Aber – für immer möcht' ich doch nicht draußen sein!« wird jedoch regelmäßig der Schluss all der Lobeshymnen lauten. Wer möchte bezweifeln, dass die Leute, die schon von Geburt an in der Einsamkeit leben und von all der Schönheit der Natur, die sie umgibt, nichts fühlen, weil ja das Alltägliche gleichgültig wirkt, sich auch oftmals recht einsam, weltverlassen fühlen? Und so zieht es die Bewohner der Einödhöfe, der Weiler und der entlegenen Dörfer zuzeiten mit unwiderstehlicher Gewalt in den Menschentrubel, und daher ist es auch verständlich, wenn das Landvolk zu den Jahrmärkten in Massen strömt und zu den Wallfahrtszügen in Massen sich einfindet. Die Menschen sehnen sich eben zu Menschen, sehnen sich von Zeit zu Zeit heraus aus ihrer Öde und Einsamkeit und es drängt sie, sich mit Thresgleichen dann und wann zusammenzufinden und Gedankenaustausch zu pflegen. Besonders drückt sie die winterliche Eintönigkeit. Heute wird sich das wohl noch viel intensiver äußern; denn ehedem gab es in der Zeit der langen Abende Arbeit über Arbeit. Die Dreschflegel klapperten schon beim Morgengrauen durch die Dörfer und in der Abenddämmerung klangen sie noch. Auch der Spinnrocken verlangte emsige Bedienung und da meist jeder Bauer sein eigener Zimmermann, Dachdecker, Besenbinder und Holzschuhmacher war, so gab es immer etwas zu basteln. So ging auch nach Feierabend die Arbeit nie aus und alles im Hofe teilte sich in sie.

Die junge Welt fühlte den Drang nach Geselligkeit selbstverständlich am allermeisten und so fand sich in alter Zeit vor allem das junge Weibsvolk – es war althergebrachte Verpflichtung, dass jedes im Winter täglich einen Strähn Garn spinnen musste, und zwar nicht nur die Mägde, auch die Knechte. Wer nicht spinnen konnte oder wollte, musste sich von anderen spinnen lassen, wofür noch vor 20–25 Jahren im unteren Walde per Strähn 12 Pfennig zu bezahlen waren – abends nach dem Essen mit seinen Spinnrocken zusammenfanden, und zwar in steter Abwechslung: heute beim Huberbauern, morgen beim Sepperlbauern usw. Das waren die sogenannten Heimgärten. Wenn da beim matten Schein der Petroleumlampe oder gar noch des Kienspans die Räder schnurrten, dann mochte wohl ein des »Fotzhobls« kundiger Knecht Stimmung in die Gesellschaft gebracht haben und wenn der Pflichtteil an Arbeit erfüllt war, dann trat regelmäßig die Geselligkeit in ihre Rechte. In erster Linie wird immer meist dem Tanze gehuldigt worden sein; denn das hat sich ja schon aus Adams Zeiten her eingebürgert: wo die holde Weiblichkeit sich zusammentut, da findet das stärkere Geschlecht sich auch bald ein.

Nach dem Tanze kamen vielfach Gesellschaftsspiele an die Reihe: Hirschenfangen, Bockspannen, Pfänderspiele usw. Sodann schaffte man sich Kurzweil durch Singen altüberlieferter Volkslieder oder man gab Rätsel auf. Beliebt waren auch die sogenannten Dorflitaneien, bei denen gute und schlimme Eigenschaften von Ortseinwohnern in Reimen aufgezählt wurden (es war das eine Art unschuldigen, harmlosen Haberfeldtreibens); auch Schnellsprechübungen wurden gemacht. Besonders gerne aber wurden alte Volkssagen und Märchen erzählt.

Volkssagen ... Was sind eigentlich Volkssagen? Wundt sagt: »In der Sage spiegeln sich Erlebnisse der Vergangenheit. Mögen diese noch so sehr mit erdichteten und phantastischen Zugaben versetzt sein, irgendwie bezieht sich die Erzählung auf etwas irgend einmal und irgendwie Geschehenes ...«

Wenn wir in dem Vielerlei unserer Volkssagen einen Überblick fassen, so kommen wir schließlich zur Überzeugung, dass die anfänglichen, die ersten oder Ur-Sagen nichts anderes gewesen sein werden als Volks-Ethik, Glaubens- und Sittenlehre in primitiver Form, wie wir sie ähnlich bei allen Naturvölkern finden. Ja, denken wir an den Koran der Muhamedaner. »Derselbe ist kein ausschließliches Religionsbuch in unserem heutigen Sinne. Er behandelt die verschiedensten Vorkommnisse des Lebens, enthält insbesondere Vorschriften des Zivil- und Strafgesetzes, der Gesundheitspolizei und selbst der Politik. In allen Suren – so heißen die einzelnen Kapitel – herrscht zwar eine geringe Bildung, aber hohe Naturpoesie, mitunter eine glänzende Phantasie bekundende Sprache; oft blumenreich, oft voll Lebenserfahrung und ebenso voll inniger Begeisterung für Religiosität, Wahrheit und Recht. Auch erkennt man, dass es dem Verfasser weit weniger um unmittelbare Durchführung seiner Hauptglaubenssätze an sich als vielmehr darum zu tun war, seine Araber durch die überspanntesten Schilderungen von Himmel und Hölle, sonach durch Lockung und Furcht, für seine Sache zu gewinnen, sie gleichmäßig auf der einen Seite zu schrecken, auf der anderen zu begeistern.«

In der Bibel des Alten sowohl als des Neuen Testamentes finden wir in schlichten Erzählungen Recht und Unrecht, Gut und Böse, Belohnung und Strafe mundgerecht gemacht.

Ebenso ist es bei unseren Ursagen. So mögen bei unseren Vorfahren in altersgrauer Vorzeit die Rechts- usw. Grundsätze dem Volke in leicht fasslicher Weise, meist in Form von praktischen Beispielen aus dem Leben geboten worden und mündlich weiter geerbt und fortgepflanzt worden sein. Ursprünglich wird es sich bei allen jenen primitiven Staats- und Religionsgesetzen wohl vor allem darum gehandelt haben, die Begriffe gut und böse sinnfällig darzustellen und zu erläutern und die Belohnung des Guten sowie die Bestrafung des Bösen zu erhärten. Der kindlich naive Geist des kulturell noch tiefstehenden Volkes verlangte eine dementsprechende Fassung der geltenden Gesetze. Ein Verbot oder Gebot in bildlicher Belehrung mit einem Drum und Dran lebhaft geschilderter angeblicher oder wirklich erlebter Begebenheiten wird leichter begriffen, besser gemerkt, eher beobachtet als ein nüchtern-kühles Aufzählen von dürfen, müssen und lassen. So wird z. B. auch heute der Bub, wenn ihm Vater oder Mutter sagen: »Man darf ein Messer mit offener Klinge nicht mit der Schneide nach oben auf den Tisch legen!« es kaum beachten, auch dann, wenn der Zusatz nicht vergessen wird: »sonst schneidest du dich einmal unversehens!« Heißt es aber: »Sepperl, drah's Mössa um, sunst müassn d'Armaseeln dra(u)f reitn!« dann wird im Gemüt des Kindes eine Saite anklingen und es wird sicher erreicht, was man will. Um einem Mädchen das unschickliche Pfeifen abzugewöhnen, wird jene Mutter sicherlich schneller zum Ziele gelangen, die da sagt: »Marie, wenn ein Mädl pfeift, dann weinen d'Engl im Himmi!« als wenn sie nur sagen würde: »Es schickt sich nicht, dass Mädchen pfeifen!«

Wie bereits erwähnt, finden wir in den Sagen die Bestrafung des Bösen, so der Lüge, des Diebstahls, der Ungerechtigkeit und die Belohnung des Guten, so der Rechtlichkeit, der Wahrheitsliebe, der Treue und Ehrlichkeit, des Gehorsams gewissermaßen gelehrt.

Die Belohnung erfolgt durch gute Geister, Götter und Göttinnen, Elfen, Zwerglein, die Bestrafung des Bösen durch böse Geister, Dämonen. Oft ist auch nur kurz gezeigt, dass und wie die bösen Geister schaden und die guten nützen. Vielleicht ist hier die fehlende Begründung im Laufe der Jahrhunderte verlorengegangen.

Eine der häufigsten Sagengestalten unserer heutigen Volkssagen ist der Teufel. Sicherlich sind die meisten Teufelssagen Sagen ältester Gattung, Ursagen. Der »Teufel« aber ist erst in die Sage hineingetragen worden. Sagt zwar Goethe im Faust:

»Bedenkt, der Teufel der ist als,
So werdet alt ihn zu verstehen«,

so kannte ihn doch das germanische Heidentum noch nicht. »Überhaupt ist der Name Teufel«, sagt Jakob Grimm, »undeutsch und nichts als das beibehaltene diabolos (Verleumder). Das diabolus der Vulgata lautet bald tiubil, tieval, bald diuval, diufal und wird zugleich für das daemonium der Vulgata verwendet. Aus dieser Dehnung des Begriffs und Kürzung der Form sieht man, dass der Ausdruck einheimisch wurde und allmählich alle übrigen entbehrlich machte; mhd. finden wir tievel, tiuvel, nhd. teufel, ags. deofol, engl. devil, isl. djöfull, schwed. djefoul, dän. djävel. Er verbreitete sich fast durch ganz Europa!«

An der Sage vom wilden Jäger (wilde Jagd, 's Nachtgload), die in den verschiedensten Variationen in allen Gegenden zu finden ist, haben wir das beste Beispiel, wie durch die Christianisierung die Einstellung des Teufels in die Sage erfolgt ist, um altheidnische Namen und Begriffe damit zu verdrängen. Bringen wir uns einige solcher Sagen in Erinnerung.

Zwischen Safferstetten und Pocking liegt die sogenannte Hoad (Heide), eine ebene Fläche mit magerem Sandboden. Hier hat früher der Teufel gerne gejagt. Alle größeren Hunde der umliegenden Höfe mussten sich dabei beteiligen. Sobald das Signal zum Beginn der Jagd gegeben war, rissen sie sich los, wenn sie etwa an die Kette gelegt waren, und kamen immer erst morgens ganz müde und abgehetzt nach Hause zurück. Kam ein nächtlicher Wanderer unters Gejaid, so musste er sich schleunigst auf sein Angesicht glatt auf die Erde werfen und Hände und Beine kreuzweise übereinander legen. So zog das wilde Heer, das immer einige Fuß hoch über dem Erdboden dahersauste, über ihn hinweg, ohne ihm ein Leid anzutun.

Ein ehrsames Schneiderlein, das einstmals spät nachts von der Störe heimkehrte, sah zu seinem nicht geringen Schrecken plötzlich die höllische Jagdgesellschaft gegen sich einherziehen. Schnell entschlossen warf er sich in der vorher beschriebenen Weise zu Boden und erwartete sein Schicksal. Es geschah ihm aber nichts. Ein Teufel nur stieß ihn verächtlich mit dem Fuße und sagte mit näselnder Stimme: »Scherhaufa!«

Ein Mann aus der Gegend von Pleinting wollte nicht glauben, dass der Luftgeist – 's Nachtgload – nächtliche Wanderer mitnehme, daher ging er einmal mit einem Kameraden zu gewisser Zeit nachts aufs freie Feld hinaus, den Luftgeist zu erwarten. Derselbe kam auch mit schrecklichem Sausen und Heulen vorüber. Die beiden Neugierigen warfen sich in ihrer Todesangst gerade noch rechtzeitig zu Boden, sonst wäre es ihnen schlimm ergangen.

In früheren Zeiten wurden aus Österreich und Ungarn mittelst großer, schwerfälliger Plätten[1] Handelsartikel wie Getreide, Wein, Schnaps, Geflügel, Salz, Eisen, Felle usw. auf der Donau bis Regensburg gezogen. Wenn die Pferdeknechte ihre Gäule aneiferten, hieben sie mit ihren langen Peitschen auf sie ein und schrien dabei aus vollen Hälsen: »Ha-u-na-u!« was immer einen Heidenlärm abgab und weit und breit zu hören war. In den hl. Zeiten wie Advent, Weihnachten, hl. Dreikönig soll nun auch der Teufel oft des Nachts die Donau heraufgekommen und dabei das Geschrei der Schiffs- bzw. Pferdeknechte, das »Ha-u-na-uen«, wie es die Leute nannten, nachgeahmt haben. Oberhalb Heining, gegenüber dem »hohen Stein«, war ein Kreuz angebracht und da ging gewöhnlich die Teufelsfahrt zu Ende; denn hier konnte der Teufel nicht vorüber. In solchen Spuknächten sollen von sämtlichen Anwesen, an denen die Teufelsfahrt vorüberging, die Hunde und Katzen jedesmal mitgezogen sein. Erst des anderen Morgens kehrten sie nach dem Aveläuten müde und schweißtriefend wieder heim.

Bischof Heinrich von Passau soll dem Treiben des Teufels ein Ende bereitet haben.

In dieser letzten Sage ist interessant, dass der fürchterliche Zug aus Wald und Flur an das Gewässer übertragen ist.

Die Ursage lautete ungefähr folgendermaßen:[2] Wuotan jagt, begleitet von den schlachtengefallenen Helden, den Einherjar und den Walküren,

---

1 Plötte genannt, flache, geräumige Schiffe.
2 Nach F. Wenz.

den reitenden Schlachtjungfrauen, im sausenden Sturme daher. Als ihr Gott führt er die Helden zur Schlacht. Darum ist sein Zug unaufhaltsam. Er geht über Berg und Tal und Wald und Wasser, über Bäume und Büsche, ja durch die Häuser dahin. Heldenmut war die erste Tugend aller Kämpfer; aber die Herrschaft ist dahin und so kühlen sie ihren Mut nur mehr im Jagen. Der Zug geht durch die Luft, bei Tag oder bei Nacht, immer dieselbe Straße. Menschen, die des Weges kommen, müssen sich aufs Angesicht niederwerfen oder ihr Haupt verhüllen; denn die Gottheit dürfen sie nicht schauen. Der getreue Eckart geht deshalb voraus und warnt.

Manchmal reitet der »Alte« auf einem Schimmel im Zuge und Raben und Wölfe begleiten ihn neben Hunden und Katzen usw. Der Jäger, der Alte, war unser Germanengott Wuotan. Derselbe galt nicht nur als der oberste der Götter und war als solcher gut, mächtig und weise, sondern auch, wenn es not tat, heftig, ungestüm, wild (unsere Begriffe wütend, Wüterich stehen hier im Zusammenhang). Wuotan wurde auch als Sturmgott verehrt. Der Ausdruck »das wütende Heer« stammt von Wüetungesher, das gleichsam von Wuotan angeführte Heer. Wuotan war auch der Lenker der Schlachten und Siege, dem 2 Wölfe und 2 Raben beigelegt waren. Der Siegesgott reitet auf einem Schimmel. Als Schimmelreiter hat das Christentum den hl. Kriegsmann Georg eingeführt.

Die gefallenen Helden gingen zu Odin, dem nordischen Wuotan und »zu Odin gehen«, »zu Odin fahren« hieß sterben.[1] So galt Wuotan auch als Totengott. Die Eulen gelten heute noch als Totenvögel. Auch sie begleiteten den Zug mit den Seelen der Verstorbenen (namentlich verstorbener Helden). Anstelle der verstorbenen Helden ziehen nach altem christlichen Volksglauben die Seelen der verstorbenen ungetauften Kinder mit.

Wenn der Sturm geht, sagt man: »Jetzt hat sich wieder einer gehängt!« Wuotan war nämlich auch Patron der Gehenkten. Er soll sich als Opfer neun Tage lang auf einem Baume aufgehängt haben.

Das Christentum nun machte aus dem obersten der Götter, aus dem gütigen, zeitweise wohl auch heftigen Wuotan mit seinem Schimmel den obersten Teufel mit seinem Rappen (Rot und Schwarz gelten als Dämonenfarbe), dessen Macht nur durch das Zeichen des Kreuzes gebrochen werden kann. (Hinweis auf das Niederwerfen und Kreuzen der Arme und Beine.)

---

1 S. Grimm.

Der Raum zwischen Zeigefinger und Daumen hieß in den Niederlanden Woedensspanne. Wuotan war auch Gott der Glücklichen und der Spieler. Unsere Sagen, in denen der Teufel inmitten mitternächtiger Kartenspieler erscheint, deuten darauf.

In den Sagen vom wütenden Heer ziehen auch Hexen mit. Hier wurden die Hexen für die Walküren, die Wodanstöchter und Windgöttinnen eingestellt.

Der getreue Eckart ist bei uns aus der Sage genommen und in Sankt Nikolaus und Knecht Ruprecht als gütigen Gabenspender umgewandelt worden.

Nebenbei mag auch erwähnt sein, dass ein Mitzweck der Sage vom wütenden Heer ohne Zweifel auch gewesen sein wird, Furcht vor nächtlichem Herumstreunen zu erregen.

Fast überall, wo wir heute den Teufel in der Sage finden, dürfen wir an eine alte Wuotan-Sage denken. Von den ursprünglichen Sagen ist selbstredend überall nur mehr die Grundidee vorhanden, ja die meisten unserer heute als Volkssagen umgehenden Volks-Erzählungen haben vielleicht mit jenen alten, eigentlichen Volkssagen nicht im mindesten etwas zu tun; sie sind Nachahmungen, Schöpfungen poetisch veranlagter Leute. Wieviel darunter auch in stiller Klosterzelle usw. ausgebrütet und von da unters Volk gesäet wurde, wer kontrolliert das heute?

Die Sage »Luitperga von Winzer« in unserm Mittelklassenlesebuch[1] ist sicher keine Volkssage, nicht vom Volke erdacht, erzählt und in ihm lebendig. Schon die örtlichen Unrichtigkeiten weisen darauf hin.

Nehmen wir nun nicht weiter Rücksicht auf das Alter und die Urtümlichkeit, sondern betrachten wir das gesamte heute als Volkssage umgehende Material und sichten es nach seinem Inhalt, so unterscheiden wir

    I.   weltliche,
   II.   kirchliche Sagen.

Die ersteren handeln entweder A von den Naturgöttern und können als Elementarsagen bezeichnet werden oder sie handeln B von der Natur selbst und ihren Gebilden.

---

[1] Von Niederbayern.

Die sogenannten Elementarsagen kann man teilen in solche, welche

1. von Luft und Feuer,
2. von Nebel und Wasser und
3. von der Erde zu erzählen wissen,

während die von der Natur und ihren Gebilden handelnden

1. über Steine und Felsen,
2. über Quellen und Brunnen,
3. über Sträuche und Bäume,
4. über Tiere,
5. über Menschen Kunde geben.

Die Luft- und Feuersagen erzählen von Wind, Sturm und Gewitter, führen Drachen vor und den wilden Jäger mit seinem Gefolge; auch die Lichtl-, Schatz-, Spuk- und Gespenstersagen, die Sagen von Hexen und Truden gehören zumeist hieher.

Die Nebel- und Wassersagen enthalten Mitteilungen über Schlangen, Riesen und andere menschliche Ungeheuer, Seejungfrauen, Fluss- und Brunnengeister, den Wassermann.

Die Erdsagen sprechen von Berggeistern (wie Rübezahl), Schratzen, Zwergen, Gnomen, Kobolden, Wichteln, Heinzelmännchen, Alpenfeen (saalige Fräulein), Einsiedler. Sie haben ihren Wirkungskreis in Gebirgen, Felsen, Schluchten, Wald und Flur, Haus und Hof. Auch der Bilmes mit seinem Bilmes- oder Durchschnitt gehört hieher.

In der B-Gruppe, die von der Natur und ihren Gebilden spricht, erzählen die Stein- und Felsensagen von Teufelskanzeln, Teufelsmauern, Teufelstischen, Teufelslöchern, Teufelstritten usw., von Wirbeln in Gebirgsbächen und Flüssen (der versteinerte Ritter im Regenflusse), von Aushöhlungen, Wackelsteinen, eratischen Blöcken und Felsformen aller Art, die Quell- und Brunnensagen von Kropfquellen, Hungerbrunnen, die Baum- und Strauchsagen von sogenannten Naturwundern, außergewöhnlichen Formen, Spuren vom Teufel, bei ungewöhnlichem Alter vom Götterglauben, von Verzauberungen und Verwandlungen strafbarer Menschen, während die Tiersagen von Haustieren, Schlangen, Kröten, Vögeln und wilden Tieren berichten. Die 5. Abteilung der B-Gruppe, welche den Menschen zum Hauptinhalt hat, ist mehr die geschichtliche Sage. Sie ist besonders reichhaltig und handelt von fürstlichen Personen, berühmten Gelehrten (Faust), berüchtigten Männern (Bayer. Hiasl, Schinderhannes), von Kriegen und Schlachten, Not und Pest – Pestfrauen und -Jungfrauen, Pestkirchen und -Kapellen, Pestkreuzen und -Friedhöfen, von Sühnekreuzen an der Stelle einer Mordtat, Marterln und Inschriften, Statuen, Denkmälern, Grabsteinen, Haus- und Stadtwappen, Wahrzeichen, Bildern und sonstigen Gegenständen, Burgen, Schlössern und Ruinen (Bausagen, Geister- und Spukerscheinungen, wie die der weißen Frau, Versinken, Zerstören infolge Frevels und Verwünschung, unterirdische Gänge, Hungertürme, Einmauerungen, vergrabene Schätze) und Namenserklärungen, sogenannte Ortsentstehungssagen, welche jedoch meist nur in die Breite gezogene Wortspiele sind.

Die kirchlichen Sagen und Legenden handeln von Kirchen-, Kapellen- und Klostergründungen, Wallfahrtskapellenwundern, hl. Quellen und Brunnen, Tieren und Menschen; auch hieher zählen Namenserklärungen sowie die Glockensagen (Wetter-, Sau- und Irrglocken). Des Weiteren mögen hier auch die Schwankerzählungen angefügt werden (Wurmannsquicker Drehbank, Veldener Hecht, die Finsinger Stücklein usw.). Die sogenannte Wandersage, eine Volkssage, die nicht an eine bestimmte Örtlichkeit gebunden, nur da heimisch ist, die vielmehr an verschiedenen Orten, in verschiedenen Gegenden, ja in verschiedenen Ländern und bei verschiedenen Völkern zu finden ist, nimmt aus den verschiedenen Sagengruppen ihren Inhalt. Solche Wandersagen mögen wohl am äußeren Kleide Unterschiede zeigen; der Kern der Sage ist da wie dort ein und derselbe. Solch eine Wandersage ist die vom wütenden Heer, vom Haus- und Brückenbau, bei dem der Teufel betrogen wird, vom Kirchenbau, an dessen endgültige Baustelle ein Vöglein einen blutigen Span trägt u.a. m.[1]

---

1 Bei der Einteilung der Sagen hielten wir uns an einen Aufsatz von Dr. W. Kriechbaum im 13. Heft (1920) der »Braunauer Heimatkunde«, geleitet von Dr. E. Kriechbaum, Braunau.

Der fromme Bauer[1]

Ein Bauer aus Patersdorf stand einmal vor Sonnenaufgang auf seinem Felde es zu pflügen. Da hörte er vom Dörflein her die Kirchenglocke den Tag anläuten. Er ließ Pferd und Pflug rasten, wendete sich der Kirche zu, kniete nieder und verrichtete ein andächtiges Gebet. Als er dann wieder an die Arbeit ging, wie staunte er! Da stand ein Engel hinter dem Pfluge und pflügte.

In der Kirche zu Patersdorf findet sich ein Bild, auf dem diese Begebenheit dargestellt ist.

Zwischen Neßlbach und Sattling pflügte ein Bauer seinen Acker. Da rief die Glocke der Pfarrkirche zur Frühmesse. Der Bauer, der ein frommer Mann war, verließ sein Gefährte und eilte zur Kirche. Als er hernach die Arbeit wieder fortsetzen wollte, fand er alles geschehen. Während er in der Kirche betete, hatte Gott einen Engel gesandt, der für ihn den Pflug führte.

Heute erinnert eine Blechtafel an der Stelle noch an dieses Geschehnis.

Jungfrau Mechtild auf dem Hohenberg
bei Bernried in Niederbayern

Bei einem Bauern auf dem Hohenberg war eine Jungfrau, die gut gelebt hat und gut gestorben ist, hat Mechtild geheißen. Wenn sie bei der Arbeit war und es hat zur Messe geläutet, so hat sie die Sichel in die Luft geworfen und diese ist immer in der Luft hängen geblieben. Ist sie zur Kirche gekommen, so ist die Kirchentüre von selbst aufgegangen. Der Hohenbergweg geht über einen Graben. Der ist einmal so voll Wasser gewesen, daß Mechtild nicht hinüber gekonnt hat. Da hat sie vom Zaun am Schrankengitter einen Pfahl herausgerissen und über den Graben gelegt. Weil sie aber den Zaunstecken nicht wieder an seinen Ort zurückgebracht hat, ist die Kirchentüre nie mehr von selbst aufgegangen. Auf das hin hat sie dann den Zaunstecken wieder in den Zaun gesteckt und da ist die Kirchentüre aufgegangen wie zuvor.

Die Alten haben gesagt: »Tut keinen Zaun verreißen, es ist eine Sünde!«
Nach Panzer

---

1 Zwei volkstümliche Übertragungen der alten Isidorlegende.

Die zurückgenommene Opfergabe

Im Enggruberhofe bei Neuhofen hatte man immer Unglück im Stalle. Das Vieh nahm nimmer zu und bald verendete eine Kuh, bald ein Ochse. Da versprach sich der damalige Besitzer des Hofes zum hl. Erasmus nach Heiligenberg und gelobte, sobald er Erhörung fände und Besserung bei seinem Viehstand einträte, eine Kalbin zu opfern. Der hl. Erasmus war ihm gnädig und bald gab es keine Klage mehr auf dem Enggruberhofe. Der Bauer vergaß aber auch sein Versprechen nicht und führte eines schönen Tages seine schönste Kalbin auf den Heiligenberg. Doch als er mit seinem Opfer vor dem Altäre stand, reute ihn das Versprechen. Er riß die Kalbin herum und sagte: »Wenn ma's Radi schmiert, nacha geht's!« Dann führte er sein Opferrindlein wieder heimzu. Aber siehe, im Pflaster des Kirchenbodens hatten sich die Klauen der Kälbin unauslöschlich eingegraben. Die Steine, auf denen diese Abdrücke sich befinden, wurden später herausgehoben und in die Seitenwand des Kirchleins, das jetzt eine Seitenkapelle zu der später vergrößerten Wallfahrtskirche bildet, zum ewigen Gedächtnis eingelassen.

Der versteinerte Käslaib

In der St. Hermannskapelle bei Bischofsmais befindet sich über einem Seitenaltare ein Stein, der die Form eines Käselaibes hat. Wie kam dieser Stein in die Kapelle und was mag er nur bedeuten?

Vor langer, langer Zeit kam einmal eine Bäuerin aus der Gegend zum hl. Hermann und bat flehentlich um seine Hilfe. Sie versprach, einen Laib Käse zu opfern, falls sie Erhörung in ihrem Anliegen fände. Der Heilige nahm sich ihrer an und bald erschien sie wieder, ihr Gelöbnis einzulösen. Sie legte den versprochenen Laib auf den Altar, kniete sich nieder und verrichtete noch ein inbrünstiges Dankgebet. Während sie aber so betete, kam der Neidteufel über sie. Immer und immer mußte sie nach ihrer Gabe schielen und dabei dachte sie, ein kleinerer Laib hätte es auch getan und schnitt ein ansehnliches Stück Käse weg. Der hl. Hermann verwandelte sofort den Käs in harten Stein und zeigte ihr damit das Sündhafte ihrer Handlungsweise an.

Der Mamminger Fuß im Dom zu Freising

Auf der rechten Empore des Freisinger Domes ist in nächster Nähe des St. Sigismund Altares unter Glasrahmen von ca. 30 cm Höhe das Skelett eines linken Menschenfußes aufbewahrt, unter welchem auf einer Holztafel folgendes über diesen Fuß Aufschluß gibt: »Dieser Fuß ist vor vielen unerdenklichen Jahren von Mamming hieher gebracht worden, als nun einsmahls eine ganze Nachbarschaft von Mamming hieher zu dem heiligen Sigmund den dritten Pfingstfeyertag wie gebräuchlich Wallfartten gangen, habe sye unterwegen einen Nachbarn, so auf einem Baume gewesen, angetroffen, dem befragt, ob er mit dem Kreuz nachher Freysing mit ihnen gehen wolle, habe er das gespött damit getrieben, vorgeben, er woll nit, daß ihm ein Fuß zu Freysinge währe; indem sey seiner Füße einer von dem Baum herabgefallen und von des Bauern aigenen Hund in dem Maull nachher Freysing getragen worden und da die Nachbarschaft mit dem Kreuz in die Kürchen kamen, sey der Hund mit diesem Fuß vor dem Altar gelegen.« *Dingolfinger Heimatmuseum*

Der Flucher

In der Nähe von Alkofen war ein Knecht mit Pflügen beschäftigt. Da der Boden schwer aufging und die Arbeit lange dauerte, wurden die Pferde müde und wollten beim Heimfahren nichts mehr von Trab wissen. Darüber kam der Knecht in große Wut und er fing erbärmlich zu fluchen an. Er fluchte sogar an dem Wegkreuz, an welchem er vorüber musste, vorbei und dachte nicht im mindesten daran, auch nur seinen Hut ein klein wenig zu lüften, geschweige denn ein Kreuz zu schlagen, wie es doch allgemein Brauch ist. Da war es, als ginge ein unterirdisches Rollen über die Gegend, die Erde tat sich auf und verschlang den Flucher samt Roß und Wagen. An jener Stelle, wo das geschehen ist, befindet sich heute noch ein großes Loch, das man schon oft erfolglos zuwarf.

Vom versunkenen Bauern

In Tragenreut, einem Dorfe der Gemeinde Prag bei Fürsteneck, war es Brauch, daß niemand am St. Ulrichstage einspannte oder überhaupt schwere Arbeit verrichtete. Ein Bauer aber brach einmal die alte fromme Sitte und fuhr an diesem Tage Heu heim. Seine Nachbarn hatten ihn gewarnt und gebeten, das Heu doch morgen zu holen. Er aber lachte und sprach: »Ulrich hin, Ulrich her! Ich muß heute noch mein Heu unter Dach bringen!« und fuhr auf die Wiese. Als er das Heu aufgeladen hatte, ließ er die Peitsche über die Rücken der Ochsen sausen: »Hüh!« Aber es ging nicht vorwärts. Noch einmal: »Hüh!« Da tat sich mit einem Male die Erde auf und Bauer und Gefährt versanken im Wiesengrund. Nur der Wiesbaum war noch zu sehen. Die Tragenreuter Bauern feiern heute noch den Ulrichstag.

Brotbacken am St. Leonhardstag

Zu Zell in Niederbayern geschah es, daß eine Bäuerin am St. Leonhardstage ans Brotbacken ging. Das sah ihre Nachbarin und ermahnte sie ernstlich, daß es sich nicht zieme, am St. Leonhardstage Brot zu backen. Doch jene erwiderte: »Leonhardstag hin, Leonhardstag her! Und sollen mir die Hände im Teig stecken bleiben, so muß ich backen!« Und siehe, als die Verwegene in der Arbeit fortfuhr, blieben ihr auch auf einmal beide Hände im Teige stecken, welche Hände man noch heutigen Tages in der Kirche sehen soll.

Zimmermann

Der geizige Bauer

Auf dem Schwemmbergerhofe[1] hauste einmal ein Bauer, den der Geizteufel ritt. Derselbe benützte beim Getreideverkauf stets einen Metzen, der weit unter dem richtigen Maße war, und betrog so nicht nur die reichen Bräuer und Getreidehändler, sondern auch die vielen armen Häusler und

---

1 Ein Einödhof zur Gemeinde Allersdorf gehörig.

Inwohner der Gegend, die ihr Brotkorn von ihm kaufen mussten, und das war besonders schlecht von ihm. Dafür aber mußte er auch nach seinem Tode büßen und des Nachts auf seinem Grund und Boden »umgehen«. Sobald jemand des Weges kam, mußte er immer rufen: »Bi(n) da Schwemmbergerbauer, muaß sitzn am Roa[1]; hab im Lebn viel Leut betrogn: mei Metzn is z'kloa!«

Gräfin Weklin

In der Nähe des Marktes Schönberg befinden sich die Ruinen des Schlosses Rammeisberg, ehemals eines der ältesten Schlösser des Bayerischen Waldes. Hier lebte einst die Gräfin Weklin, welche wegen ihrer bezaubernden Schönheit, nicht minder aber auch wegen ihres Neides und ihrer Hartherzigkeit bekannt war. Oft kamen die Armen der Gegend, um etwas von den Überresten der reichbesetzten Tafel zu erbitten. Gräfin Weklin wies ihnen stets unbarmherzig die Tür und befahl den Dienern, die Speisereste den Schweinen vorzuwerfen. Da wurde die Gräfin krank und starb schon nach wenig Tagen. In feierlicher Weise wurde ihr Leib in der Ahnengruft beigesetzt. Nachdem das geschehen war, ging die Dienerschaft wieder ihrer gewohnten Arbeit nach. Mit Entsetzen gewahrten die Mägde die Verstorbene unter den Schweinen sitzen und mit diesen aus dem Troge zehrend. Als der Graf davon hörte, ging er zur Zeit der Fütterung in die Stallung und fand mit Schrecken die Mär bestätigt. Darauf ließ er einen kostbaren Trog anfertigen, ihn in den Schweinestall stellen und zur Speisezeit jedesmal mit den köstlichsten Sachen füllen. Aber die Gräfin saß immer wieder unter den Schweinen. Nun rief er einen Einsiedler zu Rate, der in der Nähe hauste. Der verbannte die Gräfin an den Rachelsee. Ehe sie aus dem Stalle verschwand, bat sie noch: »Bringt mir jedes Jahr ein Paar eiserne Schuhe an den Ort meiner Verbannung! Ich muß noch weiter büßen für meinen Neid.« Von der Stunde an ging der Geist der Gräfin am Rachelsee um, der damals noch mit Urwald umgeben war und selten eines Menschen Antlitz sah. Alljährlich stellte man ihr an das Ufer des Sees die gewünschten Schuhe. Wenn sich dann und wann die Hirten mit ihrem Vieh an den See ver-

---

1 Rain, Feldrain.

irrten, sahen sie die Gräfin in weißem Kleid und mit aufgelösten Haaren weinend am Ufer sitzen oder schwerfällig über den Wasserspiegel schweben, wobei sie die eisernen Schuhe in die Tiefe zu ziehen drohten. Seit einiger Zeit ist sie verschwunden. Ob sie wohl erlöst ist?

Die geizige Pflegerin

Nach einer im Pfarrhofe zu Hutthurm liegenden Handschrift war die Frau des im Jahre 1495 verstorbenen fürstbischöflichen Pflegers Degenhart von Wotzmannsdorf zu Leuprechting (Leoprechting) Sabina ungemein geizig. Sie hatte vor ihrem Tode all ihre Kostbarkeiten vergraben und mußte zur Strafe nachher »umgehen«. Nachdem sie bereits lange ihr Unwesen in ihrem ehemaligen Wohnsitze getrieben hatte, wurde sie in einen jenseits des Inns gelegenen Teich verbannt, wo man sie oft als großen, schwarzen Fisch, der auf dem Rücken einen Bund Schlüsseln trug, sehen konnte.

Der hohe Stein

Wenn man von Kopfberg nach Zipf geht, so führt der Weg durch ein wildromantisches Tal, in dem zahllose Felstrümmer zerstreut umherliegen. Unter diesem Gestein zeichnet sich besonders ein Block durch seine riesige Höhe aus. Das Volk nennt ihn einfach den hohen Stein und erzählt von ihm folgende Sage:

In uralter Zeit stand dahier ein Schloss, das von einer reichen Gräfin, deren Gemahl in einer Schlacht den Tod gefunden hatte, und ihrer Schwester bewohnt war. Die beiden Frauen waren geizig und hartherzig gegen alle Notleidenden. In einer wilden, stürmischen Nacht klopfte ein Bettler an das Schlossportal und bat um Nachtherberge; aber die Frauen wiesen ihn fort. Da erhob der Bettler drohend seine Rechte und rief:

»Der Himmel verderbe euch mit seinem Zorne und keine Ruhe sollt ihr finden bis an das Ende der Tage!«

In diesem Augenblick erhob sich ein gräßlicher Sturmwind und ein ungeheurer Felsen löste sich oben vom Berge und begrub das Schloß samt seinen Bewohnern.

Seit diesem Tage sieht der einsame Wanderer in stürmischen Nächten die zwei Frauen auf dem Felsen sitzen. Wenn ihre Zeit dereinst abgelaufen sein wird, dann wird ein Mann aus dem Volke sie erlösen. Eine Truhe voll Gold, die unter den Felstrümmern vergraben liegt, wird sein Lohn sein.

Der bestrafte Flachsdieb

Einige mutwillige Dirnen aus Rauhbühl bei Viechtach arbeiteten eines Nachts im Brechhause und schimpften weidlich über den Bösewicht, der ihnen schon wiederholt den gebrochenen Flachs entwendet hatte. Um Mitternacht entstand plötzlich ein Sausen und heulend fuhr der Teufel durchs Brechhaus, einen Bündel Flachs mitnehmend. Die Mägde bekreuzten sich und fingen zu beten an. Sie meinten nichts anderes als der Teufel sei der Flachsdieb.

Der aber fuhr den Haselbachsteg hinab, über den der Dieb, der den Dirnen immer den Flachs gestohlen hatte, seinen Weg nehmen mußte und legte sein Flachsbündel dort nieder. Bald darauf kam der Dieb, um wieder nach dem Brechhaus zu schleichen. Als er das Bündel sah, griff er gierig darnach, glitt aber aus, stürzte kopfüber ins Wasser und ertrank. Ein Marterl an der Brücke gedenkt des Vorfalles.

Der Pfennigberg

Ein Hügel bei Hofdorf heißt noch gelegentlich der Pfennigberg. Von ihm geht die Sage, daß dort ein stolzes Schloß inmitten eines Birkenwaldes gestanden sei. Der Schloßherr war ein Prasser für sich, ein Geizhals anderen gegenüber. Die Hofdorfer hatten nach altem Herkommen das Recht, aus dem Walde für ihren Bedarf Birken zu holen. Der Schloßherr aber widersetzte sich dem alten Recht, so daß längere Zeit das Birkenholen unterblieb. Einmal geschah es, daß eine längere Trockenheit einsetzte und die Aitrach versiegte. Es mangelte an Wasser. In dieser Not erhofften sich die Hofdorfer den ersehnten Regen durch einen Bittgang zur Wallfahrtskirche auf dem Dreifaltigkeitsberg. Sie wollten den Weg, den die Prozession nahm, mit Birken schmücken, mußten diese aber aus dem Schloßwalde holen, da es in der Umgebung sonst keine Birken gab. Der Schloßherr jedoch verweigerte wieder die Abgabe. Es kam zu Unterhandlungen und schließlich gab der Schloßherr nach. Die Hofdorfer sollten sich ihre Birken fällen dürfen, wenn sie – für das Blatt einen Pfennig entrichteten (2 alte Pfennige gaben einen Kreuzer). Das konnten die Hofdorfer nicht leisten. Sie beschlossen daher, die Birken heimlich zu holen, und begaben sich zur Nachtzeit in den Wald. Der Schloßherr war entschlossen, mit der Waffe in der Hand jeden Einfall in seinen Wald zu begegnen. Mangels eines Wächters – sein Geiz erlaubte ihm nicht einmal das Halten eines Hundes – bediente er sich eines abgerichteten Hahnes, der laut krähte, wenn sich verdächtiges Geräusch bemerkbar machte. Um Mitternacht krähte nun der Hahn und plötzlich entstand ein schauerlicher Lärm. Es blitzte und donnerte und das Schloß versank mit allem, was drinnen war, in den Erdboden. Die Hofdorfer hören seither immer Mitternachts den Hahn krähen; nur am Vorabend des Fronleichnamstages unterbleibt es.

Dingolfinger Heimatmuseum

Die drei Kohlenbrenner vom Daxstein

Auf dem in der Nähe von Thurmannsbang gelegenen Daxstein wohnten drei Kohlenbrenner. Sie waren Brüder und arbeiteten mitsammen Tag und Nacht. Sie mieden Trunk und Spiel und schafften und sparten auf ein sorgenloses Alter. Als aber wieder einmal Kirchweih kam, sagten sie zueinander: »Laßt uns auch wieder einmal mit den anderen Burschen fröhlich sein! Nur dies einemal wieder!« Und sie gingen miteinander ins Dorf zum Tanz. Kaum hatten sie sich unter die fidelen Kirchweihgäste gemischt, ging schon das Necken und Spotten an. Einer meinte, die Kohlenbrenner sollten ihre Schürhaken mitgenommen haben, damit sie etwas zum Tanzen hätten; ein Mädel tanze doch nicht mit ihnen. Ein zweiter sprach, sie seien das Bier nicht gewöhnt und sollten sich fleißig Geißmilch einschenken lassen. Ein dritter sang gar ein Spottlied auf sie. Zuerst lachten die Brüder; dann aber gab ein Wort das andere und schließlich reichten die Worte nimmer; man stieß mit den Fäusten, schlug mit den Stühlen und Krügen und stach mit den Messern. Einer der Spötter wurde tot aus dem Wirtshaus getragen. Da flohen die Kohlenbrenner und stürzten sich aus Furcht und Verzweiflung gemeinsam in einen Meiler. Seit dieser Zeit steigt an dieser Stelle ab und zu Rauch aus dem Boden auf.

Die Johanniszeche

In der Nähe von Buchet lag einst dicht am Fuße des Ossa ein Bergwerk, die Johanniszeche genannt, das reiche Goldadern barg. Die Leute, welche dasselbe ausbeuteten, erfaßte eine solche Goldgier, daß sie an nichts anderes mehr dachten als nur an das Gold. Sogar die Sonn- und Feiertage wurden ihnen zu Werktagen und setzten sie doch einmal aus, so geschah das nicht, um in die Messe zu gehen, sondern um zu zechen, zu spielen, zu schlemmen und vor den anderen Leuten mit ihrem Reichtum zu prahlen. Karfreitag war es, als sie wieder nach Lam zogen und in den dortigen Wirtshäusern ihre Goldfüchsen springen ließen. Sie durchpraßten Tag und Nacht. Erst am Osterdienstag machten sie sich wieder an die Arbeit. Aber, o Schrecken! Das Bergwerk war inzwischen eingestürzt und eine Wiederaufrichtung desselben unmöglich. Noch heute erinnern mächtige Felsblöcke bei

Buchet an die ehemalige Johanniszeche. Am Allerseelentage kann man zwischen dem Gestein ein eigentümliches Glitzern beobachten; aber greift man hinein, um das vermeintliche Gold zu erlangen, so sind es Kohlenbrocken, was man in der Hand hat.

Der versteinerte Grafensohn

Nahe bei Chamerau liegt im Regenflusse ein großer, seltsam geformter Stein. Er heißt allgemein der versteinerte Grafensohn.

Vorzeiten stand in Chamerau am rechten Regenufer ein stattliches Schloß, dessen Grundfeste heute noch deutlich erkennbar ist. In dem Schlosse wohnte ein reicher Graf und dieser hatte einen einzigen Sohn. Derselbe, ein gar lustiger Fant, war bis über die Ohren in Röschen, des Roßbach-Müllers einziges Töchterlein, verliebt und wo und wann er nur Gelegenheit fand, sich Schönröschen zu nähern, tat er es. Das Mädchen jedoch wollte von dem Herrensohn nichts wissen und wich ihm überall aus.

Einmal war Röschen bei einer Freundin auf Besuch und kehrte erst bei einbrechender Dunkelheit nach Hause zurück. Da ritt gerade auch der junge Graf mit einigen Knappen von der Jagd nach dem Schlosse heim. Als er das Mädchen gewahrte, gab er seinem Pferde die Sporen; aber Röschen lief so schnell es konnte und da es merkte, daß es dem Grafen nicht mehr entrinnen könne, sprang es in der Verzweiflung in den Regen. »Hailoh«, rief der Graf, »jetzt bist Du mein!« und dann setzte auch er in die Fluten; doch war er kaum in der Mitte des Flusses angelangt, als er plötzlich mit seinem Pferde in Stein verwandelt war. Die anderen zerstreut herumliegenden Steine in der Nähe des versteinerten Grafensohnes sind dessen Knappen, sagt man.

Der hartherzige Brotträger

In Niederalteich befindet sich in der Kirche, und zwar im Aufgange zur Empore, ein Grabstein, auf dem ein Mann abgebildet ist, der auf dem Rücken eine Kirbe trägt, aus der oben ein Hündlein schlüpft. Hiezu erzählt man folgende Sage: Ein Brothändler wollte einmal eine Kirbe voll Brot ins Kloster tragen, um sie dort zu verkaufen, als ihm unterwegs ein armes Weiblein begegnete und ihn inständig bat, ihr für ihre sieben hungernden Kinderlein ein paar Wecklein zu schenken. Der Mann aber wandte sich mürrisch ab und sagte: »Ohne Geld kein Brot! Ich trag's ins Kloster, die zahlen gut!« Da fluchte ihm die Mutter mit den Worten: »So sollst Du junge Hunde statt Brot im Korbe tragen!« Der Fluch erfüllte sich. Als der Mann zum Kloster kam, hatte er wirklich statt des Brotes junge Hunde in der Kirbe.

Das Marterl im Neuburger Walde

Eine Stunde von Fürstenzell in der Richtung gegen Sandbach befindet sich das aus zerstreuten Häusern bestehende Dorf Jägerwirth, das seinen Namen von einer früher abseits stehenden Diensthütte mit Bierschenke erhielt.[1] Wer von diesem Dorfe aus nach dem eine halbe Stunde entfernten Rehschaln wandert, bemerkt an der Straße, welche durch einen Ausläufer des bekannten Neuburger Waldes führt, links von einer Sandgrube ein altes, morsches Marterl. Nur undeutlich sind noch die bittenden armen Seelen zu erkennen. Wind und Wetter haben es arg mitgenommen. In dieses Marterl nun knüpft sich eine eigentümliche Sage, welche ihre Entstehung der Ehrfurcht des Volkes vor den Gaben Gottes verdankt.

Es war an einem der vielen Feiertage, welche das Landvolk noch im verflossenen Jahrhundert kannte, als sich eine zahlreiche, lustige Gesellschaft beim »Jägerwirth« versammelt hatte. Förster und Jäger, Burschen und Mädchen aus den Bauernhöfen und Dörfern der Umgegend hatten sich eingefunden, sprachen fleißig dem Kruge zu und da sich auch eine fidele Musik gefunden hatte, welche ihre fröhlichen Weisen ertönen ließ, so wurde der grüne Rasen vor dem Jägerwirtshause bald unter den Füßen der Tanzenden zerstampft und zertreten. Schon wurde es dunkel und noch hatten die Kehlen nicht genug des braunen Trankes. Aber ein schnell heraufgezogenes Gewitter brachte bald Schluß in das übermütige Leben und Treiben. Man flüchtete unter Dach und Fach und als Blitz und Donner allmählich verstummt waren, machte man sich auf den Heimweg. Nach allen Richtungen ging es auseinander, mancher schwankenden Schrittes ob des zu viel genossenen Bieres.

---
1 Jägerwirth = Wirt der Jäger.

Auf der Straße nach Rehschaln schritten zwei Burschen und eine Dirne, die Kinder eines vermöglichen Bauern aus der Umgegend. Auch sie schienen nicht ganz nüchtern geblieben zu sein; denn ihre Gesänge waren mehr lärmend als melodisch. Just dort, wo heute das Marterl steht, brach das fahle Licht des Mondes durch die Tannenäste und erhellte eine über die ganze Straßenbreite sich erstreckende Pfütze. Die beiden Burschen stapften hindurch; aber die Schwester nahm in überlustiger Laune eine Semmel, die sie vom Wirte mitgenommen hatte, und warf sie in die Mitte der Pfütze. Sie sollte ihr statt eines Steines zum Überspringen dienen, damit die Schuhe nicht schmutzig würden. Kaum war der Sprung auf das Brot getan, so war das Mädchen verschwunden. Der Erdboden hatte es verschlungen. Die beiden Brüder eilten leichenblaß, Angstschweiß auf der Stirne, nach Hause. Der Schrecken hatte ihre Zunge gelähmt. Sie vermochten kein Wort zu sprechen. Erst am anderen Tage waren sie imstande, das schauderhafte Begebnis zu erzählen.

Der Frevler

Zwischen Kirchdorföd und Klingenbrunn steht tief im Staatsforste eine Tafel auf dem Bilde der leidenden armen Seelen. Eines Nachts kam ein Bursche, der aus Kirchdorföd zurückkehrte, hier vorüber und schoß in frevelhaftem Übermute sein mit Kugeln geladenes Terzerol nach der Tafel ab. Man sieht heute noch die Spuren jenes Schusses. Kaum war die Waffe abgeknallt, so fuhr Feuer von dem Bilde gegen den Frevler, welcher mit Angstgeschrei die Flucht ergriff. Das Feuer verfolgte ihn bis zur Ortschaft Ochsenkopf, wo er wie leblos zusammenbrach. Nach etlichen Stunden starb er im nächsten Bauernhause, wohin man ihn, als man ihn aufgefunden, verbracht hatte.

Der Kommuniontagschänder

In einem Birkenwalde bei Reichsdorf gewahrt man zwei große Steine, die erkennen lassen, daß sie früher ein Stück gewesen sind. Man erzählt sich hierüber folgendes: Vor langer Zeit ging einmal ein Bauer aus der Kollnburger Gegend nach der Pfarrkirche Viechtach, um seiner Osterpflicht zu genügen. Hernach stärkte er sich im Wirtshause mehr als notwendig war (der Volksmund nennt das »den Beichtzettel einweichen«) und mußte sich, als er am späten Abend heimzuwankte, bei dem Felsblocke erbrechen. Darauf ist der Stein in der Mitte auseinandergesprungen. Den Bauern hat man des andern Tages in aller Frühe an derselben Stelle tot aufgefunden. Die beiden Felsstücke haben sich im Laufe der Zeit immer mehr von einander entfernt. Zur Zeit kann schon ein beladener Frachtwagen leicht zwischen ihnen durchfahren. Die Gegend aber wird von den Leuten nachts gemieden, da, wie es heißt, jener Bauer dort umgeht.

Die Muttergottes von Stubenberg

In der Kirche zu Stubenberg stand früher eine Muttergottesstatue, die mit reichem Gold- und Silberschmuck behängt war. Ein armer Schuster aus Tann stattete nun der Gottesmutter eines Tages einen Besuch ab, wobei er alle ihre Pretiosen in seinen Verwahr nahm. Er hatte schon das letzte Silberspänglein in seiner Tasche verschwinden lassen und griff nun mit einem höhnischen »Vergelt's Gott!« nach der Hand der Holzfigur, als diese auf einmal Leben bekam und mit eisernem Griffe sich um die Diebskrallen legte. Da war nun dem Kirchenräuber wohl nicht mehr fröhlich zu Mute. Das Blut schien ihm zu erstarren, die Haare stiegen ihm zu Berge und die Augen drohten aus ihren Höhlen zu treten. Die Beraubte sprach: »Warum hast du mir das getan?« Heiser stotterte er hervor: »Ich wollte nur mit Weib und Kind nicht verhungern!« »Für diesmal«, erwiderte die Gottesmutter, »will ich dich noch frei lassen; aber ich sage dir: in sieben Jahren wirst du wieder kommen, mich zu bestehlen; dann, wahrlich, sollst du der Strafe nicht mehr entgehen« und sie entließ ihn aus ihrer Gewalt. Ihre Prophezeiung ging in Erfüllung. Als nämlich sieben Jahre um waren, kam richtig der Schuster wieder und wollte die Marienstatue zum zweiten Male berauben. Diesmal wurde er solange festgehalten, bis der Pfarrer des Ortes, der zufällig in die Kirche trat, ihn der Polizei übergab.

Bestrafte Gottlosigkeit[1]

Es war einmal eine Frau, die nicht betete und nie Weihwasser nahm. Als sie eines Morgens Holz vom Hofe in die Stube trug, fand sie vor der Haustüre einen blutigen Fuß, vor der Stubentüre eine blutige Hand und auf dem Tisch in der Stube einen blutigen Kopf; hinter dem Ofen aber sah sie einen kohlschwarzen Mann stehen. Zitternd vor Furcht und Schrecken fragte sie denselben, warum vor der Haustüre ein blutiger Fuß liege und erhielt zur Antwort: »Weil du nicht betest und keinen Weihbrunn nimmst!« Dann fragte sie, warum vor der Stubentüre eine blutige Hand liege und die Antwort war wieder: »Weil du nicht betest und keinen Weihbrunn nimmst!« Zum dritten Male fragte sie, warum auf dem Tische ein blutiger Kopf liege und erhielt zum dritten Male die Antwort: »Weil du nicht betest und keinen Weihbrunn nimmst!« Sie fragte weiter: »Warum bist du schwarz?« »Weil ich der Teufel bin!« »Warum hast du so große Augen?« »Dass ich dich besser sehen kann!« »Warum hast du so große Füße?« »Dass ich besser laufen kann!« »Warum hast du so große Hände?« »Dass ich dich besser fassen kann!« »Warum hast du ein so großes Maul?« »Dass ich dich leichter fressen kann!« Und dann stürzte er auf die Frau los und verschlang sie. Der schwarze Mann war wirklich der Teufel.

Da Toifö un s oit Wä

Bo uns af da Häd[2] ön da Kiadoafa[3] Pfarrä hand amoi zwoa Lät[4] gwen, dö harnt recht guat mitananda ghast[5]. Dös hot an Toifö gar nöt paßt. Aft und amol hot a ois prowiat, daß a sched dö zwoa Lätl önananda bracht. Nix hot ogriffa; dö zwoa hand allawä schmoizguat[6] mitananda gwen. Aft kimmt grod an Spangla Franzei[7] a oits Wä önt Räßn. »Hea Gvadda, dös bring i fürtö«, sogt dö, wia r da Toifö sell vozeit hot. »Wos trogt's für an Schmus?« »Sched a Blodan voi Tala«. »Na, zwo lidanö Schuah maou[8] i kriagn«. Aft ham s' asghandlt enanand.

---

1 Man beachte in dieser Sage die Anklänge an das Märchen vom Rotkäppchen!
2 Heide.
3 Kirchdorf.
4 Leute.
5 Gehaust.
6 Schmalzgut.
7 Spangla Franzei wird der Teufel auch genannt.
8 Muß.

Na is vo dö zwoa Lätl ea – a Hoizhaua is a gwen – ön Hoiz außt beim Blöchamocha gwen un is hot dahoit[1] fläßi goabat. Kimmt da dö oit Drug zo eahm. »Ha, Michei«, fangt s' zwiana o, »wiast dö no a so schindn mogst! Dei Wä loßt sö's a nöt a so oglöng sei!« »Aou!«[2] sogt dea, »üba mei Nannei los i fei nix kemma, dös is oanö, wiast as ön droi Landrichta nimma findst«. »No«, moant dö anda, »du bist a fläßiga Mo, dea sö obörackat un afs Lätgschmatz nöt afmiakt; oba wennst as wissast!« »Wos wird dös wieda für a Tratschat sei!« »Wenn dös a Tratschat is, na schau na dahoit, do sitzt dei Wä grod mit an Karl ön Hoagoatn un loßt sö's woi sei«. Is oba ois dalogn un dastunka gwen. Schia hot a iah nöt glabt.

Aft und dana is dea oit Toifö zon Wä ghatscht. Da fangt s' ara so o: »Du kennst dö jo schia vo lautan Oabatn nöt as; tua dö nöt a so obö!« »Mei«, sogt is »Oabat gibts gnua, bläbt an schia koa Zät, aß[3] ma sö ön da Früah gfett[4], vei wenga hot ma zon Ratschn Zät, wia anda Lät!« »No, no, dei Mo moants, scheint ma, nöt a so. Grod schnodat a mit an Mensch[5], dö eahm ebbas z' Essn un a Krugl Bia bracht hat. Hat nöt gmoant, daß dei Michei a no so schö toa kunnt«. Recht hot ös do nöt glabt, aba do hots ös gift un ganz grandö is do gwen, wia ea af d' Nocht hoamkemma is. »Aha!« hot sö dea denkt. Na hot oa Woat s ana gern, woaß ma eh, wia's geht; aft is ea so hoaß woan, aß as daschlogn hot.

Wia na dös oit Luada san Loh hot ghoit, is da Toifö grod drentahoi an Bachei gschtandn. Do wa s' umögwotn dazu: »Na, na«, hot dea gschrian, »bläb no drentn, dia trau i nöt, du bist no irga wia r i, du bringst no meahra zwöng« und hot eahm dö zwo Schuah ön an Gschtanglat umi glangt.

Ja, ja, wo da Toifö nöt sicha is[6], schickt ar an oits Wä!«

Die Entstehung der Wallfahrtskapelle Kohlstattbrunn

Dreiviertel Stunden von Grainet (Bezirksamt Wolfstein) entfernt liegt auf dem Wege nach Duschlberg das vielbesuchte Wallfahrtskirchlein Kohlstattbrunn. Über die Entstehung dieser Wallfahrt gibt uns ein Bild Aufschluß,

---

1 Daheim.
2 Aou = Fuhrmannsausdruck und bedeutet »halt!«
3 Daß.   5 Mädchen.
4 Gekämmt. 6 D. h. sich seines Erfolges im voraus nicht sicher ist.

das in dem Kirchlein oberhalb der Türe angebracht ist. Dieses Bild zeigt uns einen Jäger, der in der Nähe einer Quelle kniet und unterm linken Arm einen schwarzen Hasen mit feurigen Augen hält. Unter dem Bilde ist zu lesen:

»Ursprung der Wallfahrt Kohlstattbrunn. Lorenz Seidl, Häusler von Frauenberg ging an einem Sonntag im September 1753 zur Pfarrkirche nach Grainet. Er hatte ein Gewehr bei sich. An dieser Stelle erblickte er einen Hasen, dem er lange nachging. Jetzt läutete man zum Gottesdienste. Ganz erzürnt, verfluchte er den Hasen. Schwarz kam er unter seinen Arm. Er flehte zu Jesus und Maria und der Hase war verschwunden.«

Der schwarze Hase war wohl niemand anderer als der Teufel selbst, der den Sonntagsschänder mit in die Hölle nehmen wollte. Zur Erinnerung und aus Dankbarkeit für seine Rettung ließ Seidl hier eine Holzkapelle erbauen, in der eine Muttergottesstatue von den Wallfahrern verehrt wird. Die Quelle bei der Kapelle gilt als heilkräftig.

Wenn's Aveglöcklein läuft, will's Gott, ist Ruhezeit

Beim St..r in St. war man es von jeher gewöhnt, sich und das Vieh von Sonnenaufgang bis spät nach Sonnenuntergang zu schinden und zu rackern. Alles, was recht ist. Da ging nun einmal ein Nachbar zum St..r hinüber und sagte zu ihm: »Hör', Nachbar! Glaubst du, daß es unserm Herrgott rechte Freude macht, wenn du nach dem Gebetläuten noch auf dem Felde stehst?« »Nix für ungut«, antwortete jener, »aber jeder macht's, wie's ihm taugt. Wenn meine Bummerl einmal nach Gebetläuten zu weinen anfangen, dann mach' ich Feierabend wie du.«

Des anderen Tages stand der St..r wie sonst auf dem Felde und als das Aveglöcklein verhallt war, war er noch draußen. Auf einmal klang ein jämmerliches, herzzerreißendes Weinen an sein Ohr, so daß er den Pflug stehen ließ und sich umsah, woher denn das Geflehne komme. Er sah niemanden. Schon wollte er wieder weiterpflügen, als die Jammertöne sich wiederholten. Da gewahrte er, als er sich wieder umsah, daß die Ochsen die Köpfe trübselig zu Boden senkten und ihren Augen dicke Tropfen entrollten; dazu brachten sie so wehmütige Laute hervor, wie sie nur ein gequälter Mensch hervorzubringen vermag. Nun gedachte er der Worte, die er am vergangenen Tage gesprochen, machte das Kreuz und fuhr mit Pflug und Ochsen heimwärts. Von nun an gab es auch bei ihm zur rechten Zeit Feierabend.

Der Teufel und die Näherin

I.

In Kötzting lebte eine Näherin, die sich auf ihre Geschicklichkeit nicht wenig einbildete. Einmal sagte sie sogar: »Ich möchte gern mit dem Teufel um die Wette nähen!« Kaum hatte sie ausgesprochen, so stand der Teufel auch schon mit Nadel, Faden und einem Stück Hemdenstoff vor ihr und nahm sie beim Wort. Sie sollte mit ihm ein Hemd um die Wette nähen. Der Teufel gewann die Wette und nahm die Näherin mit. Er trug sie bis an die Isar, sprang mit ihr in den Fluß und stieg unter dem Wasser dahin bis zur Höllentür.

II.

Es war irgendwo noch eine andere flinke Näherin. Diese wettete auch einmal mit dem Teufel, wer von ihnen beiden am raschesten ein Hemd zu fertigen imstande sei. Sollte sie die Wette verlieren, so wollte sie dem Teufel zu eigen sein, gewinne sie, müsse der Teufel sie reich machen.

Damit er nun mit dem Einfädeln nicht lange aufgehalten werde, fädelte der Teufel gleich einen ganzen Zwirnknäuel ein; aber zu jedem Stich mußte er infolge der Länge des Fadens immer dreimal um das Haus laufen. Die Näherin wurde daher zuerst fertig und warf dem Teufel die Arbeit lachend an den Kopf. Dieser hatte erst einen Ärmel vollendet. Er bezahlte die Wette, schlich beschämt davon und soll seither nie mehr gewettet haben.

Die Teufelsbeschwörer

Einige Hohenthaner Burschen beschworen einmal den Teufel. Sie gingen in der Christnacht auf die Kreuzstraße und zogen einen Kreis. In diesen stellten sie sich, gehörig vorbereitet, hinein. Neun Tage lang hatten sie weder gebetet, noch mit Weihwasser sich besprengt und neun Tage sich nicht gewaschen; jeder steckte in einem Gewände von neunerlei Tuch. Stumm standen sie da und ohne Bewegung. Der Wind pfiff seinen Walzer und das Käuzlein rief so schaurig wie noch nie. Endlich war es, als wären sie alle miteinander elektrisiert; durch ihre Körper ging ein Schlag und dann ein Zittern. Sie wollten schreien; aber ihre Kehlen waren wie zugeschnürt.

Vor ihnen stand der leibhaftige Teufel. Nachdem er sich die Gesellen einige Sekunden mit höhnischem Grinsen betrachtet hatte (den Burschen dünkten es Stunden), deutete er auf einen derselben und sprach: »Der mit der roten Zipfelhaube gehört mir!« Dieser gurgelte erst einige unverständliche Laute hervor und dann schrie er wie in Todesangst: »Wö denn grad i?« Flugs war er schon weg und mit ihm der Teufel.

D' Nummansoida

Ön Flintsba(ch) ham s früha ön Hoslahaus allahand Dummheitn triebn. Da Hosla is a Schlankl gwen wiar a ön Buach steht und mit n Teufi is a a(u)f du und du gstandn. Zua daselm Zeit san in dö Gengat[1] a paar graoußö Lottrietreffa kemma; da hat sie da Hosla denkt: »Kannt ma's a probiern!« Da oit Wirt hat an Knecht ghabt, der zu allen Lumperein taugt hat und beim Doafmoasta[2] san glei zwo söchanö Karln[3] in da Arbat gwen. Mit denö hat si der Hosla abgredt (gleich und gleich gsellt si gern, hat a da Teufi zum Kohlnbrenna gsagt). Also: In da Mettnnacht mechtn s Numman soidn! Richti ham si dö vier zsammagfundn. Neu(n) Täg vor da Mettnnacht ham s' scho an Glaubn a(b)gschworn und ham koan Stutzn mehr bet, koan »Gegrüßt seist du Maria«! So ham sa si in da Christnacht nacha beim Hosla nackat eigspirrt. Z'erst is oana um an Loahm, a andana um Wassa; da dritt hat d' Nummara gschriebn, hundat Nummara und da viert hats Feua gschürt. Der, der um an Loahm außi is, hat a füachtalichs Woana und Schreia ghört; er hat si aber not gfüacht und hat sein Loahm richti bracht. Na ham s aus dem Loahm kloano Kugln gmacht wia d' Schussra[4] und ham in a niadö Kugl an Nummara einö to. Wias Wassa gsottn hat, ham s nachat

---

1 Gegend.
2 Dorfmeister (Familienname).
3 Solche Kerle.
4 Schusser, kleine Kugeln, welche den Kindern zum Spielen dienen.

dö hundat Kugln ins Höfa gschmissn. Döseln Kugeln, dö in d' Höh steign, ham dö Glücksnummara. Es is aber nöt viel draus worn. Nur an oanzige Kugl is afgstiegn und dö hat a niada ham wolln. Da ham sa sie zkriagt und ham graft, daß d' Haar umanandagflogn san. Oana hat amoi a(u)f densein Nummara gsetzt, hat dreizeha Guldn gwunga.

Da Hosla is drei Wocha draf gstorbn. Vo dö andan drei is oana daschossn worn, den andan hat a Bam daschlagn. Da viert is ganz vokemma. Bis af heunt woaß ma nöt, wo a hikemma is. Wer n sehgt, soll ma's vomeldn!

Die Sage von der Höllschlucht und dem Höllbach

Ein Bauer aus dem Bayerischen Walde fuhr vor vielen Jahren zur Schranne nach Deggendorf. Er hatte sein Getreide bald gut verkauft und so machte er sich einen guten Tag, trank aber mehr, als er hätte trinken sollen. In berauschtem Zustand fuhr er abends wieder heim. Dort wo der Altbach aus der Schlucht braust, wollten die Pferde nicht mehr weiter. Er fluchte und hieb auf die Pferde ein; aber es half nicht. »Was mag da los sein?« dachte der Bauer; es dünkte ihm nicht recht geheuer und mit der einen Hand zog er den Janker über den Geldgurt vorne zusammen, mit der anderen langte er nach seinem Griffesten. Mit merklich zitternder Stimme rief er nun durch die Nacht – mittlerweile waren schon die Sterne am Himmel aufgezogen: »Wer is da?« Horch! »… is da?« klang geisterhaft das Echo zurück. Was aber ist das? Mit greulichem Basse ruft es aus dem Gebüsch: »Die Nacht ist mein, der Tag ist Dein!« »Das ist der Teufel!« sagte sich der Bauer; doch nahm er sich noch das Herz zu erwidern: »Sand Jesus, Maria und Joseph a bei da Nacht groast!« Da entstand ein Sausen und Krachen und unter fürchterlichem Gestank fuhr der Teufel durch die Schlucht hinauf und zur Hölle. Seit jener Zeit nun nennt man diese Schlucht die Hölle oder Höllschlucht und den Bach Höllbach.

Der Teufel als Holzmacher

Unweit Kühnham im unteren Rottale stand früher eine mächtige Eiche, die sich der Teufel zum Aufenthalte erwählt hatte. Einst ging ein Handwerker in dunkler Nacht von der Arbeit heim und an jener Eiche vorüber. Der Teufel war auf dem Baume mit Holzmachen beschäftigt und rief dem Vorübergehenden zu: »Gib mar a an Zwickl aufa!« Der Handwerker zog einen Scherz Brot aus der Tasche und reichte ihn dem Teufel hinauf. Da fuhr der Böse entsetzt zurück und schrie mit drohender Gebärde: »I kam da scho, wennst den Zwickl nöt hättst!«

Der Teufelstisch

Zwischen Bischofsmais und Triefenried liegt der Teufelstisch, ein Bergrücken, der seinen Namen von einem Felsblock hat, der auf seinem Gipfel liegt.

In alter Zeit, als die ganze Gegend noch dichter Urwald bedeckte, hauste hier der Teufel und jener Felsblock diente ihm als Tisch. Da kam der selige Günther und baute sich auf der Zellerwiese in der Breitenau seine Einsiedelei. Der Teufel saß gerade beim Nachtmahl, als das Glöcklein von Günthers Zelle zum ersten Male ertönte. Verblüfft horchte der Teufel erst einige Augenblicke auf; dann stieß er wütend mit einem greulichen Fluch gegen den Felsentisch, der noch heute schief steht, und verließ mit einem Satze Berg und Gegend. Das Brot, das der Teufel zum Nachtmahle genießen wollte, hat sich in Stein verwandelt und ist ebenfalls heute noch zu sehen.

Der Teufel am Fenster

Bei einem Einödbauern unweit Pöcking kam der Teufel öfters nachts zu einer Magd ans Fenster und brachte ihr jedesmal Eierbrot und sonstiges Backwerk mit. Die Magd wußte nicht, wer der nächtliche Besucher sei; doch kam ihr derselbe unheimlich vor und sie sagte einmal zu ihm: »Zweng was bringst ma denn niar a Hausbrot mit?« Na, a sö(l)chas kann a da nöt bringa!« ward ihr zur Antwort. »Wö denn nöt?« forschte die Magd weiter. »Wei(l) dö tuschadn[1] Weibaleut 's Kreuz drüba machan«, stieß der Teufel grimmig hervor. »Aus is, da Teufi!« schrie die Magd, schlug sich bekreuzend klirrend das Fenster zu und verkroch sich zähneklappernd in ihr

---

1 Tuschend = Wasser schüttend (beim Brotbacken).

Bett. Daraufhin wollte das Mädchen natürlich nichts mehr von einem Plauderstündchen am Fenster wissen. Der Teufel aber kam allnächtlich wieder und vollführte jedesmal einen Höllenlärm, wenn die Dirne sich nicht zeigte. In ihrer Bedrängnis ging diese zu einer alten, weisen Frau, welche ihr den Rat gab, sie solle ein Kränzchen aus Ehrenpreis, Kuhlkraut und Widridor, welches am Fronleichnamstage bei der Prozession mitgetragen worden ist, in ihrer Kammer aufhängen. Und dieses Mittel half. Nur einmal hörte die Magd den Teufel noch am Fenster klopfen und dann kläglich ausrufen: »Ehrenpreis, Kuhlkraut und Widridor ham mi um mein liabstn Schatz bracht!«

Der Teufelsfelsen mit der Teufelskanzel

Die Straße zwischen Abbach und Saal wird von einem Hügelzuge, einem Ausläufer des Frankenjuras, begleitet, in dem ein kahler, hochaufstrebender Felsen sich besonders auffällig hervorhebt. Dieser Felsen führt den Namen Teufelsfelsen und seine eigentümlich geformte Spitze nennt man Teufelskanzel oder Predigtstuhl. Das Volk erzählt sich davon folgende Sage: Die Bewohner des Donautales waren sehr fromm und gottesfürchtig und der Segen des Himmels lag sichtbar auf ihren Fluren. Darüber ärgerte sich der Böse und er beschloß, das Volk von seinem Glauben abspenstig zu machen. In Mönchstracht bestieg er den höchsten Berg der Gegend, machte sich auf dessen Spitze eine steinerne Kanzel zurecht und fing an, von hier aus zu dem Volke zu sprechen. Wenn es ihm folgen, seine Lehren beherzigen würde, sagte er, wolle er es reich und glücklich machen. Aber er wurde alsbald erkannt und niemand wollte ihn mehr hören. Darauf ergrimmte er, packte in seiner Wut ein Felsenstück und warf es in die Donau; dabei stampfte er mit dem Fuße so gewaltig auf den Boden, daß die Spur heute noch zu sehen ist.

Der Teufelsritt

Auf der Grubinger Gemeindeweide liegt ein mächtiger Granitblock, der an der Seite eine ausgewaschene Stelle in Form eines Pferdehufes zeigt. Das

Volk sagt, daß hier der Teufel gerastet habe, als er einen Kornwucherer der Gegend geholt, und während der Rast habe sich ein Huf auf dem Steine abgedrückt.

Nach einer anderen Erzählung hauste in Grub einmal ein großer Säufer, der sich Tag für Tag in Altrandsberg volltrank und nie vor Mitternacht heimging. Eines Tages aber war er wie umgewechselt und er ließ sich von da an überhaupt nicht mehr im Wirtshaus sehen. Erst nach Jahr und Tag erfuhren seine Freunde den Grund hievon. Als er nämlich selbiges Mal durchs Gruberholz heimwankte, so erzählte er, sei ihm plötzlich etwas auf den Rücken gesprungen. Kein Schütteln half. Samt seiner unbequemen Last sei er wie von unsichtbaren Händen vorwärts gedrängt worden und bei dem großen Stein auf der »Woad« erschöpft niedergestürzt. Dabei sei der Teufel, denn der war es, der ihm auf dem Rücken hing, auf den Stein gesprungen, daß die Funken davonsprühten und man am andern Morgen die Pferdehufspur auf ihm gewahrte.　　　　　　　　　*Heinz Waltinger*

Sauloch

Wer von Deggendorf aus einen Ausflug nach Ulrichsberg unternimmt, macht den Aufstieg am besten über Einkind und den Abstieg durch die Saulochschlucht.

Sauloch – welch gemeiner, unpoetischer Name! (Jener Dame ist es gewiß nicht zu verübeln, wenn sie auf Befragen, wo sie herumgestiegen, zur Antwort gab, sie sei auf dem Ulrichsberg gewesen und habe den Heimweg durch die – Schweinsöffnung genommen.) Aber wer einmal diese Schlucht durchwandert, vergißt über das herrliche Bild der Natur den derben, ungehobelten Namen. Die Saulochschlucht, so erzählt man, soll sich der Teufel in früheren Zeiten gerne gewählt haben, um dort mit den Hexen sein Spiel zu treiben, Felsblöcke zum Ballwerfen benützend. Heutzutage noch sieht man diese Felsstücke liegen. Es dünkt, als habe sie eine ordnungsliebende Hand beiseite geräumt und hübsch an- und übereinandergerichtet, um sie gegebenen Falles gleich wieder bereit zu haben.

In einer stürmischen Nacht soll der Teufel hier auch einmal Kegel geschoben haben. Statt Kugeln und Kegeln bediente er sich gleichfalls entsprechender Felsblöcke.

Die Teufelsmauer

Zur Zeit, da Christus als Mensch wandelte, trat ihn eines Tages der Teufel an und sagte: »Höre, wir beide vertragen uns nit gut zusammen; darum däucht's mir, es wäre besser für dich und für mich, wenn du mir einen Teil des Erdkreises einräumtest, wo ich allein Herr sei.«

Der Heiland willigte in das Begehren, jedoch mit dem Beisatze, daß der Teufel seinen Anteil Land bevor der Hahn kräht mit einer Mauer umfangen haben müsse. Deß war Meister Urian froh; die Jünger hingegen wunderten sich höchlich über des Herrn Tun. Er aber lächelte und sprach: »Laßt mich machen – ich kenne meinen Mann!«

Satan griff nun hurtig zu und riß aus den Bergen zentnerschwere Felsstücke und türmte sie aufeinander. Und während er so die Mauer erhob, brannte er zugleich mit seinem glühenden Schweife eine tiefe Furche in den Erdboden und das sollte der Wallgraben sein. Doch seiner habgierigen und unersättlichen Natur gemäß legte er den Plan zu umläufig an und hatte sein Werk noch nicht halb vollendet als der Hahn rief und ihn schmählich zur Flucht trieb. Von dannen werden die heute noch gewaltig sichtbaren Trümmer des Baues nach seinem Urheber »die Teufelsmauer« benannt.

(gekürzt) Adalbert Müller

Die Römerstraße

Man spricht im Dorf noch oft von ihr,
Der alten, drauß im tiefen Walde,
Sie zeige sich noch dort und hier,
Am Feldweg und am Saum der Halde.

Sie zieht herauf und steigt hinab,
Es weidet über ihr die Herde;
An ihrer Seite manches Grab,
So liegt sie drunten in der Erde.

Es führt ob ihr dahin der Steg;
Der Pflüger mit dem Jochgespanne
Geht über ihren Grund hinweg
Und Wurzeln schlägt auf ihr die Tanne.

Der Römer hat sie einst gebaut
Und ihr den Ruhm, die Pflicht, die Trauer,
Der Gräber Urnen anvertraut
Und seines Namens ew'ge Dauer.

Und heut' aus ferner Zeiten Nacht
Bewegt es mich wie nahes Wehen;
Ein Lichtstrahl wie von selbst erwacht,
Ein Augenblick wie Geistersehen.

Mir ist, Kohorten schreiten dort
Gepanzert nach dem Lagerwalle,
Es tönt der Kriegstribunen Wort
Vom Turm her zu der Tuba Schalle.

Und eine Villa glänzt am Strom,
Wo Kähne landen, Sklaven lärmen;
Der Herr des Hauses seufzt nach Rom,
Nach Tibur und nach Bajäs Thermen.

Zur Gruftkapelle draußen wallt
Mit Trauerspenden, ihrem Sohne
Das Grab zu schmücken, die Gestalt
Der tief verschleierten Matrone.

Der Prätor naht, vom Volk umringt;
Liktoren zieh'n, behelmte Reiter –
Und wie sich Bild mit Bild verschlingt,
Am Tag traumwandelnd schreit' ich weiter.

Da plötzlich ruft ein Laut mich wach,
Ein Erzgedröhn auf nahen Gleisen –
Ich steh' am Kreuzweg; hier durchbrach
Den Römerpfad der Pfad von Eisen.

Und donnernd rollt der Wagenzug
Vorbei den alten Meilensteinen,
Wie Blitz des Zeus und Geisterflug,
Der Erde Völker zu vereinen

H. Lingg

D' Schirgnkapelln

Zu Herrschaftszeiten gab es in Altrandsberg einen »Schirgn«[1] und das Schirgnhaus war das letzte der Häuschen auf dem Wege nach Hammersdorf. Nach dem Jahre 48, als der große Wind gegangen war, gab es auch keinen »Schirgn« mehr und seine Hütte, die zu seinen Amtszeiten schon ziemlich baufällig gewesen sein mag, fiel bald ein. Nur eine Kammer, die gewölbt war, hielt aus. Darin stellte eines Tages eine fromme Bäuerin ein paar Heiligenfiguren auf und – die Kapelle war fertig.

Über kurz oder lang kam nun ein armer Weber in Wohnungsnot. Zwar hatte er mit seinem Weibe und den Kindern in einem Inhäusl Unterschlupf gefunden; aber den Webstuhl mit seinem Gepolter duldete niemand.

»Hat eh koa Weich nöt, dö Schirgnkapelln und dö Heiling sand graouslö[2] gnua!« sagte der Weber, warf die Heiligen kurzerhand heraus, stellte seinen Webstuhl hinein und fing an, fleißig und fröhlich darauf loszuarbeiten. Doch dauerte die Freude nicht lange. Als der Weber eines Morgens den Webstuhl wieder rumpeln lassen wollte, da fand er das Garn verwirrt, die Garnspulen in alle Ecken zerstreut, das Weberschiffchen in den Flachsagn[3] verwickelt, also alles in größter Unordnung. »Sand d' Ratzn[4] gwen! Dös Teuföszücht!« brummte der Weber. Er stellte ein paar Fallen auf; aber umsonst. Im Dorfe munkelte man schon, daß es in der Schirgnkapelln um-

---

1 Scherge, Büttel.
2 Greulich.
3 Holzige Abfälle beim Hecheln des Flachses.
4 Ratten.

gehe. »A was«, meinte der Weber, »wem halt d' Samstaburschn[1] sei, dö Bazzi! Döan helf i scho!« Beim Nachbarn hatten sie einen etwas überständigen Knecht, den Xverö[2], der an dem Samstagnachtgaudium der jungen Burschen nie teilgenommen, und der ging mit dem Weber auf die Paß[3]. Der Weber nahm seinen Tabakreiber, ein gewichtiges, keulenförmiges Instrument, der Xverö den Misttuscher mit. Es war ruhig wie im Grabe. Endlich aber, als es vom Moosbacher Kirchturm Mitternacht schlug, ging der Spektakel in der Weberwerkstatt los. »Sand uns dennat einökömma, dö Drackn!« meinte etwas ängstlich der Xverö. Zur Türe hinein und mit Misttuscher und Tabakreiber auf das Mannsbild los, das auf dem Webstuhl sitzt, war das Werk eines Augenblicks. Doch der Angegriffene scheint nicht aus leinenem Stoff zu sein und jeder seiner Gegner spürt flugs einen herben Hieb auf dem Schädel. Also bei der Gurgel packen! Und voller Wut stürzten sich die beiden Kampfgenossen auf den feindlichen Hals, hatten aber zu ihrer größten Verwunderung sich gegenseitig selbst an der Kehle. Zwischen ihnen flattert nur ein verwaschenes, zerlumptes Weibavüada[4], das sie voll Grausen auf den Misttuscher legen, auf die Straße schleifen, dann um einen Stein wickeln und auf die Schinderwiese ins rote Moos werfen. Von da ab war Ruhe in der Schirgnkapelln.   *Heinz Waltinger*

Die Sage von der Steinpetermühle

Etwa eine Stunde von Breitenberg liegt am Gegenbach nahe an der Straße, die nach Wegscheid führt, die sogenannte Steinpetermühle. Dort ging einmal das Geschäft schrecklich flau und Unglück gab es über Unglück; bald überstiegen die Ausgaben die Einnahmen weit, so daß Schulden über Schulden das Anwesen belasteten. Um nun wieder auf die Beine zu kommen, wie der Geschäftsmann sagt, wollte der damalige Müller auch ein Sägewerk einrichten. Woher aber das Geld hiezu nehmen, da niemand mehr borgen wollte? In seiner Not griff er zum letzten Mittel. Er beschwor den

---

1 Die Nacht vom Samstag zum Sonntag wurde früher von den Dorfburschen benützt, um allerlei Schabernack auszuführen.
2 Xaver.
3 Zum Aufpassen.
4 Weibervortuch = Schurz.

Teufel und bat ihn um seine Hilfe. Der sagte zu, verlangte aber zum Lohne das erste Lebewesen, das die fertige Säge beträte. Als am nächsten Morgen die Sonne durch die Bäume guckte, stand die Säge fix und fertig da. Das Wasser schoß lustig über das Mühlrad hinab und eine blitzblanke Säge bewegte sich gleichmäßig auf und ab. Es fehlte nur noch der Baumstamm zum Zerschneiden. Bald lagen aber auch Tannen- und Buchenstämme in ansehnlicher Zahl aufgeschichtet. Doch wer sollte das erste Bloch in die Säge schieben? Da kam dem Müller ein rettender Gedanke. Er nahm seinen Haushahn, band ihm die Flügel und warf ihn in die Säge. Wie der Blitz stürzte der Teufel darauf los. Als es ihm aber zum Bewußtsein kam, daß er überlistet war, machte er ebenso schnell wieder kehrt und fuhr fluchend durch das Mauerwerk zur Säge hinaus. Das Loch, das er dabei rannte, ist jetzt noch zu sehen. Zwar hat man schon oft versucht, es zu vermauern; allein die Steine fallen über Nacht immer wieder heraus.

Die nächtlichen Eisschützen

Geht man von Arnstorf gen Pfarrkirchen, so kommt man an den Dörfern Breitenbach und Wammering vorüber. Jedes derselben liegt auf einem Berg und durch den dazwischen liegenden Talkessel fließt ein schmales Bächlein, das am rechten Ufer sich an einer Stelle etwas erweitert. Hier vergnügt man sich im Winter allgemein mit Eisschießen.

In einer grimmigkalten Dezembernacht kam einmal ein altes Weiblein hier vorbei. Es hatte eine entfernte kranke Base besucht. Schon von weitem hörte es vom Eisplatz her das Rutschen und Aufstoßen der Eisstöcke und das Rufen der Spieler: »Sechse, sechse!« – »Neune, neune!« Sie hätte gerne gewußt, wer noch so spät sich vergnügte, konnte aber infolge der großen Finsternis niemand erkennen. Es kam ihr überhaupt recht sonderbar vor, daß die Leute ihr Spiel trieben, während man doch nicht die Hand vor den Augen sehen konnte. Sie rief »Gute Nacht!« hinüber und stieg dann den Weg gen Wammering hinan. Aus der Gruppe der Spieler löste sich eine Gestalt, ging ihr nach und fragte sie, ob sie mit ihr gehen dürfe. Sie bejahte es, da sie sich ohnehin fürchtete. Aber der Begleiter kam ihr bald auch nichts weniger als vertrauensselig vor. Er hinkte auf einem Fuße und ließ von Zeit zu Zeit das Zusammenschlagen der fletschenden Zähne hören.

Beim ersten Hause in Wammering, beim Schuster, klopfte sie an die Haustüre und bat um Einlaß, den man ihr selbstverständlich sofort gewährte. Der unheimliche Begleiter blieb vor dem Hause stehen und schaute beständig zum Fenster herein. Erst als man den Tag anläutete, verschwand er.

Der Teufelsritt eines Hirtenjungen

Die Königswiese bei Burgdobl war vor vielen hundert Jahren ein See, der sich von Neuhaus am Inn bis Tutting, ja noch früher bis Malching hinzog. Als die fast turmhohe Felswand, welche seinen Abfluß verhinderte, durchbrochen wurde, floß der See ab und wurde bald fruchtbares Weideland, das im Sommer einmal gemäht, hernach abgehütet wurde. Die Hütbuben tummelten da die Pferde ihrer Bauern, daß es eine Freude war.

Einmal sah ein Hütbube beim Abendgrauen in einem Graben einen alten, dürren Gaul liegen. Er wollte ihn mit einer Gerte aufjagen; die Mähre rührte sich jedoch nicht. Nun setzte er sich auf deren Rücken; da war sie wie der Blitz auf und sauste über die Ebene, daß dem Jungen Hören und Sehen verging. Voll Angst hielt er sich an der Mähne fest und als er das Gleichgewicht zu verlieren drohte, umklammerte er den Hals des Tieres, das schier in der Luft zu fliegen schien. Erst beim Morgengrauen blieb das Roß stehen und schüttelte sich so gewaltig, daß der arme junge Reitersmann zu Boden geschleudert wurde. Das geschah aber mit einer solchen Heftigkeit, daß er eine gute Weile ohne Besinnung liegen blieb. Als er wieder zu sich kam und um sich sah, erfuhr er, daß er zu Reichenhall sei.

Das Volk nimmt an, daß der Gaul der Teufel selber gewesen sei.

Das Wirtshaus in Steg

Wer war schon in Ering und kennt das »Wirtshaus in Steg« nicht? Gewiß wird sich jeder erinnern können, daß an diesem Wirtshaus oben an der Mauer ein Loch sich befindet und verwundert wird er den Kopf geschüttelt und gedacht haben: »Warum mauert man das Loch nicht zu?« Die Sache hat ihre eigene Bewandtnis.

Der Teufel, der bekanntlich in früheren Zeiten den Menschen allerlei Schabernack gespielt hat, wollte die Eringer einmal mit einem hübschen Bau, der aus seinen Händen hervorgegangen, überraschen und er baute da eines Nachts ein Haus, das heutige Wirtshaus in Steg. Bis auf das jetzt noch sichtbare Loch war es bereits fertig, als die Kirchenglocke den Tag anläutete. Beim dritten Glockenton war der Teufel schon – beim Teufel. Er reist ja flinker wie der Blitz. Und jenes Loch blieb unausgefüllt und bleibt es wohl für alle Zeiten. Man hat es freilich schon einigemale zugemauert; aber über Nacht war es jedesmal wieder aufgebrochen gewesen.

Der Teufel als Wildschütz

In Holzgattern, eine Viertelstunde von Sonnen entfernt, hauste in früherer Zeit einmal eine Bande von Wilderern. Sie hatten in der Nähe eine Höhle, in der sie ihre Waffen und ihre Beute verborgen hielten. Einer unter ihnen war besonders eifrig und glücklich im Jagen. Man wußte aber nicht, woher er war, ja man kannte nicht einmal seinen Namen recht. »Nennt mich nur

Franzi!« sagte er immer, wenn man ihn darnach fragte. Als die Gesellen wieder einmal reich mit Wild beladen aus dem Böhmischen heimwärts zogen, blieb Franzi zurück und sagte zu seinen Diebsgenossen: »Wenn ihr in die Karlleithe[1] kommt, so seht in die Höhe!« In der Karlleithe hörten die Wildschützen plötzlich ein mächtiges Brausen in der Luft und sie sahen ihren Kameraden auf einer Wolke daherreiten. Nun wußten sie, mit wem sie es zu tun gehabt.

Haimonskinder

Um Bischofsmais erzählt man: Einmal verlief sich ein Pferd von der Weide. Als dies am Abend bemerkt wurde, gingen der Bauer und drei seiner Knechte fort, es zu suchen. Endlich fanden sie es mitten im Walde. Bald war es eingefangen. Einer der vier Sucher stieg gleich auf den Gaul. »Warum soll ich gehen?« meinte ein zweiter und stieg auch auf. Da wollten die beiden anderen auch nicht zu Fuß traben und setzten sich ebenfalls so gut es ging auf des Pferdes Rücken. »Reiten wir aber langsam, daß wir den Gaul nicht erdrücken!« sagte der Bauer. »Freilich! Freilich! – In Gottes Namen kann's losgehen!« rief der Hintere und schlug das Pferd in die Lende. Aber kaum hatte er ausgesprochen, verspürten die vier Haimonskinder einen Stoß und – saßen auf einem umgestürzten alten, halbverfaulten Baumstamm. Für diese Nacht ließen sie das Pferdesuchen sein.

Die verschwundene Frau

Auf dem über Schalterbach sich hinziehenden Höhenweg von Metten nach Deggendorf stand früher ein Marterl, über dessen Errichtung man folgendes hört:

Ein Mann ging mit seiner Frau einmal von Metten nach Hause. An der Stelle, an der das Marterl stand, blieb die Frau stehen und sagte zu ihrem Manne: »Geh nur langsam voraus, ich komme gleich nach!« und als der Mann eine Strecke gegangen war, hörte er plötzlich hinter sich einen fürchterlichen Schrei. Er eilte zurück, fand jedoch keine Spur mehr von der

---

1 Ein Wald zwischen Holzgattern und Sonnen.

Frau. Dieselbe ist auch später nicht mehr zum Vorschein gekommen. Zur Erinnerung an diese Begebenheit wurde das Marterl aufgestellt.

Vielleicht hängt diese Erzählung mit einem alten Volksglauben zusammen, nach der eine Frau, welche sich nach ihrer Entbindung nicht hervorsegnen läßt, in Abwesenheit des Mannes vom Bösen, welcher genau Gestalt und Stimme des Mannes annimmt, aufgesucht und auf Nimmerwiedersehen mitgenommen wird?

Sonderbarer Besuch

In Ranzenberg bei Kirchdorf am Inn hat sich vor langer, langer Zeit einmal ein Bauer, genannt der W… von Ranzenberg, gehängt. Als man ihn am Abend aufgefunden, verbrachte man ihn in seinen Stadel, wo man ihn, bewacht von sechs starken Männern, liegen ließ. So um die zwölfte Stunde riß plötzlich jemand das Stadeltor auf und es erschien eine große Mannsgestalt, die auf den Erhängten zuschritt, ihn beim Schopfe packte und ihm ins entstellte Antlitz grinste. Unter höhnischem Lachen verließ er dann den Toten und seine zitternden Wächter, die sich, nachdem sie sich von ihrem Schrecken erholt hatten, zuflüsterten: »Das war der Teufel!«

Die Hazardspieler

In jener Zeit, als das Geld auf dem Lande noch kein so spärlicher Gegenstand war wie heutzutage, da mancher mit Guldenzetteln seine Zigarren anzündete und den Bombardon der Musikanten mit Talern füllte, da waren im Bayerischen Walde drinnen drei Bauern, welche, von einer unsagbaren Spielwut erfaßt, schier jede Nacht sich in einer einsamen Brechhütte zusammenfanden – im Wirtshaus durften sie sich nicht getrauen, weil das Auge des Gesetzes sie hätte erspähen können, und zu Hause hätte die bessere Hälfte vielleicht ein derbes Wörtlein gesprochen – und da spielten sie oft, bis der Morgen graute. Die Taler flogen nur so, als hätte Rotschild seinen Geldsack geborgt, und nicht selten hatte einer etliche hundert Taler verspielt, wenn sie sich auf den Heimweg machten. Lange trieben sie ihr nächtliches Spiel unbelauscht. Einmal aber, die Zeiger der Uhr wiesen auf

1 Uhr, pochte eine schwere Faust an die Türe. Erschrocken sprangen die drei auf und räumten hurtig Taler und Karten beiseite; dann erst öffneten sie. Draußen stand ein flotter Jägersmann. Mit spöttischem Lächeln betrachtete er vorerst die verdutzten Gesichter; dann sagte er, daß er ihnen schon längere Zeit durch eine Ritze in der Tür zugesehen habe und nun auch mit ihnen spielen wolle. Die Bauern waren einverstanden und nahmen den Fremden mit in die Hütte. Hei, das war eine Ernte für unsere Waldler! Der Jäger verlor eine Handvoll Taler um die andere; aber nichtsdestoweniger behielt er seinen Gleichmut.

Stern um Stern verblich und sie spielten noch. Da fiel einem Bauern ein Taler unter den Tisch. Er bückte sich, ihn aufzuheben. Wie erschrak er, als er gewahrte, daß der fremde Jägersmann keine Füße wie wir Menschen, sondern er Bockfüße hatte! In seinem Schrecken schrie er: »Der Teufel!« und stürzte zur Türe hinaus, die beiden anderen ihm nach. Eben läutete im nahen Dorfe die Kirchenglocke den Tag an. Das war ein Glück für die Bauern; denn der Teufel, der sich wirklich als Jägersmann in ihre Gesellschaft eingedrängt hatte, hätte sie ohne Zweifel mitgenommen, würde ihn nicht die Morgenglocke überrascht und verscheucht haben.

In der Wirtsstube zu Patersdorf saßen eines Sonntags nachts noch vier Gäste beisammen, von denen drei aus dem Orte selbst waren, der vierte aber fremd war. Der letztere fragte die anderen, ob sie nicht bereit wären, ein Spielchen zu machen. Sie bejahten. Aber bald war ihnen nicht mehr wohl zu Mute; denn sie verloren Spiel auf Spiel und nur der Fremde gewann. Das konnte unmöglich mit rechten Dingen zugehen. Da fiel einem der Spieler eine Karte unter den Tisch und als er sich bückte, gewahrte er, daß der Fremde einen Ziegenfuß hatte. Er machte seine Freunde darauf aufmerksam. Die drei Patersdorfer hielten sich schon für verloren. Sie warfen die Karten auf den Tisch und fingen an, erbärmlich um Hilfe zu schreien. Daraufhin kam die Wirtin mit der Magd zur Türe herein. Als letztere die Ursache des Lärmes hörte, rief sie: »Feiglinge, warum zittert ihr? Wirtin, mir nach!« Nun stürzten die zwei Weiber wie toll auf den Teufel los und beohrfeigten ihn derart, daß er auf und davon lief, indem er schrie: »Gegen Weiber richtet der Teufel nichts aus; da heißt's reißausnehmen!«

Der Teufel mit der Eselshaut

Der Teufel schlich sich einmal in die Kirche und schrieb die Leute, welche zerstreut und unandächtig waren auf. Zu diesem Zwecke benützte er eine Rolle gegerbter Eselshaut. Eines Tages nun kam er im Bayerischen Walde drinnen in das Pfarrdorf Wollaberg. In der Kirche, die droben am Berggipfel steht, war eben Gottesdienst. Er ging in die Kirche hinein und bestieg die Kanzel um alle Anwesenden übersehen zu können. Er bekam auch genug Arbeit; denn die Unandächtigen waren so zahlreich, daß die Rolle zu klein zu werden drohte. Schließlich war die alte Schmiedin noch die einzige Person in der Kirche, die noch nicht auf der Eselshaut geschrieben stand. Um noch Raum zu gewinnen, wollte der Teufel die Haut dehnen. Zu diesem Zwecke trat er mit den Füßen auf das untere Ende derselben und mit den Händen und Zähnen zog und streckte er am oberen. Plötzlich zerriß die Haut und der Teufel schlug sich den Kopf ordentlich an die Wand. Die alte Schmiedin hatte das beobachtet und konnte sich des Lachens nicht mehr enthalten. Nun schrieb der Teufel auch sie auf.

Der Natternberg

Den Teufel ärgerte schon lange das Kloster Metten und er wollte die frommen Mönche vertilgen. Da trug er nun bei Nacht und Nebel einen riesigen Felsblock aus dem Gebirge. Er wollte ihn in die Donau werfen, damit dieselbe aus den Ufern trete und Metten überschwemme. Als er zum Wurfe ausholte, läutete man in Metten eben den Tag an. Dadurch erschrak der Teufel derart, daß ihm der Felsblock entglitt und hart am jenseitigen Ufer niederstürzte. Schleunigst entfloh er zur Hölle. Auf dem Berge nisteten sich bald viele Kröten und Nattern ein, darum erhielt der Berg den Namen Natternberg.

Nach einer anderen Sage sind die Deggendorfer in früherer Zeit arg fromm gewesen, was den Teufel recht verdrossen hat. Da hat er hin und her überlegt, wie es zu machen sei, daß das anders werde. »Ei, wenn sie nimmer sind, dann ist auch ihre Frömmigkeit abgeschafft«, dachte er, flog hurtig nach dem Süden, brach aus dem steinernen Grenzwall drunten ein riesiges Felsstück los, lud es auf seinen Schubkarren und trabte damit wieder der Donau zu. Das geschah in stockfinsterer Nacht. Der Felsen sollte die Donau stauen und die Flut die Deggendorfer ertränken. Als er dem Strome bereits nahe war, klang plötzlich vom andern Ufer aus der Mettener Klosterkirche her die Morgenglocke. Als hätte ihn eine Hornisse gestochen, so fuhr der Satan auf, ließ Karren und Felsblock stehen und floh mit greulichem Fluche aus der Gegend.

Der Fels wimmelte bald von abscheulichen Nattern und man gab ihm daher den Namen Natternberg.

Die Großmutter erzählt, daß man die Schubkarrenhörner und die beiden Griffenden heute noch sehen könne und mancher von den Buben aus der Gegend hat schon Nachschau gehalten.

's Ghachlet

Unterhalb Vilshofen war bis in die neueste Zeit die Donau durch eine Menge von Felsblöcken, die teils über den Wasserspiegel hervorragten, teils unter demselben verborgen waren, schwer befahrbar. Der unkundige Schiffer konnte sein Fahrzeug leicht leck fahren, wenn es ihm nicht gar zerschellte.

Das Ghachlet[1] heißt hier die Donau mit dem Gewirr von Felstrümmern.

Als die deutschen Kreuzfahrer ins Heilige Land zogen, um die geweihten Stätten den Ungläubigen wieder zu entreißen, da war der Teufel gar sehr erbost und schon als die ersten vollbesetzten Schiffe die Donau herabtrieben, stand er, einen ungeheueren Felsblock in den Krallen, auf der Lauer. Mit Mann und Maus sollten die Schiffe untergehen. Aber als er sich dem Ufer des Stromes näherte, da schimmerte ihm bereits aus der Ferne tausendfach jenes Zeichen entgegen, das er so fürchtet und haßt: das Zeichen des Kreuzes.»Die Ritter trugen es an ihren Mänteln und statt des Schwertknaufs und die Priester, die den Zug begleiteten, hielten es in den Händen.

Noch ehe die Schiffe in erreichbarer Nähe sich befanden, warf der Teufel voll Ingrimm den Felsen in die Wellen, daß er in tausend Trümmer zersprang. Die Donau schäumte hoch auf; aber die Schiffe glitten unbeschädigt durch die Klippen.

---

1 »A recht's Ghachlat!« sagt die Mutter, wenn ihr die Katze über das Strickzeug kommt und es verwirrt; sie meint also: »A rechta Durchananda!« und das dürfte auch die Bedeutung des Wortes »Ghachlet« sein. »Kachlet« ist offenbar ebenso zu unrecht eingeführt wie z.B. »Etwashausen« für das schwäbische Ebbashausen.

Der Teufel in Vornbach am Inn

Als die Benediktiner noch zu Vornbach am Inn saßen, kam der Teufel öfters in die Gegend und hielt Umschau, wie er es wohl anstellen könne, um sie zu vertreiben. Dann machte er sich auf nach Tirol, lud einen ungeheueren Felsblock auf einen Schubkarren und fuhr damit innabwärts. Er wollte in der Nacht das Wasser des Inns stauen, so daß das Kloster Vornbach plötzlich überschwemmt würde und die Mönche ertrinken müßten. In Leithen setzte er die Last nieder, um etwas zu rasten. Da läutete man in Vornbach den Tag an. So mußte der Teufel den Felsen liegen lassen und unverrichteter Dinge zur Hölle zurückkehren.

Das Gehäkelt an der hohen Wand

Auf tiefgetauchten Kähnen schwamm Kaiser Rotbarts Heer
Hinunter auf der Donau, hinab zum fernen Meer.

Hie Fürsten und hie Ritter und Kriegsleut' aller Art,
Hie Bischof und hie Mönchlein – es war 'ne bunte Fahrt.

Sie zogen frommer Sinnen in das gelobte Land,
Mit Kreuzen auf den Mänteln, mit Waffen in der Hand.

Es waren, wie man schreibet, wohl vierzigtausend Mann,
Der Kaiser zog den Seinen als treuer Held voran.

Sie hatten jüngst vernommen – und Zorn schwellt jede Brust –
Der Heiden freches Treiben, Jerusalems Verlust.

Wie Mohren und Mamluken mit Feuer und mit Schwert
Die Christen aufgerieben, das heil'ge Grab entehrt.

Das mocht' er nimmer leiden, der tapfre Barbaross',
Drum sandt er seine Boten durch's Reich von Schloß zu Schloß.

Drum sammelt' er behende ein kampfgeprüftes Heer
Und führt' es auf der Donau hinab zum fernen Meer.

Am Strome liegt ein Städtlein, Vilshofen ist's genannt,
Nicht fern davon erhebet sich steil die hohe Wand.

Und als zu ihren Füßen Herrn Friedrichs Nachen schwamm,
Geschah ein wild Rumoren hoch auf dem Felsenkamm.

Der fromme Kaiser blicket hinan die dunklen Höh'n
Und sieht da mit Entsetzen leibhaft den Bösen steh'n.

Er stand in einer Wolke, ein Unhold riesengroß
Und rüttelte vom Berge mit Macht den Gipfel los.

Und schwang in starken Armen den Fels und schnob und flucht'
Und schleuderte hinieder die ungeheure Wucht.

Und als ob ihren Häupten die grause Masse schwebt,
Däucht alles sich verloren, das kühnste Herz erhebt.

Der Kaiser aber langet still nach dem Kreuzesbild
Und streckt es voll Vertrauen empor als seinen Schild.

Und sieh! Der Berg zerstiebet, wie Spreu vom Wind verführt,
In splitterndes Getrümmer, eh' er den Strom berührt.

Rings um die Schiffe stürzt er unschädlich in die Flut;
Der Böse flieht und ächzet Gestöhn ohnmächt'ger Wut.

Noch heut' ragt das zerschellte Gebirg aus tiefem Grund
Und tut, was da geschehen, der späten Nachwelt kund.   *A. Müller*

Die Haberkirche

Der Steinkart ist eine große, zwischen Reutern und Griesbach an der Rott gelegene Waldung und hat seinen Namen von den vielen zerstreut umher liegenden Felstrümmern. Einen der größten dieser Blöcke wählte der Teufel einmal, um damit den Markt Griesbach, der ihm wegen seiner frommen Bewohner längst ein Dorn im Auge war, zu zerstören. So wenig es ihm aber einst mit Metten gelang, ebensowenig glückte es ihm mit Griesbach; denn als er keuchend unter der schweren Last so fürbaß schritt, erklang von Reutern herüber der Klang der Morgenglocke. Ärgerlich lehnte der Satan seine Bürde an einen anderen Felsblock und verschwand. Dieser Stein heißt im Volksmund die Haberkirche; denn er hat genau die Form einer Kirche und zeigt noch deutlich die Abdrücke von Hand und Rücken des Teufels. Die Haberkirche bildet mit dem Nachbarblocke zugleich ein Tor, welches einst ein Fuder Heu bequem passieren konnte. Mit der Zeit hat sich jedoch der Durchgang so verengt, daß heute kaum mehr ein Mann aufrecht hindurchzugehen vermag.

Der Teufel als Koch

In der Gegend von Fürsteneck halfen sich die Bauern gegenseitig beim Dreschen aus. Abends setzte man sich immer zur »Dreschersuppe« gemeinsam um den Tisch. Einmal gab es Dreschersuppe bei einem Bauern in Aschberg. Die Bäuerin war eine Hexe. Sie hatte einen kranken Fuß und der schmerzte sie seit einiger Zeit schon sehr arg. Es war ihr unmöglich, abends die Mahlzeit herzurichten. Da kam ein schwarzer Mann mit Hundepfoten ins Haus, stellte sich an den Herd und schürte und kochte. Als es Zeit war, setzten sich die Leute an den Tisch und ließen sich's wohl schmecken. Ein Knecht, der zufällig an die Küchentüre ging, um Salz zu holen, bemerkte den schwarzen Koch beim Ofen und sah, wie er mit seinen Hundepfoten den Pfannenboden abkratzte. Daraufhin verging dem Knecht aller Appetit und es war ihm unmöglich, noch etwas zu essen. Am nächsten Tage erst erzählte er, was er gesehen. Da entsetzten sich alle Leute. Auch die Polizei erfuhr von der Sache. Darauf wurde die Bäuerin in den Turm geschleppt und, nachdem ihr der Prozeß gemacht worden war, oberhalb Eisenbärnreut in dem Walde, der heute noch den Namen »der Galgen« führt, auf dem Scheiterhaufen verbrannt.

Der Teufelsweber von Gotteszell

Ein Weber in Gotteszell ging mit dem Teufel einen Vertrag ein, in dem er ihm seine Seele verschrieb, wenn baldigst ihm er einen tüchtigen Gesellen zur Arbeit sende. Eine Zeit lang ging es gut. Der Weber ließ den Webstuhl klappern und brachte doppelt soviel fertig als früher. Der Gehilfe des Satans, den er stets vor der Arbeit mittels eines Schwarzbuches rufen mußte, wirkte unsichtbar mit. Da, am Hl. Abend, ging auf einmal alles verkehrt. Der Webstuhl knarrte und wollte nicht mehr in Gang kommen. Das Schifflein verwickelte sich im Garn, die Fäden waren größtenteils abgeschnitten und waren sie geknüpft, raps! hingen sie schon wieder lose herab; schließlich war das ganze Garn zu einem Rabenneste verwirrt und nicht mehr in Ordnung zu bringen. Erst als noch die kleine sechsjährige Liese, welche mit Abspülen beschäftigt war, plötzlich mit Gewalt von ihrem Schemel gehoben und derart unter den Tisch geschleudert wurde, daß sie eine Weile bewußtlos liegen blieb, erkannte der Weber, daß der Teufel Unsinn treibe. Er hatte im Schwarzbuch, als er wieder den höllischen Gesellen zur Arbeit zitierte, eine unrichtige Seite erwischt und einen des Webens unkundigen Geist gerufen. Dem Weber war nun angst und bange; er glaubte, der Teufel wolle gar den Vertrag brechen, vor der Zeit streiken und seine Seele holen. In seiner Angst lief er sporstreichs zum Pfarrer und bat ihn um Hilfe. Der trieb den Teufel mit vieler Mühe aus. Die Leute aus der Umgebung hießen den Weber nur mehr den Teufelsweber und mieden ihn. Ohne Arbeit und Verdienst mußte er die Gegend verlassen und soll nach etlichen Jahren in fremdem Lande verhungert sein.

Die Höllmühle

Wenn man von Hintereben aus den Fußweg nach Fürholz hinüber geht, kommt man bald in ein Tal, das der Osterbach durchfließt, an dessen Wassern eine Mühle ihr Räder schwingt, welche den Namen Höllmühle trägt.

Sie heißt Höllmühle, weil sie, wie der Volksmund erzählt, in früher Zeit einmal dem Teufel zum Aufenthalte gedient hat. Damals lebte auf dieser Mühle ein Müller, der es mit seinem Gewissen und dem Mehle seiner Kundschaft gar nicht genau nahm. Eines Nachts kam der Teufel zu ihm und sagte: »Müller, du gehörst mir!« »Warum denn?« fragte erschrocken der Müller. »Weil du unter allen Müllern hier herum der größte Dieb bist!« »So?« sagte der Müller. »Ich möchte sehen, was du tätest, wenn du der Müller wärest!« Und der Teufel erklärte, er wolle den Müller vierzehn Tage lang ablösen; wenn er aber die Leute noch mehr betrüge als der Müller, so solle der Müller aus seiner d. h. des Teufels Gewalt sein. Als nun die Leute zur Mühle kamen, staunten sie; denn sie bekamen jetzt immer doppelt soviel Mehl mit als früher. Aber wenn sie zu Hause waren und das Mehl von den Säcken in die Truhen leerten, da hatten sie kein Mehl vor sich, sondern kohlrabenschwarzen Ruß. Nachdem endlich die vierzehn Tage um waren, sagte der Teufel zum Müller: »Siehst Du, Bürschlein, nun gehörst Du mir; ich habe den Leuten doppelt soviel gegeben als Du!« »Hollah!« entgegnete der Müller, »Du hast ihnen alles gestohlen, da sie nur Ruß heimbrachten!« Da schmunzelte der Teufel und ließ den Müller in Ruhe.

Der Teufel und der fromme Lehrer

Geht man von Hintereben nach Poppenreut, so hat man an der Straßenkurve den Neufangberg mit dem Teufelsholz vor sich und kommt dann unmittelbar zum Teufelsschneider.

Diese Namen Teufelsholz und Teufelsschneider sind dadurch entstanden, daß das Volk in dem Glauben lebte, da herum habe der Teufel seinen ständigen Aufenthalt. Vor Jahrzehnten gab es gerade in dieser Gegend auch noch viele Zäune und Falltore (Falter) und auf der Säule eines solchen Falltores in unmittelbarer Nähe des Teufelsschneiders, da wo zur Zeit noch die Pestsäule steht, saß der Teufel allnächtlich um die 12. Stunde und machte manchem nächtlichen Wanderer seine Gaukeleien vor. Er zauberte einem einmal eine grausig tiefe Schlucht über den Weg, einem anderen eine unübersteigbare Felswand, ließ plötzlichen Wolkenbruch bei sternhellem Himmel herabprasseln usf., usw. und manchen, der nach Hintereben wollte, wohin er vom Teufelsholz etwa nur 10 Minuten zu gehen gehabt hätte, ließ er in der Irre herumlaufen, so daß er erst bei anbrechendem Morgen an sein Ziel gelangte. In dieser Gegend, nämlich in Poppenreut, lebte damals ein Lehrer, ein frommer, von allen Leuten der Gegend geachteter Mann, der für etliche Groschen, einen Laib Brot usw. umging[1], die Kinder im Lesen, Schreiben und Beten zu unterrichten. Er mußte oft schon um Mitternacht von zu Hause aufbrechen; denn er hatte bis Grainet zu tun. Wenn er so des Weges ging, den Rosenkranz in der Hand und stille betend, sah er den Teufel mehrmals auf der Faltersäule sitzen und höhnisch die Zähne bleckend; ja, es kam vor, daß der Teufel sich in frechen Worten über des Lehrers Frömmigkeit lustig machte. Da erhob der Lehrer einmal in gerechtem Zorn seine »Betn«[2], wie der Waldler sagt, und schwang sie drohend nach dem Spötter aus der Unterwelt. Grinsend fletschte dieser wieder die Zähne und schrie: »Hau her!« Der Lehrer holte auch mit dem Rosenkranz zu wuchtigem Schlage aus[3] und ließ ihn unsanft in das Gesicht des Teufels niedersausen. Mit fürchterlichem Geheul sprang dieser von der Faltersäule herab und auf den Lehrer los, der immer rascher und rascher auf ihn einhieb, so daß schließlich der Rosenkranz zerriß und eine Perle desselben dem Teufel in den Rachen flog. Darauf stieß Feuer aus dem Rachen des Teufels, ein schauerliches Wehgeschrei erscholl und der Teufel war verschwunden. Er wurde auch nie mehr in der Gegend gesehen.

Der böhmische Geschirrhändler

Ein Geschirrhändler aus Böhmen kam mit seiner Ware oft in den Böhmerwald. Er ging von Dorf zu Dorf und von den Dörfern weg zu den Einödhöfen. In Teisnach kehrte er stets im dortigen Bräuhause ein. Da gab es dann immer fröhliche Kurzweil und die Bauern der nächsten Umgegend fanden sich gerne am Ofentisch zusammen; denn der Geschirrhändler wußte allemal allerhand Neuigkeiten von drüben und herüben; auch war er ein Freund von Späßen und losen Streichen. Einmal kam er wieder; aber sein Äußeres war völlig verändert. Die dunklen Haare hatten sich grau gefärbt;

---

1 Umgehen bedeutet hier von Gemeinde zu Gemeine gehen.
2 Der Rosenkranz.
3 In früheren Zeiten waren meist nur Rosenkränze mit absonderlich großen Perlen, wie man sie heutzutage noch bei Mönchen sieht, im Volke gebräuchlich.

die gewölbte Stirn zeigte Falte an Falte und das rührige Mundwerk war wie abgestorben. Teilnahmsvoll fragte ihn sein Herbergsvater, was ihm denn fehle. Er aber schüttelte nur den Kopf und seufzte schwer. Doch jener ließ nicht nach, in ihn zu dringen, und so erzählte er ihm, daß er heute Mitternacht sein Leben verwirkt haben werde. Der Teufel werde ihn holen. Er habe nämlich mit demselben einen Vertrag eingegangen, nach dem er jedesmal, so oft er in die Tasche greife, einen Groschen darinnen finde, dafür solle der Teufel Herr seiner Seele werden. Heute nachts 12 Uhr laufe die gestellte Frist zu Ende.

Es war bereits 11 Uhr, also nur noch eine Stunde Zeit. Da eilte der Bräuer in den Stall, zog einen Gaul heraus und ritt mit dem Geschirrhändler, den er vor sich auf das Pferd gesetzt hatte, nach Geiersthal zum Pfarrer (damals hatte Teisnach noch keine Kirche). Derselbe nahm den Mann mit in die Kirche, hängte ihm den Rauchmantel um und stellte ihn vor den Altar. Kaum waren die 12 Schläge der Mitternachtsstunde verhallt, erschien der Teufel vor der Kirchentüre, die der Pfarrer vorsichtig versperrt hatte. Dreimal schlug er an die Türe, daß die ganze Kirche erzitterte und zu wanken begann; aber es half ihm nichts. Hier war seine Macht zu Ende und der Geschirrhändler blieb am Leben. Er trat später in ein Kloster ein und starb in hohem Alter als frommer Büßer.

Der Müller und sein Schwarzbuch

Es war im Jahre 1706, als eines Tages ein schwerbeladenes Fuhrwerk zur Wiesmühle[1] kam und nicht mehr weiter konnte. Der Fuhrmann bat den Müller um Vorspann; aber dieser lachte nur, stellte sich hinter das Gefährte und stemmte seine Fäuste an, worauf die Pferde wieder leicht weiterziehen konnten. Da schüttelten die Leute die Köpfe und sagten untereinander: »Der Müller hat ein Schwarzbuch!« So war es auch. Wenn alle im Hause schliefen, las er meist darin und oft vertiefte er sich bis zum Morgengrauen in die Zauberformeln und Hexensprüche. Einmal aber vergaß er, das Buch wieder in den Kasten zu sperren, und ging, Sonntag war es, fort zur Kirche. Der Mühlbursche, den zuhause die Kirchenwacht traf, fand es und begann zu lesen. Da flog ein Rabe zum offenen Fenster herein, dann ein zweiter,

---
1 Bei Fürsteneck, Bezirksamt Wolfstein.

ein dritter usf., bis schließlich die ganze Stube voll war. Dem Mühlburschen wurde angst; denn er wußte sich nimmer zu helfen. Da fiel dem Müller in der Kirche plötzlich auf, daß er das Schwarzbuch auf dem Fensterbrett liegen gelassen habe; es ließ ihm keine Ruhe mehr und er lief eilends heim. Als er die Not seines Gehilfen sah, konnte er sich eines Lächelns nicht erwehren. Er nahm das Buch und las den Zauberspruch rückwärts. Darauf verschwanden die Raben wieder, wie sie gekommen waren, einer nach dem anderen.

O die Müller!

Allem Anschein nach waren von jeher die Müller mit Kräften bzw. Geistern der anderen Welt mehr in Verbindung als andere Leute. Das entnehmen wir den vielen Sagen und Volkserzählungen, die im Volke von ihnen umgehen. Und daß wenigstens das Müllergewissen nicht besonders enge ist, mag uns nachfolgendes lehren: Vor kurzem sagte einer der Zunftgenossen derer, von denen wir eben handeln, zu uns: »Glei(ch) hoaßt's allamoi: Müller, du Diab! Dös is aba dalong. Koa Müller stiehlt nöt. Sagt ja a niada Baua, wenn a sei Troad in d' Mühl bringt: »Müller nimm fei dös mei zerscht!« No und soi as nacha nöt nehma?«

Ein alterfahrener Wirt, den von Zeit zu Zeit sein Zamperl in die große Zehe beißt, hat uns als Mittel gegen das Zipperlein oder Podagra genannt: Einreiben mit Schweinefett, das von einer Müllersau stammt, die ihr Lebtag kein gestohlenes Mehl gefressen hat. »So was gibt's aber auf der Welt nöt«, setzte er lachend hinzu.

Schlaue Köpfe müssen die Müller für alle Fälle sein; denn wir hören da und dort, daß ein Müller den Teufel zitiert und genützt, aber auch stets überlistet hat. Es ist uns noch kein Märlein aufgestoßen, in dem uns von einem vom Teufel vergewaltigten Müller berichtet wird.

Wir haben bereits von dem des Schwarzbuches kundigen Müller zu Wiesmühle vernommen. Ähnliches wird uns auch von einem Müller aus der Breitenberger Gegend mitgeteilt. Derselbe ist auch einmal Sonntags mit allen seinen Hausinsassen zur Kirche ins Pfarrdorf gegangen. Nur der Mühlknecht mußte »gamen« d.h. haushüten und zugleich die Mühle bedienen; denn die Mühle muß in trockenen Jahreszeiten oft auch am Sonntag ihre Räder schwingen, wenn gerade Wasser da ist. Der Mühlknecht kam nun in einer müßigen Viertelstunde über des Müllers Schwarzbuch und las und las. Ohne es zu wissen und zu wollen, zauberte er damit eine Unmenge Raben herbei; die ganze Stube füllten sie. Nach einer bangen Stunde kam endlich der Müller heim und erlöste den Vorwitzigen von seiner Angst. Rasch holte er Hirse und schüttete sie mitten unter die Vögel. Dann las er das betreffende Kapitel im Schwarzbuch rückwärts, worauf ein Rabe nach dem andern verschwand. Derselbe Müller wollte einmal seinen Stadel vergrößern. Die Zimmerleute waren schon auf Montag bestellt; aber am Samstag abends war noch kein Holz angefahren. Ja, als am Montag früh die Werkleute anlangten, fanden sie wohl den Bauplatz bereit, aber immer noch kein Material. Sie waren darüber verwundert; aber der Müller sagte: »Gehts nur in d' Stubn einö und eßts!« Sie taten es und als sie Löffel und Mund gewischt und wieder vor die Mühle traten, da wollten sie ihren Augen kaum trauen: Ein ganzer Berg der schönsten Stämme lag bereit, zum Teil noch mit Wurzeln und Astwerk.

Was man von dem Müller aus der Gegend von Breitenberg spricht, dasselbe spricht man, was das Schwarzbuch anlangt, auch von einem längstverstorbenen Besitzer der Teufelsmühle bei Grafenau. Da ging es einem Mühlburschen geradeso wie jenem Mühlknecht. In diesem Falle erinnerte sich der Müller in der Kirche, daß er sein Schwarzbuch nicht versperrt habe und lief daher eiligst heim. Da streute er, als er die Bescherung in der Stube, die schwarzgefiederten Gäste, wahrnahm, einen Metzen Hirse unter sie. Hätten die Raben nämlich noch kurze Zeit ohne Beschäftigung zubringen müssen, so hätten sie den Mühlburschen unfehlbar zerhackt. Sie mußten nun die Hirsekörner kornweise auf den Speicher tragen. Währenddessen begann der Müller im Schwarzbuche das vom Burschen Gelesene rückwärts zu wiederholen. Darauf verschwanden die Raben wieder, einer nach dem anderen. Nur ein Hirsekörnlein war übrig geblieben. Wären die Raben mit ihrer Arbeit früher fertig geworden als der Müller, so hätte der Mühlbursche trotzdem daran glauben müssen; auch der Müller wäre nicht mit heiler Haut davon gekommen.

Nachdem die Luft bzw. die Stube wieder rein war, erzählte der Müller dem Burschen, wie nahe er seinem Ende gewesen sei. Darüber erschrak derselbe so sehr, daß er ernstlich krank wurde und bald darauf starb.

Die Gespenstersoldaten

Tief drinnen im Walde lebte auf einem sogenannten Waldhaus ein Bauer, von dem die Rede war, er verstehe mehr als Brotessen und habe von seiner Urgroßmutter, mit der es auch nicht geheuer gewesen sei, verschiedene Hexenbücher geerbt und treibe allerhand, bei dem es nicht mit rechten Dingen zugehe. So habe er dem Förster, dem er und der ihm nicht grün war, den Wald voll Hasen angezaubert, die nicht zu schießen waren und dergleichen mehr. Einem seiner Knechte ist nun auch so ein Stückchen begegnet, an das er sicher sein Leben lang dachte.

Es war Christnacht und der Bauer, die Bäuerin und sämtliche Ehehalten[1] gingen zur Christmette ins Pfarrdorf hinunter; nur der erwähnte Knecht blieb als Haushüter daheim. Aus Langeweile suchte er die Hexenbücher des Bauern hervor und begann darin zu lesen. Es dauert nicht lange, da geht die Stubentüre auf und herein tritt ein wilder, schnauzbärtiger Soldat. Tritt für Tritt marschiert er an den Tisch heran und bleibt dann ruhig stehen. Der erschrockene Knecht weiß sich nicht zu helfen und liest in seiner Angst weiter. Wieder geht die Türe auf und nochmals tritt ein Soldat ein. So geht es weiter, bis die ganze Stube voll ist. Kreidebleich und zitternd vor Furcht sitzt der Knecht am Tisch und wenn das Fenster hinter seinem Rücken offen gestanden wäre, er hätte sich durch dasselbe davon gemacht. Da hört er draußen den Bauern, der von der Mette heimgekehrt war und ihm zurief, die Haustüre zu öffnen. Aufatmend ruft er ihm entgegen, was sich ereignet, worauf ihm der Bauer rät, das vorher Gelesene wieder rückwärts zu lesen. Der Knecht tat es und die Soldaten verschwanden wieder, wie sie gekommen waren, einer nach dem anderen. Von nun an ließ er aber die Bücher des Bauern in Ruhe.

Vom Fahrnbacher Brechhaus

Unterhalb des Fahrnbacher Brechhauses geht die Landstraße vorbei und eines Nachts, als die Zeiger der Uhr auf 12 Uhr wiesen und die Mägde gerade zum Brechen riefen, trabte ein wildfremder Mann daher. Da sagte eine der Dirnen, ein recht übermütiges Ding, zu ihren Kameradinnen: »Der wenn an Vostand hätt, gang zu uns a(u)fa. Mit dem mecht i halsn![2]« Flugs drehte sich

---

1 Dienstboten.   2 Halsen = scherzen, umhalsen.

der Mann um und ging zum Entsetzen der Mägde, die sich ins Brechhaus geflüchtet hatten, zum Brechhaus hinein und auf die Übermütige zu, die er dann mit Gewalt hinter die Breche drückte. Erst als eine der übrigen Dirnen nach dem Weihwasserkessel rannte, fuhr der Fremde mit Lärm und Gestank zur Türe hinaus. Das übermütige Mädchen starb noch dieselbe Nacht.

Noch eine Brechhaussage

Einige Abtschlager gingen einmal nachts vor dem Brechhause vorüber. Da hörten sie aus dem Innern desselben bezaubernde Musik. Als sie darauf in das zu ihrem Erstaunen erleuchtete Brechhaus traten, sahen sie auf dem Ofen und um denselben eine Menge Katzen sitzen, die Schwänze im Maule. Vor Schrecken bekreuzten sich die Männer und die Katzen fuhren heulend zum Kamin hinaus.

Er lebte gar nicht mehr lange.

Ein Mann aus Engiburgsried kam auch unters Nachtgload. Er vergaß im Schrecken, sich auf den Boden zu werfen, und wurde mit in die Luft genommen. Beim Morgengrauen wurde er in einer vier Stunden von seiner Heimat entfernten Ortschaft auf einem Strohhaufen fallen gelassen.

's Nachtgload

Ein Häusler aus der Nähe von Hilgartsberg ging einstmals, ehe der Täg zu grauen begann, heimwärts. Unterwegs überraschte ihn das Nachtgload. Starr vor Schrecken blieb er am Straßenrande stehen und harrte der Dinge, die da kommen sollen. Hui! riß es ihn vom Erdboden auf und hob ihn hoch in die Luft. Gerade flog er über Gelbersdorf, als der Ton der Morgenglocke herüberklang. Plumps fiel er hier nieder. Sein Weib glaubte, er habe mit den Katzen gerauft, so war er an Gesicht und Händen zerkratzt.

's Nachtgload bei Gehring

In einer stürmischen Herbstnacht sauste die wilde Jagd, auch 's Nachtgload genannt, durchs Gebirge und nahm bei Gehring einen Häusler mit, der eben auf dem Wege war. Erst nach drei Tagen kam derselbe, am Gesicht und an den Händen jämmerlich zerschunden, in sein Heim zurück. Er wurde, wie er erst auf dem Totenbett gestand, vom Nachtgload mitgezogen und beim ersten Hahnenschrei zur Erde geworfen.

Hätte er sich mit dem Gesichte auf den Boden gelegt und Hände und Füße übers Kreuz geschlagen, so wäre ihm nichts geschehen.

Das Marterl bei Ay

Bei dem Weiler Ay in der Gemeinde Schwarzach bei Bogen steht ein altes Marterl, das die Vorübergehenden an eine merkwürdige Begebenheit erinnert.

In Dachsberg bei Haselbach lebte ein Bauer namens Veit, ein Gotteslästerer schlimmster Sorte. Er arbeitete einmal in später Nachtstunde beim Mondenscheine auf seinem Felde und fluchte dabei gotteslästerlich. Da wurde er plötzlich von unsichtbarer Hand ergriffen und in die Lüfte geführt. Es traf sich, daß um dieselbe Zeit der Mesner von Perasdorf aus dem Schlafe erwachte und infolge der Mondhelle glaubte, es sei schon Zeit zum Taganläuten, weshalb er eilends zur Kirche lief und das Glockenseil schwang. In diesem Augenblicke wurde der Bauer Veit gerade über Ay getragen. Hier fiel er zur Erde. Hinter sich hörte er noch die Worte: »Jetzt muß ich ihn fallen lassen, weil der Laurentiushund[1] bellt!« Veit kam zwar anscheinend körperlich unbeschädigt nach Hause, starb jedoch bald nach dem Vorfälle. An der Stelle, an der er zur Erde fiel, hat man ein Marterl errichtet.

Das Nachtgejaid

Ein Bauerssohn von Breitenau war zu Besuch in Rimbach und ließ sich am Abend von einem lustigen Burschen mit einer Klarinette heimpfeifen. Beide gelangten unbehelligt bis in die Dornwanger Wälder. Da kam mit einem Male das wilde Nachtgejaid daher. Der Breitenauer Bursche warf sich sofort platt auf die Erde, während der Musikant unbeirrt weiter spielte. Diesen erfaßte nun das Nachtgejaid und hob ihn auf einen hohen Baum, wo er zwischen zwei Gipfeln hängen blieb. Wohl oder übel mußte er die Nacht über auf dem Baume verbringen und erst am Morgen gelang es ihm, sich durch Pfeifen bemerkbar zu machen, so daß man ihn herunter holen konnte.
R. Lechner

---

1 Die Glocke, welche in der Kirche zu Perasdorf zum Gebetläuten benützt wird, ist dem hl. Laurentius, dem Patron der Kirche, geweiht.

Vom Falter bei Fürstenzell

In der Heidelbeerwaldung zwischen Blasen, Prims und Höng bei Fürstenzell stand in alten Zeiten ein Falter[1] das sich des Nachts stets den des Weges kommenden Wanderern selbst öffnete. In gewissen Nächten stand dort der Teufel mit seinem Ziegenfuß, den langen Schweif über die Achsel gehängt, und stieß von Zeit zu Zeit gellende Töne aus, worauf die Hofhunde der ringsum liegenden Bauernhöfe sich einfanden und mit ihm zur wilden Jagd auszogen. Dabei nahmen sie alles mit, was sich mindestens kniehoch über der Erde erhob.

Ha-u-na-uen

In früheren Zeiten wurden aus Österreich und Ungarn mittels großer, schwerfälliger Plätten, denen 8, 10 und mehr Pferde vorgespannt waren, allerlei Handelsartikel wie Getreide, Wein, Geflügel, Eisen, Salz, Öl auf der Donau bis Regensburg gezogen. Wenn die Pferdeknechte ihre Gäule aneiferten, hieben sie mit ihren langen Peitschen auf sie ein und schrien dabei aus vollem Halse: »Ha-u-na-u! Ha-u-na-u!« was stets einen Heidenlärm abgab, besonders aber nachts ganz schauerlich klang.

In den hl. Zeiten wie Advent, Weihnachten, Hl. Dreikönig soll nun auch der Teufel oft, sobald es dunkel geworden war, die Donau heraufgekommen und dabei das Geschrei der Schiffspferdeknechte, das »Ha-u-na-uen«, wie es die Leute nannten, nachgeahmt haben. Oberhalb Heining, gegenüber dem »hohen Stein«, war ein Kreuz aufgestellt. Da ging gewöhnlich die Fahrt zu Ende; denn hier konnte der Teufel nicht vorüber.

In solchen Spuknächten sollen nun sämtliche Hunde und Katzen der Höfe und Dörfer, an denen die Teufelsfahrt vorüberging, von ihren Häusern fortgelaufen und mit dem Teufel gezogen sein. Am anderen Morgen kamen sie dann nach der Erzählung alter Leute müde und schweißtriefend heim.

Bischof Heinrich von Passau soll dem Treiben des Teufels ein Ende gemacht haben.

---

1 Zauntüre, Falltor an der in früherer Zeit üblichen Umzäunung der Wiesen und Weiden.

Der Fürstenecker Jagdbischof

Unter den Fürstbischöfen von Fürsteneck war einer, der nichts mehr als die Jagd liebte. Aber auch kein Mensch war ihm so verhaßt als ein Wilddieb und Wilddiebe gab es in seinen ausgedehnten und reichen Jagdgründen genug. Wurde einer ertappt und gefangen, so ließ er ihn zunächst in den Hungerturm werfen. Dann schnallte man ihn auf einen weißen Hirsch, der mit Hunden in die Wälder hinausgehetzt wurde, so daß der Unglückliche elend zugrunde gehen mußte.

Zur Strafe für solch unmenschliche Grausamkeit findet die Seele des Fürstbischofs nimmermehr Ruhe. Man kann ihn zur Nachtzeit öfters auf einem Schimmel durch die Wälder reiten sehen; das Gejammer und Geheul der von ihm getöteten Wildschützen begleitet ihn.

Die Tanne mit dem dürren Wipfel

Bei Leizing befindet sich in der Nähe der Ölbergkapelle eine alte Tanne, welche einen Doppelwipfel zeigt und deren einer der Zwiesel[1] abgedorrt ist. Das Volk erzählt, der Teufel habe einmal einen Pfarrer samt dem Pferde da durchgezogen. Weil zu gleicher Zeit die Kirchenglocke zu Schöllnach zum Gebete läutete, ließ ihn der Teufel fallen.

Auch in Künzing erzählt man, daß der Teufel einmal einen Pfarrer mit seinem Pferde durch eine »Baumfurkel« gezogen habe und seither sei der eine der beiden Wipfel dürr.

Von den Drachen

In alten Sagen und Märchen wird auch von feuerspeienden Drachen erzählt. In unseren Gegenden hat sich die Erinnerung an diese fürchterlichen Ungetüme meist nur mehr in dem Schimpfwort »Drack« erhalten. »Du Drack!« sagt z.B. der Knecht zum Stallbuben, weil derselbe ihm einen Schabernack gespielt, indem er ihm Brennessel ins Bett gelegt hat, und »Schauts den Drackn o!« sagt der Geselle, weil ihm der Lehrling die letzte

---

1 Zwiesel = hier zweiwipfeliger Stamm.

Zigarette gestibitzt und geraucht hat. Dann kennen wir noch den Papierdrachen, als beliebtes Knabenspielzeug und die Drachen in den Witzblättern, als Charakterbezeichnung für böse, xantippenhafte Weiber.

Aber es leben heute noch Leute, die ganz ernsthaft erklären, daß ihre Großeltern und Eltern häufig von leibhaftigen Drachen, die sie mit eigenen Augen gesehen, erzählt haben. Ja, eine Frau berichtet uns: »Es war vor 40 Jahren – ich war damals 6 Jahre alt – da saß ich eines Abends auf dem Tische und sah zum Fenster hinaus. Plötzlich erhellte sich das Firmament und gleich darauf flog etwas wie ein feuriger Wiesbaum[1], dessen vorderer Teil jedoch ganz schwarz war, über das Dorf[2] und überquerte bei unserem Hause die Straße. Die Mutter, die das Ding ebenfalls beobachtete, rief: »Da schauts außi! Da fliagt ebbs!« und schon war es im Kamin des Nachbarn verschwunden. In jenem Anwesen vernahm man nur ein kurzes Gepolter und dann war es wieder ruhig!«

In Fahrnbach bei Bischofsmais wurde der Drache während des Flachsbrechens mehrmals nach 11 Uhr nachts wahrgenommen. Da ist derselbe auch wie ein brennender Wiesbaum mit einem schwarzen, kugelförmigen Kopf dahergesaust gekommen und immer über den Wald hin verschwunden.

Auch in Greising hat sich der Drache oft gezeigt. Zum letzten Male sah man ihn, als das Schulhaus abgebrannt ist.[3]

In Viechtach erzählt man, daß der Teufel als Wiesbaum dahergeflogen und in einem Kamin verschwunden sei.

Der schwarze Käfer

Der Stallbub eines Hinterebener Bauern handelte einmal von einem Kameraden für sechs Kreuzer einen großen schwarzen Käfer – wahrscheinlich einen Schrötter (Hirschkäfer) – ein, der in einem Glase eingesperrt war. An diesem Käfer hatte er eine ganz besondere Freude und da er fürchtete, er könnte ihm abhanden kommen, so versteckte er ihn in seiner Truhe.

---

1 Wischbaum sagt das Landvolk.
2 Abtschlag bei Kirchdorf v. W.
3 Um das Jahr 1904.

Seit der Junge den Käfer im Besitz hatte, ging ihm das Geld nie mehr aus. Immer klapperte einiges in seinen Hosentaschen, wenn es auch nicht viel war. Das Eigentümliche aber bei der Sache war, daß seinen Mitbediensteten hingegen immer von ihrer Barschaft abging, ohne daß sie sich's erklären konnten. Unser Stallbub aber ahnte es und das Ding schien ihm bald nicht mehr geheuer. Er wollte den Zauberkäfer wieder loshaben und warf ihn deshalb in das Wasser. Des andern Tages aber fand sich derselbe wieder in der Truhe vor. Darauf warf er ihn ins Herdfeuer. Am nächsten Tage war er wieder in der Truhe. Nun ging der Stallbub zu seinem Bauern und beichtete ihm. Der Bauer aber wußte auch keinen Rat; doch fiel ihm schließlich ein, es könnte von Nutzen sein, wenn er den Pfarrer befrage. Der ließ sich den Käfer bringen und sprach zu dem Buben: »So, jetzt wird er dich nicht mehr suchen!« und der Käfer blieb richtig von da an aus; aber auch die Geldquelle versiegte.

»Der Bauer, bei dem jener Stallbub im Dienste stand«, so versichert uns unser Gewährsmann allen Ernstes, »war mein seliger Großvater und die Geschichte ist nicht erdichtet, sondern hat sich wirklich so zugetragen.«

Die Wegmooshenne

Im Wegmoos bei Bischofsmais steht ein alter Birnbaum. Bei demselben ist es nicht recht geheuer. Wenn man nach dem Abendläuten in seine Nähe kommt, so kann man oft ein eigentümliches Picken und Flügelschlagen hören. Das ist die Wegmooshenne, die auf dem Baume sitzt. Sie fliegt jedem Nachtschwärmer, der in die Gegend kommt, auf den Rücken und zerhackt ihn jämmerlich.

In der Moosleiten

Am Haselbach liegt in der Nähe des Sumpfes eine kleine, unscheinbare Kapelle, deren Wände von einer Menge Votivtafeln geschmückt sind. Einem alten Wandbilde der Kapelle liegt folgende Sage zugrunde: Vor langer Zeit gingen einmal einige Bauernburschen von der Viechtacher Kirchweih nach Rothenbühl und Bloß nach Hause. Unterwegs erzählte der eine, daß auf dem Brücklein über den Haselbach schon oft der Teufel gesessen sei und manchen in den Sumpf gelockt habe; auch er habe schon in späten Sommernächten hier blaue Lichtlein flackern sehen, die sich zu höllischen Fratzengestalten zusammengeballt hätten. Die Begleiter des Erzählers lachten ungläubig und einer meinte, er hätte Mut, sich noch diese Nacht auf das Brücklein zu stellen und den Teufel im Sumpfe zu rufen. Während die anderen ihres Weges gingen, blieb der Verwegene zurück und wartete, an das Geländer gelehnt, auf dem Stege die Stunde der Mitternacht ab. Dann schrie er unter gräßlichem Fluchen: »Teufel, zeige dich und deine Macht!« Plumps brach das Geländer; der Frevler stürzte hinab und versank im Sumpf, während aus den Binsen in der Nähe ein schauerliches Hohngelächter erscholl. Von da an sah man in der Moosleiten immer um ein Lichtlein mehr flackern.

Die Hexe vom roten Bühl

Im roten Bühl, einer hügeligen, von Riedgras bewachsenen Fläche bei Germannsdorf, liegt ein Granitblock, den man den Hexenstein nennt. Dort sollen sich nämlich in jeder 13. Nacht die Hexen versammeln und ihr Unwe-

sen treiben. In einer solchen Nacht fuhr einmal ein Fuhrmann dort vorüber und sah eine Menge schwarzer Katzen, die sich unter gräßlichem Geschrei abrauften und balgten. Als er seine Peitsche über ihre Köpfe sausen ließ, da verschwanden die Tiere spurlos. Nach Jahren machte dieser Fuhrmann mit einigen Nachbarn eine Wallfahrt nach Altötting. Auf ihrer Reise kehrten sie in einem Dorfwirtshause ein. Eine alte, einäugige Wirtin bediente sie und fragte sie nach ihrem Woher und Wohin. Als sie hörte, daß die Gäste aus Germannsdorf seien, verzog sie ihr runzeliges Gesicht und sagte: »So, so, von Germannsdorf? Dort habe ich mein Auge verloren!« Der Fuhrmann kannte sich aus und erzählte beim Weiterwandern sein Erlebnis am Hexenstein im roten Bühl.

Die Hexenelstern

Ein Metzgerbursche ging eines Abends von Sulzbach nach Schärding. Unterwegs sah er sich plötzlich von einem Schwarm Elstern umringt und verfolgt. Die Vögel wurden immer zudringlicher und wilder und schrien, daß den Burschen die Gänsehaut überlief. Da er sich nicht anders zu helfen wußte, nahm er sein Messer und warf es unter die gefiederten Schreihälse. Daraufhin hörte der Lärm auf und alsbald hatten sich die Vögel verflogen. Etliche Jahre nach diesem Vorfall kam der Metzgerbursche in Geschäften den Inn hinauf und kehrte zu Mittag in dem Gasthause eines einsamen Dörfleins ein. Zu seinem größten Erstaunen fand er unter dem Eßbesteck, das ihm die einäugige Wirtin vorgelegt hatte, sein Messer wieder, welches er an jenem Abend nach der Elsternschar geworfen.

Auf seine Frage, wie sie zu diesem Messer gekommen sei, erklärte die Wirtin schließlich, sie sei vor einiger Zeit mit mehreren Freundinnen fortgewesen und in der Nähe von Sulzbach von einem jungen Burschen verfolgt worden. Müde von dem weiten Marsche habe sie nicht rasch genug fortgekonnt, so daß sie der Verfolger bald einholte und ihr sein Messer ins linke Auge stieß, daß es darin stecken blieb. Dies sei jenes Messer. Dem Metzgerburschen gruselte bei der Erzählung. Er wußte nun, daß die Wirtin eine Hexe und damals unter jenen Elstern war.

Die Schneiderin von Kasparzell

In Kasparzell bei Konzell lebte vorzeiten eine alte Schneiderswitwe, die allen Leuten möglichst aus dem Wege ging, der aber auch niemand zulief; denn sie galt als Hexe und war gefürchtet.

Wenn in der Pfarrei Konzell irgendwem ein Unglück zustieß, so wußte man immer gleich den Grund davon: »Die alt' Schneiderin hat's eahm (oder ihr) oto!« Für niemand sandte man die 7. Bitte des Vaterunsers: »Erlöse uns von dem Übel!« inniger zum Himmel als für sie. Endlich wurde sie bettlägerig und einige Wochen darauf machte sie die Augen für immer zu. Alle Leute der Umgegend atmeten wie von einem Alp befreit auf und in voller Aufrichtigkeit betete man: »Herr, gib ihr die ewige Ruhe!«

Als man sie zu Grabe trug, flatterten plötzlich Raben herzu und setzten sich auf den Sarg. Der Mesner verscheuchte sie, worauf sie krächzend abzogen. Darauf spürten die Träger, daß der Sarg mit einem Male ganz leicht geworden war. Die Leute erzählten, daß der Teufel nun auch ihren Leib geholt habe.

Die Hexen im Frauenauer Walde

Im Frauenauer Walde drinnen steht an einem Kreuzwege ein riesenhafter Baum, an den viele Totenbretter sich lehnen. Bei diesem Baume traf einmal ein Bauer, der um Mitternacht von Frauenau nach Rinchnach heimging, ein altes, gebrechliches Weiblein mit einer Kirbe auf dem Rücken. Das Weiblein nannte den Bauern beim Namen und sagte: »Gehng ma mitanand; ham ma eh oan Wö(g)!« Der Bauer dachte: »Du bist a Hex!« und ging schweigend neben seiner Begleiterin, die ihm völlig unbekannt war, her. Sie waren noch gar nicht weit gekommen, als sie auf einmal wie vom Himmel geschneit ein hellerleuchtetes Gasthaus vor sich sahen, in dem Rundgesang und fröhliche Musik ertönte. Zaudernd blieb der Bauer stehen und überlegte, ob er vor- oder rückwärts gehen solle – er hatte ja das Haus noch nie gesehen und war doch schon hundertmal den Weg gegangen – da stand schon die junge Wirtin mit einem schäumenden Bierkruge vor ihm. Anfangs weigerte er sich zu trinken; endlich als die beiden Weiber, seine Begleiterin und die Wirtin, nicht aufhörten, ihn zu nötigen, tat er einen herzhaften Schluck. Kaum war der Trunk geschehen, fiel es ihm wie Schuppen von seinen Augen und die Weiber, die ihm vorher gänzlich unbekannt schienen, erkannte er jetzt als Mitbewohnerinnen seines Heimatdorfes; aber mit dem Erkennen stürzte er zugleich bewußtlos zu Boden. Des anderen Morgens kam er schauerlich zugerichtet, zerkratzt und zerschlagen, nach Hause, so daß Arzt und Pfarrer geholt werden mußten. Erst nach vielen Wochen konnte er das erste Mal wieder ausgehen. So oft er später von seinem Abenteuer erzählte, die Namen der beiden Hexen nannte er nie; diese hatten ihm gedroht, ihn umzubringen, falls er sie verrate.

Die Hexennudeln

In Gurlan bei Fürstenzell lebte eine Bäuerin, von der man schon lange munkelte, daß sie eine Hexe sei; doch konnte ihr niemand Unrechtes nachsagen. Niemand konnte also bestimmt behaupten, daß sie wirklich mit dem Bösen im Bunde sei. Eines Abends jedoch verriet sie sich. Sie ging meist so kurz vor Feierabend vom entlegenen Felde heim, daß es unmöglich gewesen wäre, noch rechtzeitig das Essen fertig zu stellen. Aber kaum war sie an den Herd getreten, läutete sie schon zur Mahlzeit. Ein Knecht, dem das verdächtig vorkam, schlich ihr einmal nach und bemerkte zu seinem Erstaunen, daß sie mit einer Schüssel vor dem Kamin stand und rief: »Noch mehr Nudeln!« worauf sich die Schüssel mit den saftigsten Nudeln füllte. Bei Tisch sagte jener Knecht, nachdem er seine Ration aus der Schüssel auf den Teller gebracht hatte: »In Gott's Nam', jetzt geht's euch dran Nudeln!« Da lagen statt der Nudeln abscheuliche Kröten auf dem Teller.

Das Hexenstühlchen

Das Hexenstühlchen besteht aus neunerlei Holz. Auf demselben kann man in der Christmette (man muß den Rücken gegen den Altar gekehrt haben) während der Wandlung unter den anwesenden Frauen die Hexen erkennen.

In Kirchdorf im Wald fertigte sich nun einmal einer ein solches Stühlchen und probierte seine Kraft gleich in der nächsten Mettennacht. Das ist ihm jedoch nicht gut bekommen. Lange, nachdem die Leute von dem Gottesdienste nach Hause gekommen waren, kam erst er, ganz nackt und zerkratzt, die Kleider in ein Bündel auf den Rücken gebunden, in seiner Wohnung an.

Die Hexe von Aschberg

Ein Bauer in Aschberg bei Fürsteneck hatte zwei Mägde im Dienste, von denen die eine, die sogenannte große Magd, eine Hexe war, während die andere sich durch Frömmigkeit und Sittsamkeit auszeichnete.

Als einmal die beiden auf die Wiese mußten, um Gras zu mähen, fing es fürchterlich zu regnen an und die große Magd sagte: »Heut habe ich gar keine Lust zur Arbeit. Ich lasse mir arbeiten und lege mich unter den großen Stein dort neben dem Felde. Wenn es dir recht ist, dann schaue ich auch für dich um jemand, der dir die Arbeit macht.« Die kleine Magd war selbstverständlich einverstanden. Als die Mägde nun an die Wiese gelangt waren, sahen sie bereits zwei stämmige, handfeste Männer tüchtig schaffen und sie gingen nach dem großen Steine am Feld, hingen ihre Sensen an einen nahen Baum und legten sich an einem geschützten Plätzchen bei dem Steine nieder. Gegen Abend ließ der Regen nach und die Mägde schickten sich an heimzugehen; dabei sahen sie, daß die Wiese bereits vollständig gemäht war.

Am darauffolgenden Sonntag traf es sich, daß die große Magd daheim bleiben mußte, das Mittagessen zu kochen. Sie beredete die jüngere Arbeitsgenossin auch bei ihr zu bleiben; denn sie wolle ihr etwas besonderes zeigen. Sie solle sich, bis die Hausleute fort wären, im Kasten verstecken. Inzwischen stellte sie ein Schaff mit Wasser in die Stube und ließ dann, als sozusagen die Luft rein war, die andere ins Wasser schauen. Da stieg der Teufel heraus, der die kleine Magd aufforderte, ihm ihre Seele zu verschreiben. Zitternd vor Angst und Schrecken wollte diese entfliehen; aber der Teufel rannte ihr nach und stieß ihr dabei mit seinem Bockfuß ein Auge aus. Die große Magd verband sie und bat sie, nichts auszusagen. Doch als die Hausleute von der Kirche zurückkamen, erzählte sie ihnen was geschehen. Daraufhin wurde die große Magd eingesperrt und, da sie leugnete, gefoltert, bis sie ihre Verbindung mit dem Teufel eingestand. Einige Wochen später wurde sie auf dem Scheiterhaufen verbrannt.

Von der Steinkathl

Vor mehr als hundert Jahren lebte in Oberneureuth bei Sonnen eine alte Jungfrau, die allgemein unter dem Namen Steinkathl bekannt war. Sie übte eine Schankwirtschaft aus und unterrichtete nebenbei die Dorfkinder im Lesen und Schreiben. Die Leute sagten ihr nach, sie stünde mit dem Teufel im Bunde und treibe allerlei Hexenwerk. Darum wollte es niemand mit ihr verderben und man mied ihr Haus, so gut man konnte. Einmal trieb ein Bauer eine Kuh des Weges, die er in der Gegend gekauft hatte. Er wollte rasch an dem Anwesen der Steinkathl vorüber; aber ehe er sich's versah, stand sie schon vor der Haustüre. Sie schien seine Gedanken erraten zu haben und schaute ihm mit wütendem Blicke nach, zugleich mit einem Zauberspruche die Kuh verwünschend. Der Bauer hatte auch kein Glück mit der Kuh. Sie wollte nicht fressen, gab Blut statt Milch und nahm von Tag zu Tag ab, so daß ihm nichts übrig blieb, als sie weit unterm Einkaufspreis wieder abzugeben.

Von Oberneureuth siedelte die Steinkathl später nach Haslberg über, wo sie sich ein neues Wirtshaus erbaute, zu dem ihr der Teufel über Nacht das gesamte Baumaterial herbeischleppte. Ihr Helfershelfer soll damals geschworen haben, daß kein Besitzer je auf dem Wirtshause absterben werde, was auch bis heute der Fall war.

Die Steinkathl war eines Tages spurlos verschwunden. Als ihre Zeit um war, hatte sie der Teufel geholt.

Der verhexte Rahm

Eine Bäuerin konnte lange Zeit nicht ausrühren; denn der Rahm im Rührfaß schwand immer auf unerklärliche Weise und der übriggebliebene war nicht zu gebrauchen, da er übel roch. Man riet der Bäuerin, sie solle den im Fasse verbliebenen Rahm auf den Düngerhaufen schütten und ihn dann mit Dornen und Brennesseln tüchtig schlagen. Sie tat es und am nächsten

Tage schon sah man im Dorfe eine alte Frau, die im Rufe einer Hexe stand, mit zerkratztem und zerhauenem Gesichte herumgehen. Die Bäuerin aber konnte von da an wieder ordentlich ausrühren.

Die verhexten Kühe

Bei einem Bauern in Oberbuch war der Stall verhext. Die Kühe gaben keine Milch mehr oder höchstens ungenießbare. Da ging er zu einem weisen Manne, daß er ihm rate. Der befahl ihm, vor Taganläuten von jeder Kuh drei Tropfen Milch in den Milcheimer zu melken und ihm diese Milch zu bringen. Der Bauer tat, wie ihm geheißen. Der weise Mann sprach: »So, ich will dem Übel gründlich abhelfen. Ein altes Weib aus deiner Nachbarschaft hat die Kühe verhext. Es wird aber jetzt ausgehaust haben und sterben.« Richtig starb darauf eine alte Nachbarin und in dem Stalle des Bauern war wieder Ordnung und kein Grund zu einer Klage mehr vorhanden.

Eine Hexenaustreiberin

In Bruck bei Neukirchen bei Pfarrkirchen war nicht selten die Milch verhext. Man mochte noch so vorsichtig abrahmen und noch so lange an dem Rührkübel sitzen, alles umsonst.

Da ging der schöne Einödhof durch Kauf in andere Hände über. Die neue Bruckbäuerin, ein schon bejahrtes Weiblein, brachte den Ruf mit, alle Hexen aus ihrem Gäu, d. h. aus ihrer Gegend, vertrieben oder doch ihrem Unwesen gesteuert zu haben. Bald merkte sie, daß in Bruck die Hexe fleißig Einkehr nehme; denn auch sie konnte selten ausrühren. Nun stellte sie gleich ihre »Wissenschaft« in den Dienst der Haus- und Landwirtschaft. Sie ging in den Kuhstall hinab, reinigte den Born aufs säuberlichste, steckte rundum geweihte Wachslichtlein auf und schüttete den besten weißen Rahm in den Born, schnitt hierauf von der Dornhecke draußen einige starke Reiser ab und hieb damit mit aller Wucht eine Viertelstunde lang auf den Rahm ein. Von da an ist die Hexe ausgeblieben.

Es dauerte nicht lange, so ging ihr Ruf als Hexenaustreiberin weit über die Gemeindemarkung hinaus und sie mußte bald da, bald dort hin, ihre

Kunst zu zeigen. Zu ihrem größten Verdrusse passierte es ihr dabei oft, daß sie morgens in aller Frühe sich auf den Weg machte, bei einem Nachbarn oder in einem weiter entfernten Hofe Hilfe zu bringen, aber schon nach kürzester Frist unverrichteter Dinge wieder heimkehren mußte. Es war ihr nämlich jemand begegnet, der ihr entweder einen guten Morgen wünschte oder sie ansprach: »No Brucknerin, so früah scho af dö Füaß?« Wollte sie eine Hexe austreiben, so durfte sie vor diesem Geschäfte nicht angesprochen werden, geschweige denn selbst sprechen.

Ein Hexenaustreiber

Ein Menschenalter früher, ehe also die neue Bruckbäuerin in die Gegend kam, hatte ein Schuhmacher aus Rottenstuben die Kunst, Hexen auszutreiben, mit Erfolg betrieben. Derselbe aber kannte ein anderes Mittel. Er nahm von drei »Marstempn«[1], von denen jeder an der Grenze dreier Grundstücke stehen mußte, je einen Splitter und warf dieselben dann in den verhexten Rahm, worauf jedesmal ohne Anstand gebuttert werden konnte.

Das Hühnerbrot

Bei einer Bäuerin im Bayerischen Walde war der Hühnerstall verhext. Die Hühner legten entweder gar keine oder nur leere Eier. In ihrer Not wandte sich die Bäuerin an eine Zigeunerin. Diese gab ihr ein Stück weißes Brot und befahl ihr, es an die Hühner zu verfüttern. Sobald sie nach Hause kam, streute sie den Hühnern Bröcklein von diesem Brote unters Futter und legte das übrig gebliebene Stück in die Tischschublade. Der Bauer wußte von der Sache nichts. Als er am Abend hungrig von der Arbeit heimkam, riß er hastig die Tischschublade auf, packte gierig das »Hühnerbrot« und verschlang es. Die Wirkung blieb auf keiner Seite aus. Nicht nur die Hühner gackerten wieder lustig darauf los und legten schöne, gesunde Eier, auch der Bauer mußte sich dazu bequemen und er legte an zwei Schilling[2]. Ob er dabei ebenfalls gackerte, ist uns nicht vermeldet.

---

1 Grenzpfähle.   2 1 Schilling = 30 Stück.

Das Hexenpulver

Im sogenannten Monikahäusl bei Postmünster lebte vor so und so vielen Jahren einmal ein Schneider. Er wanderte bald dahin, bald dorthin auf die Störe, wie es eben bei einem Landschneider der Brauch ist. Da kam er einmal in einen Bauernhof, in dem er sah, wie die Bäuerin eben ausrührte. Ehe sie aber ihr Geschäft begann, nahm sie aus einem Schächtelchen weißes Pulver und streute es ins Butterfaß. Sie erhielt darauf eine ungewöhnliche Menge Butter. Unser Schneider wollte nun auch so ein Hexenpulver haben und in einem unbewachten Augenblicke stahl er der Bäuerin soviel, als er zwischen Daumen und Zeigefinger flink packen konnte. Zuhause angekommen, fragte er gleich seine Alte, ob sie Rahm zum Ausrühren habe. Diese meinte, zum Ausrühren sei er noch zu wenig; aber der Schneider probierte es mit dem Wenigen. Er streute das Pulver darunter und rührte aus. Siehe! auch er bekam »einen großen Butter«.

Nachts nun kam ihm das Pulver gar nicht mehr aus dem Kopfe und er sann und sann, wie er es anstellen wolle, damit er wieder zu einem solchen gelange. Während er so dachte und spekulierte, klopfte jemand an das Fenster. Er öffnete es und fragte nach dem Begehr. Es stand ein Mann draußen, welcher ihm zurief: »Wenn Du Pulver zum Buttern willst, so will ich Dir solches geben; vorher aber mußt Du Dich da unterschreiben!« Dabei hielt er ihm einen Bogen Papier hin. Der Schneider erschrak ordentlich. Er schlug das Kreuz und rannte zum Weihbrunnkessel, der neben der Türe an der Wand hing und sprengte Weihwasser nach dem Fenster. Da verschwand der Mann.

Vo Galgweis und vo Gergweis

Auf den Waldler ist der Gäubauer wie der Rott- und Vilstaler im allgemeinen gar nicht gut zu sprechen und wo man ihm eins anhängen kann, geschieht dies sozusagen mit Vergnügen. Einen Beweis hievon liefert schon der Spottvers, den man ihm angedichtet:

>»Daß 's im Wald finsta is,
>Dös machen d' Ba(u)m!«[1]

---
1 Der Waldler freilich erwidert: »Daß 's im Wald finsta is, | dös mochan d Ba(u)m; | daß 's a(u)fn Gäu hella is, | dös gla(u)b i ka(u)m!«

Damit soll angedeutet werden, daß man sich im Lande rechts der Donau (wir sprechen von Niederbayern) für geistig freier, für fortgeschrittener hält. Nun ja Furcht und Aberglaube kann man da drinnen im Böhmerwalde vielleicht häufiger antreffen; aber diesbezüglich ist es heutzutage in anderen Gegenden gewiß auch noch nicht rein. Vor wenig Jahren lernten wir z.B. um Ortenburg einen Bauersmann kennen, der stets den »Tobiassegen« in der Tasche trug, wenn er eine Reise machte oder ein Geschäft unternahm, und mit ihm fühlte er sich völlig sicher und zu ihm hatte er ein so großes Vertrauen, daß der Handel gut gehen mußte, wenn er bei ihm war.

Und von manchen Bäuerinnen wissen wir, daß sie heute noch ihr Hexensprüchlein sagen, wenn sie Butter ausrühren. So heißt es in der Gegend von Falkenberg:

»I rühr aus, i rühr aus
an Buda wia r a Stallhaus;
grad vo meina Schwagrin nöt
und vo meina Gvadrin nöt
und sunst überall!«

Um Vilshofen galt und gilt der Spruch: »Vo Galgweis und vo Gergweis! Vo Galgweis und vo Gergweis!« usf. Wer so ein Hexensprüchlein kannte und anwandte, konnte nach der verbreiteten Meinung immer auf »einen großen Butter« hoffen.

In Göttersdorf nun war es, da stellte einmal eine Bäuerin ihrem Manne das Butterfaß hin, damit er ausrühre. Beileibe aber durfte er sein Sprüchlein nicht vergessen und das hieß auch: »Vo Galgweis und vo Gergweis!« Wie er nun so rührte, dachte er: »Warum grad allawei vo Galgweis und vo Gergweis, liegt do Oberndorf a nöt weit weg?« Und er brummte: »Vo Galgweis und vo Gergweis und vo Oberndorf a!« Aber kaum hatte er das noch ein paarmal wiederholt, so zerriß es auf einmal den Rührkübel.

Das traurige Mädchen

Bei einem Bauern in der Osterhofener Gegend stand ein Mädchen im Dienste, das den ganzen Tag über traurig und niedergeschlagen war. Der Bauer, welcher das Mädchen schon lange beobachtete und Mitleid mit ihm hatte, fragte es eines Tages, was ihm fehle. Da fing das Mädchen zu weinen an und sagte: »Du magst mir ja doch nicht helfen!« »Warum nicht? Wenn ich nur kann!« meinte der Bauer. »Nun«, fuhr das Mädchen fort, »wenn Du mir erlaubst, den alten Rappen zutode zu reiten, dann ist mir geholfen!« »Meinetwegen«, sagte der Bauer, »der Rappe ist ohnehin zu nichts mehr nütze und kann kaum noch auf seinen Vieren stehen.«

Da, über Nacht war der Rappe verendet; das Mädchen aber war von der Zeit an gesund, heiter und lustig.

Das Federlein

Bei einem Bauern im Vilstale war es im Pferdstalle längere Zeit nicht recht geheuer. Einmal fingen des Nachts alle Gäule an zu wiehern und zu stampfen, als würden sie recht gemartert, ein andermal waren sie ledig und standen verkehrt in ihrem Stande, ein drittes Mal waren ihnen die Mähnen geflochten usw. Der Bauer ging nun zum Nachbarn, der ein kluger und verständiger Mann war, und fragte ihn um Rat. Dieser meinte, es könne gar nicht anders sein, als daß die Trud da im Spiele sei; darum solle er auf jedes verdächtige Zeichen wohl merken, und wenn er etwas Unrechtes fände, soll er es auf der Stelle verbrennen. Des anderen Tages ging nun der Bauer schon in aller Frühe in den Pferdestall und hielt Umschau. Da gewahrte er, daß dem Rappen wieder die Mähne geflochten war; auf dem Rücken aber lag ihm ein weißes Federlein. Das nahm er – wohl etwas zaghaft – und warf es in den Ofen, wo bereits ein lustiges Feuerlein prasselte. Als nun die Dienstboten sich um den Tisch zur Morgensuppe versammelten, fehlte eine Dirne. Man suchte nach ihr im ganzen Hause herum, fragte überall in der Nachbarschaft; aber nirgends war sie zu finden. Auch später kam sie nie mehr zum Vorschein.

Die Trud

Zu einem Burschen kam fast allnächtlich die Trud. Er wandte die verschiedensten Mittel gegen sie an, allein vergebens. Alle Lebensfreude ging ihm verloren; still und bleich schlich er umher und jeder, der ihn sah, schüttelte den Kopf und sagte: »Der hat's beieinander!« Er wollte es aber noch einmal versuchen, sich aus der Macht der Trud zu befreien, und beschloß, einen Kampf auf Leben und Tod mit ihr zu wagen. Als er nun wieder zu Bette ging, nahm er ein scharfgeschliffenes Messer mit und bohrte es über sich in den Balken. Die Trud kam wieder und drückte ihn. Schnell griff er nach dem Messer und fuchtelte kreuz und quer in der Luft herum. Mit einem Male hörte jeder Druck auf; die Trud war verschwunden. Am andern Tage begegnete ihm eine Nachbarin mit einigen Schnittwunden im Gesicht.

Die Trud hat ihn sein Leben lang nie wieder gedrückt.

Eine Vilstaler Trud

Im Vilstal war eine Bauerndirn, die mußte, weil man bei ihrer Täufe einen Fehler begangen, »ins Drücken« gehen. Einst nun passierte es ihr, daß sie erst wieder nach Hause kam, als schon der Täg angeläutet war. Für dieses Versäumnis mußte sie den ganzen Täg als Kröte zubringen. Als solche hüpfte sie nach dem Pferdestalle, wo sie sich verbergen wollte. Da trat eben der Knecht aus der Türe. Der schleuderte sie mit dem Fuße nach dem Stallburschen, welcher den Pferden gerade Futter gab; dann sagte er: »Z'tritt dös Luada!« und zugleich warf er einen Prügel nach dem abscheulichen Tiere, das er auch an einem Hinterbeine verletzte. Der Stallbursche nahm aber einen Besen und kehrte die Kröte mitleidig in eine Ecke.

Nach langen, langen Jahren, als der Stallbursch bereits zum kräftigen Manne herangewachsen war, kam dieser einmal im oberen Vilstale in ein Brauhaus, seinen Hunger und Durst zu stillen. Die Bräuin, die etwas hinkte, kam ihm mit der größten Liebenswürdigkeit entgegen und brachte ihm Bier, Brot und Braten. Als er bezahlen wollte, lächelte sie und sagte: »Bist nix schuldi; hast ma aramal an guatn Deanst ta!« Sie war nämlich die Trud von damals.

Die Trud in Altrandsberg

Der Stallbub eines Altrandsberger Bauern wurde lange Zeit von einer Trud heimgesucht, die immer durch ein Astloch in der Kammertüre zu ihm kam. Einer der Knechte gab ihm den Rat, einen Pfropfen bereit zu halten und denselben so schnell als möglich in das Astloch zu schlagen, sobald die Trud wieder einmal in der Kammer sei. Der Bub tat es. Da stand ein wunderhübsches Mädchen vor ihm. Es bat ihn um Verzeihung, daß es ihn so oft gequält, konnte aber weder seinen Namen noch den Ort nennen, aus dem es stamme. Da es recht anstellig, fleißig und ordentlich war, beredete man es, im Hause zu bleiben. Es wurde später die Frau des Stallbuben, der es im Laufe der Jahre bis zum Vorgeher in dem Hofe gebracht hatte und von den Bauersleuten, seiner Dienstherrschaft, fast wie ihr Sohn behandelt wurde.

Nach Jahren ging eines Tages wieder die Rede darüber, wie die Frau des ehemaligen Stallbuben wohl dahergekommen sein mag. Diese meinte, sie sei irgendwo einmal da hereingekommen. Darauf ging ihr Mann zur Türe und schlug den Pfropfen aus dem Astloch. Es tat einen Wischer: Sssssst …! und die Frau war fort und ward nimmermehr gesehen. Sie soll von England gewesen sein.

Wie die Weberin die Trud vertrieb

Die alte Weberin von Wichtleithen (in der Pfarrei Postmünster) hatte lange Zeit die böse Trud im Stall, die ihr die beste Milchkuh verhexte, so daß sie keinen Tropfen Milch mehr gab. Kein Mittel wollte helfen. Da sann die Weberin hin und her. Endlich kam sie auf einen guten Einfall, den sie auch ausführte. Sie nahm nach der abendlichen Fütterung eine Zwiarn[1] und legte diese der verhexten Kuh so auf den Rücken, daß die Zähne aufwärts standen. Daraufhin soll die Trud ausgeblieben sein und die Kuh wieder täglich Milch genug gegeben haben.

---

1 Am = Egge, Zwiarn = zweiteilige Egge.

Die lange Agnes

I.

Ehe man auf der alten Straße von Viechtach nach Patersdorf ins »Oaholz«[1] kommt, hat man in einem hübschen Tälchen die Oa- oder Weißbruck, welche über den Weißbach führt, zu überschreiten. Unter dieser Brücke trieb die lange Agnes ihr Wesen. Jeder, der zur Nachtzeit vorüber kam, wurde von ihr mit einem Strohriegel[2], den sie ins eiskalte Wasser getaucht hatte, gehörig »azwogt«, d. h. abgewaschen. Die Weißbruck stand daher auf weit und breit in üblem Rufe und jeder scheute den Weg dahin in der Dunkelheit. Eines schönen Tages hatte sich nun ein Hofgegner Bauer[3] am Viechtacher Ochsenmarkt zu lange verhalten und kam auf dem Heimwege in die Nacht. Bevor er aber von seiner »Einkehr«, die alte Post, wegging, nahm er noch ein Weckl zu sich. »Für dö lang Angas!«[4] sagte er spöttisch. Als er bei der Weißbruck angelangt war, stand die lange Agnes leibhaftig vor ihm. »So iatzt hast da langa Angas a r a Weckl mitbracht!« schrie sie, fiel über ihn her und »zwogte« ihn so gründlich, daß er wie eine getaufte Maus am »Oahof« ankam.

II.
(In anderer Fassung)

Wenn man auf der alten Straße von Ayrhof nach Viechtach geht, so kommt man an der »weißen Bruck« vorbei. Es geht die Sage, daß, als einmal hier zwei Männer abends vorbeigingen, ein altes Weiblein unter der Brücke stand, zu dem der eine der beiden Männer sagte: »Ich bringe Dir einen Wecken mit!« während der andere sprach: »Ich laß' mich von Dir »zwogn«!« Als sie um Mitternacht wieder heimwärts gingen, war das Weiblein wieder an der Stelle und rief: »Der erste soll heimgehen; der andere soll herunterkommen!« Der letztere ging der Weisung gemäß mit schlotternden Knien zum Weißbach hinab, während sein Begleiter geflügelten Schrittes seiner Behausung zustrebte. Am anderen Tage fand man an der Weißbrücke am Ufer des Baches eine Leiche.

---

1 Die zu Ayrhof, Bezirksamt Viechtach, gehörige und an die Ortschaft angrenzende Waldung.
2 Strohwisch.
3 Ein Bauer aus der (Ayr-)Hofgegend.
4 Das Volk spricht nämlich Angas für Agnes.

Das Weiblein war die lange Agnes oder »dö lang Angas«, wie sich der Volksmund ausdrückt. Sie hat sich an dem Manne gerächt, der glaubte, sie im Vorübergehen necken zu müssen.

Die lange Agnes in Abbach

Bei er Abbacher Schwefelquelle, dort wo jetzt das Glashaus für die Badegäste steht, war früher ein kleiner See, der sogenannte Schwefelsee. Hier konnte man in finsteren Nächten, namentlich aber um Johanni, eine große, feurige Frauengestalt sehen, welche allgemein »die lange Agnes« genannt wurde. Sie umschritt jedesmal dreimal den See, der sich stets in eine zischende, züngelnde Feuerlohe verwandelte und verschwand dann wieder. Niemand wagte zur Zeit der Erscheinung dem See zu nahen; denn jeder hätte seine Neugierde mit dem Tode bezahlt.

Die Weiz im Hasenederholze

Wenn man früher zur Nachtzeit am Hasenederholze bei Postmünster vorbeiging, konnte man von Zeit zu Zeit eine Stimme hören, die unaufhörlich rief: »Dreimal Holz und dreimal Acker!« Das war nämlich eine Weiz, ein verhexter Bauer, der früher einmal in der Gegend gehaust und einem Nachbarn den Wald abbetrogen hat. Nun sollte er umgehen oder weizen, bis das Grundstück abwechselnd dreimal Holz (Wald) und dreimal Acker gewesen ist.

Seit aber Papst Pius IX. die Weizen »verschafft« hat, ist auch die Weiz im Hasenederholze ausgeblieben.

Die Weiz von Reckenberg

In Reckenberg bei Winzer erschien vor Jahren häufig ein altes Weiblein vor den Häusern. Es war schwarz gekleidet und hatte ein weißes Kopftuch auf. So oft es sich sehen ließ, ereignete sich etwas Absonderliches; so wurden z.B. von unsichtbaren Händen die Fenster eingeschlagen, stand die

Suppe auf dem Tisch, regnete es Sand und Kieselsteine in die Schüssel, trug man Mehl vom Speicher herab, waren jedesmal Mörtel und Sägespäne daruntergemischt usw. Kein Mittel konnte die Weiz vertreiben, bis endlich ein erfahrener Pater aus Altötting herbeigeholt wurde, der dem Unwesen ein Ende machte und die Weiz auf 50 Jahre »verschaffte«.

Die Weiz von Zimmern

Der Weberin von Zimmern – sie liegt schon lange unterm Rasen – hatte der liebe Gott acht Kinderlein beschert. Sie hatte aber das Mutterglück nicht verdient; denn sie war ein bitterböses Weib und die Schuljungen nannten sie bei Lebzeiten schon eine Hexe. Von ihren acht Kindern hat sie auch nicht ein einziges taufen lassen; dafür nun mußte sie nach dem Tode schrecklich büßen und allnächtlich umgehen. Dabei kam sie als Weizlichtlein allemal ums Haus geflogen. Vorerst vernahm man in den Zweigen und Blättern der nahen Bäume ein sonderbares Rauschen; dann erschien das Lichtlein, anfangs scheu hin- und herirrend, dann zwei-, dreimal um das Haus fliegend, wobei ganz jämmerliche Laute vernehmbar waren. Hierauf verschwand es entweder in einem offenen Fenster des oberen Stockwerkes oder plötzlich in der Luft.

Vom Wähazvoschoffa

Ös junga Lätl lochts eahm ollawä as, we ma enk von Wähazn vozeit un sogts, dös war a Dummhät, 's moant's, mö's iatzanda nimma vüakimmt? Jo mei! 's kimmt scho no vüa, oba dösäln, dös owähazt, song's nimma, wei s' asglocht weratn un 's hoaßat, sö wa(r)n Loadschwanz oda s' hättn Rä(u)sch ghot. – Is nöt lötztöng da Hoböstoana Seppei wia r a von Kuahandl um dö zweift Schtund vo Eppnschla(g) herkemma is, a Schtündei ön Bachei ganga un aft a aßa wa(r), hot a gmoant, ös is a graoußö Maa vüa, bis as Lia(ch)t bäm Meina gsehng hot? Un mö siahgt ma in da Seinwocha bän Aschloga Herrgodshäsl sched a Lia(ch)tl, dös schia bis ön unsa Doaf afa kimmt? Ös Kra(u)tschneida, tra(u)ts enk do nöt ön da Freinocht durs Aschloga Hezei! – Aft and dana sand a schia allö Wähazn voschofft woan ön d' Schwäz einö, oft öns Sa(u)lo(ch) bo da Stodt dra(u)ßn; do härn s' dö Hoizoaba ön da Seinwocha un aft 's Nachtgload geht, 's mua(ß) a na niads vo dö Voschofftn sän Nama sogn un mö s' Wähazn maou(ß). Da schrät dö oa: »I bi dö schö Bärön vo Rettnba(ch), s Maß is z' kloa un s Gwicht is z' gring.« Da anda: »Dea Moabaam gherat grod hoibat mia!« Dö anda: »I bi dö faoudö Meinarön. Wea nimmt mei Stümpfei o(b)?« Da anda: »I bi da dröckö Hiaseibua vo Pfai« un so fuat. s oa is ön an oitn Ba(u)m voschafft, s anda ön a Sa(u); a niads schröckt d' Lät af a n andanö Wäs, wia r a dö faoudö Meinarön. Dö is, wia s' gschtarm is gwen, allawä dahoit wia r a Sa umagrennt un hot ihranö Lät ois miglö oto. Znachst is a ra Pfarra gwen, der s Voschoffa kinnt hot – s kinnans weng! – dea is hoit wia s ös goa nimma ashoitn ham kinna, mit an Mordstrum Büachei kemma. Ois hot as da Schtum müassn un ea hot s Lösn ogfangt. Scho bo döm zwoatn Blattl is dö oit Meinarön wia r a Sa für d' Schtumtüa einakemma. Dö andan ham bo an Lo(ch) ön da Roadöckn obagscha(u)t. Glä hots ös gsehng un hot gsogt: »Dö mei(ß)n wög, sunst i kimm afö dazua!« Aft wia da Hea wäta glösn hot, is s' ganz winö woan un hätt eahm ois miglö vüagwoafa, hot oba nix mocha kinna, wä a r a recht a brava Mo is gwen. Zlötzt hots not gsogt: »Du kost mi a gor nöt voschoffa; host a ois Bua dänä Muadan amoi zwoa Oa gschtoin!« »Füa dö hon a ma a Dintn kaft zon Schtudian«, sogt ea. Wia s' gsehng ghot hot, daß gar nixö heift un bo an iadn Blattl wäta aßö maou, hot s' n no bitt, daß s' ön Wossagrand einö deaf. Is eahm oba nöt volabt woan un hot öns Sa(u)lo(ch) ön an Ba(u)m einö gmüaßt. Aft is s' no draßn.

Ein Weizlichtl

In dem nun längst verfallenen Brechhaus zu Schlag wurde einmal Flachs gebrochen, als man von weitem ein Weizlichtl heranirren sah. »Wart, i schmatz 's o«, sagte einer der anwesenden Burschen, »daß 's dalöst wird.« Kaum hatte er das gesprochen, so kam das Lichtlein wie im Fluge näher und ließ sich auf einem Steinhaufen vor dem Brechhause nieder, wartend, bis das erlösende Wort falle. Der Sprecher aber hatte nun den Mut verloren und auch keiner der übrigen getraute sich, das Lichtlein anzusprechen. Bis zum Taganläuten verblieb dasselbe auf seinem Posten und verschwand dann unter jämmerlichen Klagelauten.

Der Straubinger Bote und das Lichtlein

Ehe bei uns die Eisenbahnen gebaut wurden, verkehrte zwischen Straubing und Passau jede Woche regelmäßig ein Botenfuhrwerk. An einem dunklen Winterabend fuhr der Bote wieder einmal nach Straubing zurück. Die Schneeflocken tanzten dicht zur Erde und der Wind sauste und heulte fürchterlich. Noch war der Bote stundenweit von seinem Ziele entfernt, als ihm der Wind die Laterne auslöschte. Da hieß es nun behutsam fahren; denn damals gab es noch viele Zäune mit ihren Falltoren, den sogenannten Faltern. Aber, o Wunder! so oft das Fuhrwerk an ein Falter kam, erschien ein Lichtlein, welches dasselbe öffnete und schloß. Nachdem das letzte Falter passiert war, sagte der Fuhrmann: »Du hast mir einen großen Dienst erwiesen, Lichtl! Gott vergelt's!« Da flog das Lichtlein mit einem Freudenschrei in die Höhe und rief: »Jetzt bin ich erlöst!« Dann verschwand es.

Das dienstgefällige Irrlichtlein

Die Bewohner von Steinhügel, Hofmark und Eck haben zu ihrer Pfarrkirche in Holzkirchen[1] einen größtenteils sehr beschwerlichen Weg von etwa 1 ½ Stunden. Was ihn früher noch unbequemer machte, das waren die vielen Falter[2], welche ungezählt den Durchgang durch die Menge von Zäunen, die damals die verschiedenen Grundstücke abschlossen, ermöglichten. Besonders zur Winterszeit waren die größtenteils verschneiten und angeeisten Falter der allgemeine Jammer aller Wanderer, die sich daran nicht selten die kaum etwas in den Taschen erwärmten Hände halb erfroren.

Zur Adventzeit, der Zeit der Engelämter oder Rorate, zogen die Leute truppweise morgens 4 oder 5 Uhr schon aus den einzelnen Gehöften, Weilern und Dörfern nach ihrer Pfarrkirche. daß es dabei zuweilen recht lebhaft herging, läßt sich denken. Was wäre da geeigneter, als Spukgeschichten erzählen? Einmal ging es auf so einem Kirchgänge wieder gar lustig zu. Vorne am Zuge schritten zwei muntere Dirnen aus Steinhügel, dicht in ihre warmen Tücher gehüllt. Man erzählte eben wieder von Weizen, Irrlichtern usw., da rief die eine der voranschreitenden Dirnen, die sich um das Amt des Toröffnens angenommen hatte: »Daß uns koa arme Seel oda sunst was hilft? Wia guat war's, wenn s' uns d' Toa(r)[3] aufmachatn, na derftn mia d' Händ schö warm ön Tuach eigwicklt lassn!« Kaum gesagt,

---
1 Holzkirchen, Bezirksamt Passau.
2 Falter = Falltor, Zaunverschluß.
3 Tor.

öffnet sich auch schon die nächste Falter von selbst und so alle übrigen, die sie zu passieren hatten. Sobald der Zug sich aber von einer Falter immer entfernte, hörte man jedesmal ein leises Seufzen. Endlich sagte ein übermütiger Bursche: »Geh, du arme Seel oda werst bist! Solln ma da ebba helfa?« Daraufhin vernahm man wieder ein gar schmerzliches Seufzen und die Falter blieben nun zu wie ehevor. Der Vorwitz des Burschen hat die arme Seele vertrieben.

Der Amtmann und das Irrlicht

Der Amtmann von Hofmark[1] ritt einmal von Passau heim. Im sogenannten langen Holz zwischen Rehschaln und Jägerwirth überraschte ihn die Nacht und sein Pferd kam vom rechten Wege ab. Ratlos befand er sich in einem undurchdringlichen Dickicht. In seiner Not gelobte er, den armen Seelen eine Messe lesen zu lassen, wenn er heimfände. Im Neuburger Walde hausten damals noch Wölfe; auch Räuber machten ihn unsicher. Da erschien plötzlich zwischen den Ohren des Pferdes ein Lichtlein und in kürzester Frist war er wieder auf dem richtigen Wege. Wie auf Windesflügeln flog jetzt das Pferd durch den Wald. Bald hatte nun der Amtmann seine Behausung erreicht, deren wohlverschlossenes Hoftor sich von selbst öffnete. Als der Amtmann vom Pferde sprang, um es nach dem Stalle zu führen, schwebte das Lichtlein zögernd in der Luft umher. Dankend rief ihm der Amtmann zu: »Vergelt's Gott tausendmal!« Da erfüllte blendende Helle den ganzen Hof, worauf das Lichtlein verschwand. Der momentane Lichtschein hatte die Leute im Amtshause aus dem Schlafe geweckt. Sie glaubten, Haus und Hof stehe in Flammen. Wie waren sie aber freudig erstaunt, als sie den Amtmann mit dem Pferde erblickten und noch mehr, als er ihnen sein Erlebnis erzählte!

Der Amtmann löste alsbald sein Versprechen ein.

---

1 Eine zur Pfarrei Holzkirchen, Bezirksamt Passau, gehörige Ortschaft.

Das Lichtlein in der Gegend von Mahd

Zwischen Steinhügel und Mahd kann man noch heutigen Tages dann und wann ein Lichtlein sehen. Die alten Leute erzählen, daß dasselbe seit der Zeit geistert, als einmal auf dem Wege ein Bruder den anderen im Zorne erstochen hat. Beide Brüder waren an Maria Geburt beim Siglwirt in Mahd und vergnügten sich beim Gerstensaft. Es dauerte jedoch nicht lange, so gerieten sie in Streit, der bald sehr ernste Formen annahm. Um einem Unglück vorzubeugen, machte sich der eine endlich auf den Heimweg; der andere jedoch folgte ihm und stach ihn bei dem Marterl mit dem Marienbilde nieder.

Also seit jener Zeit ist das Lichtlein zu sehen. Es geht stets dieselbe Strecke. Leute, die ihm begegneten und scheu aus dem Wege gingen, hörten es leise seufzen.

Ein übermütiger Bursche wettete eines Abends mit seinen Kameraden, daß er den Mut haben werde, es anzusprechen. Er ging auch auf das Lichtlein zu und rief den alten Bannspruch: »Alle guten Geister loben Gott den Herrn! Was ist dein Begehrn?« zum Spaße rückwärts. Da flog das Lichtlein mit einem herzzerreißenden Seufzer davon. Darauf hat man es längere Zeit nicht mehr beobachtet. Endlich erschien es wieder. Nun begegnete ihm in dunkler Nacht ein Bauer aus Steinhügel, der von der Straße abgekommen war, und dachte: »Wenn's mir nur leuchten wollte! Ich ließe eine Messe lesen!« Da war das Lichtlein auch schon bei ihm und leuchtete, daß er bald den Weg wieder fand. Einige Schritte vor seinem Hofe blieb es wartend stehen. Der Bauer lachte roh vor sich hin und sagte: »Jetzt brauch ich dich nimmer! Verschwind!« Dafür bekam er einen so derben Schlag auf den Mund, daß er zu Boden stürzte. Des andern Morgens fanden ihn seine Leute bewußtlos neben dem Düngerhaufen. Lange Wochen war er krank und während seiner Krankheit erinnerte er sich plötzlich der versprochenen Messe, die er denn auch sofort lesen ließ. Nun konnte er schnell wieder aus dem Bette. Ein andermal verirrte sich wieder einer. Er versprach auch eine Messe, worauf ihn das Lichtlein ebenfalls auf den rechten Weg brachte. Die Messe wurde jedoch nicht gelesen. Der Mann vergaß darauf. Nach einiger Zeit kam er in der Dunkelheit wieder vom Wege ab. Er rief nach dem Lichtlein. Es kam und leuchtete ihm; aber bald gewahrte er, daß es ihn einen falschen Weg wies. Er konnte sich nicht helfen; er fühlte sich wie von einer höheren Macht gezwungen, ihm zu folgen. Endlich, nachdem der Morgen graute und der erste Hahnenschrei ertönte, merkte er, daß er sich wohl auf einer bekannten Straße, jedoch mehrere Stunden weit von seinem Anwesen entfernt, befand. Auf dem Heimweg fiel ihm die früher versprochene Messe ein, die er darauf lesen ließ.

Die wegweisenden Lichtlein

Ein Bauer fuhr einmal zur Adventzeit den Weizen zur Schranne nach Vilshofen. Auf dem Heimweg wurde es so dunkel, daß man kaum zwei Schritte weit sehen konnte. In der Angst, vom Wege abzukommen, schrie er um Hilfe. Da erschienen plötzlich zwei Lichtlein, die sich auf den Kummet der Pferde setzten und den Weg beleuchteten. Bei seinem Anwesen angekommen, sagte der Bauer: »Was bin ich euch denn schuldig?« Ein feines Stimmlein antwortete: »Eine Wage voll Vergeltsgott!« »Vergelt's Gott tausendmal!« erwiderte der Bauer, worauf die Lichtlein verschwanden; nur jene Stimme rief noch: »Erlöst!«

Ein Bauer aus der Gegend von Hilgartsberg wurde stets nachts von einem Lichtlein heimbegleitet und es öffnete ihm von der Hauptstraße weg alle Tore (Falter) und schloß sie auch wieder. Erst bei seinem Wohnhause verschwand es. Der Bauer fürchtete das Lichtlein und getraute sich nicht, es anzusprechen. Einmal kam das Lichtlein wieder und tat wie früher; das letzte Tor schlug es mit solcher Gewalt zu, daß der Bauer durch den Luftdruck zu Boden geschleudert wurde. Unter Weinen eilte es hierauf dem Walde zu, wo alle Bäume knarrten und ächzten und sich wie im Sturme schüttelten und bogen. Seit dieser Nacht war das Lichtlein nicht wieder zu sehen.

Eines Nachts ging ein Betrunkener von Drachselsried nach Bodenmais. Sein Weg führte durch dichtes Gehölz. In demselben hüpfte ihm ein Stock[1] entgegen, auf welchem ein Lichtlein saß. »Hupf ma no varo und leucht ma!« lallte der Mann und das Lichtlein hüpfte auf seinem Stock voran über Gräben und Gestein, bis er bei seiner Behausung angelangt war. Hier bedankte er sich, indem er dem Lichtlein »hunderttausendmal Vergelt's Gott«

---

1 Ein Baumstrunk oder Wurzelstock.

zurief, worauf es verschwand. Dafür aber stand eine schneeweiße Frau vor dem Nachtwandler, der darüber derart erschrak, daß er bald darauf starb.

Noch ein paar Lichtlein

Mehrere Dirnen, die nach Daxlarn zum Spinnen gingen, sahen nicht weit vom Wegkreuz entfernt sechs Lichtlein auf- und niedergehen.

Einem Knecht, der einmal sonntags spät heimging, leuchtete ein Lichtlein bis zum Tore des Hofes, in dem er bedienstet war. Er bedankte sich jedoch nicht; da erhielt er eine schallende Ohrfeige.

Einmal gingen mehrere Leute frühmorgens im Halbdunkel zum Rorate nach Pleinting. Ihr Weg führte sie durch Gebüsch. Plötzlich leuchteten drei Lichtlein auf, die ihnen entgegenkamen und nach kurzer Zeit wieder verschwanden.

Dem Förster von Zeilarn wurde es einmal recht spät, als er heimging. Beim Pumperloch setzte sich ihm plötzlich ein Licht auf die Achsel und verschwand erst wieder, als er bei der Kapelle angelangt war.

Die Spukföhren

In der Nähe von Ruhmannsfelden standen einst auf grüner Wiese sechs Föhren. Die mittlere davon war von riesigem Wüchse. Um dieselbe sah man allnächtlich ein Lichtlein schweben. Der damalige Besitzer der Wiese machte seinen Sohn darauf aufmerksam und dieser ging den nächsten Tag zur Geisterstunde hinaus, den Spuk zu beobachten. Da sah er neben der großen Föhre sechs Raben sitzen, denen sich eine Mannsgestalt in grünem Kleide, einen Jägerhut aufs linke Ohr gedrückt, näherte. Bei der Föhre angekommen, warf der Mann einen schwarzen Mantel um und siehe, die sechs Raben setzten sich ihm auf die Schultern, worauf er sich samt den Vögeln langsamen Schrittes entfernte.

Als Vater und Sohn am anderen Morgen nachsahen, fanden sie die große Föhre entwurzelt am Boden liegen.

Das Irrlicht am Inn

Auf dem Wege zwischen Aigen und Würding, der längs der Innauen dahinführt, sah man lange Zeit allnächtlich ein Lichtlein mit bläulichem Schimmer etwa vier Fuß hoch über der Erde dahinschweben. In Egglfing rastete es regelmäßig auf einem Stiegel[1]. Ein beherzter Mann aus Egglfing hatte Mitleid mit dem ruhelosen Geiste und legte sich eines Nachts bei dem Stiegel auf die Lauer, um das Lichtlein anzusprechen. Er brachte indes sein Vorhaben nicht zur Ausführung; denn als das Licht auf ihn zukam, sah er, daß es ein Totengerippe sei, in dessen Innern an der Stelle des Herzens ein Licht brannte. Bei diesem Anblick entsetzte sich der gute Mann so sehr, daß er eine Weile sprachlos liegen blieb und alsdann schleunigst heimwärts rannte.

Schatzbrennen

In manchen Gegenden nennt man die Irrlichter 's Schatzbrennen und man glaubt, daß in den Nächten, in denen so ein Licht gesehen wird, an dem betreffenden Orte ein Schatz so hoch in der Erde emporgestiegen sei, daß er leicht gehoben d.h. ausgegraben werden könne. Ein geweihter Gegenstand, auch Brosamen, an die Stelle geworfen, kann den Schatz bannen, so daß er nicht mehr in die Tiefe zurücksinkt. Beim Schatzheben darf kein Wort gesprochen werden.

Bei Rimbach bemerkten einst zwei Männer ein solches Flämmchen. Sie eilten heim und holten Pickel und Schaufel. Etwa zwei Schuh tief mochten sie gegraben haben, als sie auf einen eisernen Topf stießen. Auf dem Deckel des Topfes saß aber eine Kröte von entsetzlicher Häßlichkeit. Vor Ekel und Schrecken stießen die beiden Schatzgräber einen Schrei aus und in demselben Augenblick war der Topf verschwunden.

In derselben Gegend zeigte sich das Schatzbrennen öfters auch bei einem Erlenbaum. Ein altes Weib von greulicher Gestalt saß als Hüterin des Schatzes an der Stelle. Niemand getraute sich, den Schatz zu heben.

Auf der Waldwiese hinter dem Aignhof bei Rimbach, dort, wo heute die Wurzelstöcke zweier Erlen stehen, sah man ebenfalls einmal ein Schatz-

---

1 Zaunüberstieg.

flämmchen flackern. Zwei Knechte aus dem Aignhofe gingen daran, den Schatz zu heben. Sie legten sich eines Nachts in der Nähe nieder, um das Wiedererscheinen des Lichtleins abzuwarten. Währenddessen schlief der eine ein. Da kam das Lichtlein. »Der Schatz brennt!« schrie in freudiger Aufregung der Kamerad. Schlaftrunken rieb sich der andere die Augen und brauchte lange, bis er zu sich kam und wußte, wo er sei und welcher Zweck ihn hiehergeführt. Mit dem Schatzheben war es für diesmal vorbei; das Lichtlein war längst verschwunden.

Der verschwundene Geldhaufen

Am Gsengert, einem Berge bei Kirchberg im Wald, der mit dem Escherberg den sogenannten falschen Rachel bildet, sah einmal eine Frau um die Mittagsstunde auf einem Granitblocke einen Haufen Geld liegen. Als sie hinzu ging, es zu nehmen, wumps! war es verschwunden. Hätte sie Brosamen oder irgend etwas Geweihtes darauf geworfen, so wäre ihr das Geld geblieben.

Der Schatz auf dem Hohenbogen

Von diesem Schatze gehen wunderliche Sagen.

Er liegt hundert Lachter unter dem »Burgstall«, wie man den Gipfel des Hohenbogen heißt, in einem kupfernen Kessel. Alle hundert Jahre einmal wird ein Mensch geboren, der ihn unter gewissen Bedingungen zu heben vermag. Ein solcher war der Hirt von Schwarzenberg, welcher eines Tages seine Herde auf der sogenannten »kleinen Ebene« am Fuße des Burgstallkegels weidete. Als er abends heimtreiben wollte, vermißte er ein junges Rind und nach einigem Suchen hörte er es hoch oben im Walde Laut geben. Er stieg eilig den Burgstall hinan und war schon nahe dem Gipfel, als plötzlich eine wunderschöne, aber seltsam gekleidete Jungfrau vor ihm stand und ihn mit einschmeichelnder Stimme anredete: »Du kommst zu guter Stunde hieher. Wisse, daß es in meiner Hand liegt, Dich zum reichsten Manne im Lande zu machen. Ich kann Dir offenbaren, auf welche Weise Du den unter unseren Füßen vergrabenen Schatz heben magst.« Der

Hirt, welchen beim ersten Anblicke der Erscheinung ein heimliches Grauen beschlichen hatte, faßte Mut und entgegnete, nachdem er sich bekreuzigt, daß er bereit sei, die Unterweisung zu vernehmen. Freudig fuhr die Jungfrau fort: »Finde Dich heute über acht Tage zu Beginn der Mitternachtsstunde am Fuße des Burgstalls ein, begleitet von zwei Priestern, welche die Beschwörungen zu sprechen wissen. Ihr werdet den Schatz erhoben auf dem Gipfel des Berges liegen sehen. Schreitet nur mutig darauf los und laßt Euch nicht irren, was Euch immer in den Weg trete, sähe es auch noch so schrecklich aus; denn es ist eitel Blendwerk des Bösen, das Euch weder an Leib noch an Seele schaden kann. Bist Du an die Schatztruhe herangekommen, so greife mit beiden Händen keck in den Goldhaufen ein, und er ist Dein für immer. Aber wehe, so Du durch die Künste des Satans Dich zur feigen Flucht bewegen ließest, wehe dann mir! Abermals müßte ich hundert Jahre umherirren und könnte nicht eingehen zur ewigen Ruhe. Siehe dieses zarte Reis!« – hier wies sie auf ein dem Boden entsprossenes Ahornbäumchen – »es muß zum starken Baume heranwachsen, aus seinem Stamme müssen Bretter geschnitten und diese zu einer Wiege gefügt werden; der Knabe, welcher in dieser Wiege ruhen wird, muß Mann geworden sein, dann erst darf ich wieder auf Erlösung hoffen. Gedenke der unaussprechlichen Leiden einer armen, verbannten Seele und erbarme Dich meiner, wie Du willst, daß Gott der Herr sich Deiner erbarme!« In den letzten Worten lag der Ausdruck eines so herzzerreißenden Jammers, daß der Hirt davon auf das Tiefste ergriffen ward und mehr durch den Wunsch, so große Pein zu lindern, als durch die Begierde nach den verheißenen Reichtümern zu dem Wagnisse der Schatzhebung sich getrieben fühlte. Eben wollte er der Jungfrau seinen Entschluß kund geben, als sich die Gestalt derselben in leichten Nebelflor auflöste, den der Abendwind über den Gipfel des Burgstalls hinwegtrieb. Aus dem Gebüsch aber, an welchem die Erscheinung gestanden, kam das vermißte Rind hervor und folgte willig seinem Herrn auf den Weideplatz hinab.

Des andern Tages hatte der Hirt nichts eiliger zu tun, als nach Neukirchen zum Kloster der Franziskaner zu gehen und dem Pater Quardian den wunderbaren Vorfall zu berichten. Dieser hielt mit den Vätern Rat, was in der Sache zu tun sei, und man kam zu dem Entschlüsse, daß es sich hier um die Erlösung einer armen Seele und einen Triumph über den Satan handle, wozu die Diener der Kirche hilfreiche Hand bieten müßten. Nachdem der Quardian von dem Hirten seinem Gotteshause einen erkecklichen Anteil an dem Schatze ausbedungen hatte, erteilte er zwei Mönchen, welche als die geübtesten Exorzisten der Gemeinde galten, den Auftrag, sich durch Beten und Fasten zu dem heiligen Werke vorzubereiten.

Zur bestimmten Zeit trafen die Väter und der Hirt am Burgstall zusammen und eben schritten sie über den Weideplatz hin, als die Turmuhr zu Neukirchen die elfte Stunde angab. Mit dem letzten Schlage loderte auf dem Gipfel eine hohe Flamme empor und die Mönche erkannten dies als ein Zeichen, daß der Schatz sich erhoben habe. Nachdem sie den Hirten gewarnt, nicht von ihrer Seite zu weichen, schickten sie sich an, dem bösen Feinde tapfer zu Leibe zu gehen. Aber kaum hatten sie einige Schritte bergan gemacht, als im Walde ein seltsames Leben rege ward. Eulen und Fledermäuse flatterten den nächtlichen Wanderern in dichten Schwärmen entgegen, aus dem Unterholze links und rechts warf es mit Totenbeinen nach ihnen und grinsende Schädel kollerten unter ihren Füßen hin. Die frommen Söhne des heiligen Franziskus ließen sich von diesem Spuke keineswegs anfechten, sondern drangen, mit lauter Stimme die Bannformeln hersagend und nach allen Seiten Weihwasser sprengend, rastlos voran. Schon mochten sie die Hälfte des Weges zurückgelegt haben, als der bisher mondhelle Himmel plötzlich sich verfinsterte und ein Sturm losbrach, welcher den ganzen Berg aus seinen Grundfesten heben zu wollen schien. Die Blitze fuhren hageldicht auf die Baumwipfel nieder, der Donner krachte Schlag auf Schlag, die Gießbäche stiegen im Nu brausend über ihre Ufer und wälzten mannshohe Fluten gegen die drei herab. Diese meinten bis an den Hals im Wasser zu waten; aber wie sie näher zusahen, fanden sie, daß nicht ein Faden ihres Gewandes naß war. Darum achteten sie es auch nicht weiter, als ihnen noch allerlei Schreckbilder, bald tierähnlich, bald menschlicher gestaltet, in den Weg traten und erreichten den Gipfel, ohne daß ihnen ein Haar gekrümmt worden wäre. Hier sahen sie wenige Schritte vor sich, hell von der noch immer lodernden Flamme erleuchtet, ein kesselartiges Gefäß, das bis zum Rande mit funkelnden Goldmünzen gefüllt war. Eben wollte der Hirt vortreten, um, wie die Jungfrau geboten, den Schatz mit seinen Händen zu erfassen, da wankte der Boden unter ihm und von unterirdischer Kraft gehoben wich ein mächtiger Felsblock polternd von seinem Platze. Aus der Öffnung, die sich gebildet, kroch ein scheußlicher Lindwurm hervor und ringelte seines Leibes endlos gestreckte Glieder dreimal um den Gipfel des Burgstalls herum, einen furchtbaren

Schutzwall vor dem gefährdeten Mammon auftürmend. Das Erscheinen dieses Ungetüms setzte die Herzhaftigkeit der guten Mönche auf eine zu harte Probe. Sie glaubten sich schon gepackt von den scharfen Zähnen des Drachen und purzelten, mehr als sie liefen, den steilen Abhang hinunter. Dem Hirten, der sich von seinen geistlichen Helfern verlassen sah, blieb nichts übrig, als ihnen zu folgen. Wohl vernahmen sie hinter sich die Stimme der Jungfrau, welche in kläglichen Lauten zum Ausharren ermahnte; aber die Flüchtlinge waren nicht mehr zum Stehen zu bringen. Nur einmal hatte der Hirt umzuschauen gewagt und gesehen, wie sich der Gipfel des Berges spaltete und in seinem weiten Risse die Schatztruhe verschlang. Darauf erhob sich ein tausendstimmiges Geheul, welches ihm das Blut in den Adern gerinnen machte. Es war das Hohngelächter der Hölle. *Adalbert Müller*

Der Schatz in Ruhmannsfelden

Als die warme Frühlingssonne die letzten Zeichen toter Winterlichkeit hinweggeleckt hatte und die »Sommervögel«[1] schon ihr Chorlied sangen, da ward's bald lebendig draußen auf den Fluren. Hier lockerte die Pflugschar den Boden, dort reinigte man überdüngte Wiesen. Überall emsiges Schaffen, rührige Tätigkeit.

Wo früher das Schloß derer von Ruhmannsfelden stand, auch da grub das friedliche Eisen Furche auf Furche. Hinter dem Pfluge schritt der Knecht, der durch sein: »Hü, hü, Rapperl!« oder »No stad, stad!« den Gaul anzuspornen oder zu besänftigen suchte. Auf einmal verfängt sich der Pflug und Rößlein und Gefährte bleiben stehen. Das Pflugeisen ist in einen mächtigen Eisenring geraten, der an einer umfangreichen Kiste befestigt ist. Wie mag die Kiste hieher gekommen sein? Zweifelsohne birgt sie einen vergrabenen Schatz. Und gierig löst der Knecht den Pflug aus seiner sonderbaren Schlinge. Er macht sich daran, die Kiste zu öffnen. Es gelingt. Hui, wie blitzt es ihm entgegen von Gold und Edelgestein! Ein Griff – da gellt ein schriller Pfiff herüber und die Hand fährt erschrocken zurück. Der Herr war es. Er wähnt, sein Knecht faulenze. Schnell springt dieser wieder an die Arbeit und tut, als ob nichts geschehen. Der Herr sollte von dem Funde nichts erfahren; er würde ihm ja sicher den Schatz streitig machen.

---

1 Sommervögel werden die Zugvögel vom Volke genannt.

Kaum knallte die Peitsche und zog das Rößlein wieder an, als die Kiste mit dem Schatze plötzlich in unergründlicher Tiefe verschwand. Dem dumpfen, donnerähnlichen Geräusche, das ihr Versinken verursachte, folgte ein schallendes Hohngelächter.

Hätte der Knecht Brosamen oder einen Rosenkranz auf die Kiste gelegt, so hätten die unterirdischen Geister ihre Herrschaft über den Schatz verloren und der arme Knecht wäre mit einem Schlage reich, unendlich reich geworden. Weiß Gott, wie's besser war.

Der Schatz im Bürgerholz

Im Bürgerholze zu Regen sollen seit Schwedenzeiten ungeheure Schätze verborgen liegen und allerhand Weizgeschichten, die nächtlichen Wanderern hier begegnet sind, gehen um.

Ein Bauer sah einmal, als er zur hellen Mittagszeit durch das Bürgerholz ging, bei einem Felsblock ein Kindlein sitzen, das die Ärmlein um ein mit Gold gefülltes Kupferkesselchen geschlungen hatte. Freundlich lächelnd rief ihn das Kind an: »Michl! Michl! Michl!« und als der Bauer auf den dreimaligen Anruf verdutzt stehen blieb, ohne jedoch zu antworten, verzog es das Gesichtchen zum Weinen und verschwand mit dem Schatz.

Der Schatz im Alterberg bei Viechtach

Ungefähr eine Viertelstunde von Viechtach entfernt, liegt der Alterberg. In demselben soll sich ein unterirdischer Gang befinden, der zu dem ehemaligen Schloß Stein hinüberführte. Die alten Leute erzählen, daß dieser unterirdische Gang eine Unmenge Gold in sich berge und gar mancher soll es schon versucht haben, den Schatz auszugraben. Der Teufel war aber stets ein zu treuer Hüter.

Einmal jedoch – damals war es, als man in Viechtach die Pfarrkirche zu bauen begann – war einem doch das Glück hold und er kam in die unterirdische Schatzkammer. Es war ein Viechtacher Bürger. Derselbe sah eines Tages auf seinem Spaziergange plötzlich eine geräumige Höhle vor sich. Er ging etliche Schritte hinein und schon blitzte ihm das rote Gold entgegen. Rasch eilte er nach Viechtach zurück und meldete den Mitbürgern seine Entdeckung. Diese fuhren sogleich mit all ihren Wägen hinaus und luden auf, daß die Räder knarrten und die Bretter sich bogen. Auf dem Marktplatze türmten sie die Schätze zu einem riesigen Haufen auf. Aber die Habsucht sollte bestraft werden! Als man an die Teilung des unermeßlichen Reichtums schritt, siehe, da war all das blendende, gleißende Gold in – nichtsnutzige Glasscherben verwandelt.

Der Schatz im Schloßberg zu Winzer

Es war zur Zeit, als noch das Schloß Hochwinzer stand, da lebte in Winzer ein Hafnergeselle, der einen Erdspiegel besaß. Mit diesem konnte er alle Schätze finden, die unter der Erde verborgen waren. Eines Tages nun zeigte der Erdspiegel an, daß im Schloßberg Geld vergraben liege. Der Mann ging nachts 12 Uhr mit einem Nachbarn an die betreffende Stelle hin und grub und grub. Endlich stieß er auf eine eiserne Kiste, die ganz mit Gold und Silber angefüllt war. Als die beiden Männer die Kiste mit großer Mühe an das Tageslicht gebracht hatten, kam eben der Pfleger über die Schloßbrücke gegangen. »Der Pfleger kommt!« rief einer der beiden Schatzgräber. Da war der Schatz verschwunden.

Eine Schatzgräbersage

Beim Ulmer in Gehrannsberg lag ein Schatz vergraben. Der Alte sah eines Nachts im Traume genau die Stelle im Obstgarten hinter dem Hause, unter welcher der Schatz ruhte. Weil das günstige Geschick einen so untrüglichen Wink gab, wurde denn alsbald zu graben begonnen. Schon war der unermeßliche Reichtum bloßgelegt. Doch mit des Geschickes Mächten ist kein ewiger Bund zu flechten. Das gleißende Gold verblendete die Finder. Im Übermaß ihrer Freude vergaben sie die alte Regel, wonach beim Schatzgraben unbedingtes Stillschweigen zu beobachten ist, und sie fingen an zu reden. Kaum aber waren die ersten Worte den unbesonnenen Lippen entschlüpft, so ward alles Gold zu rabenschwarzer Kohle und mit dem Glück war es für immer aus.

Verschwundene Schlösser

Der Höhengraben zu Dingolfing ist eine romantische Erscheinung in der Stadtgeschichte. An seiner Stelle stand der Sage nach einst ein Schloß und sonnten Geister darin das in großen Kisten vergrabene Gold, woher die Spuren der Freigräberei allenthalben sichtbar sind. Auch soll ein unterirdischer Gang vom Schloß zum Storchenturm geführt haben. Dieser Gang besteht noch. Er führt unter der oberen Stadt hindurch, hinab zum Speisemarkt und zum Neuhoferkeller. An mehreren Stellen ist er heute zugemauert.
Eberl, Stadtgeschichte von Dingolfing

Am Schleifmühlweiher soll ebenfalls ein Schloß gestanden haben, das plötzlich verschwunden ist. Auch der Besitzer soll mit dem Schlosse verschwunden sein. Der Teufel soll dabei seine Hand im Spiel gehabt haben.
Dingolfinger Heimatmuseum

Die Perle in der Teisnach

In der Christnacht fuhr einmal ein Mann von Ruhmannsfelden nach Gotteszell zurück. Als er auf der Teisnachbrücke angelangt war, sah er aus dem Wasser ein Lichtlein schimmern. Er beugte sich über das Geländer und gewahrte, daß dasselbe eine herrliche Perle beleuchtete, die inmitten einer geöffneten Muschel lag. Da er die Muschel nicht erreichen konnte, fuhr er rasch nach Hause und kehrte so schnell als möglich mit einigen Leuten, die ihm helfen sollten, wieder zurück. Gerade kam er auf der Brücke an, als man in Gotteszell zur Mette läutete. Da verschwanden Licht und Perle.

Die glühenden Kohlen im Pumperhölzl bei Engertsham

In Engertsham lebte ein Mann, den der Volksmund Herrgottsepp benannte. Derselbe ging einmal nach Schärding und sah beim früheren Pumperhölzl ein Häuflein glänzender Kohlen liegen. Daneben saß ein kleines, zottiges Hündchen. Weil die Kohlen gar so schön glänzten, ging er hin, hob etliche auf und da sie ihn nicht brannten, so schob er sich etliche in die Tasche seines

Rockes. Das Hündchen knurrte zwar, tat ihm jedoch nichts zuleide. In Schärding wollte er die schönen Kohlen herzeigen; aber was er aus der Tasche zog, waren keine Kohlen mehr, sondern blitzblanke Kronentaler. Schnell machte er kehrt und wollte noch mehr solcher Kohlen holen; er fand jedoch keine mehr. Nun erst fiel ihm ein, daß das schwarze Hündlein der Teufel gewesen sei, der einen Schatz gesonnt habe, damit er nicht grau und schimmelig werde. Bei der Annäherung Sepps verwandelte er ihn in Kohlen. Da Sepp Brosamen in der Tasche hatte, wurden die Kohlen dort wieder zu Geld.

Die Zwerge von Kalkofen

Zu einem braven Bauern in Kalkofen bei Zenching kamen einmal nachts drei Zwerglein, die an ihn das sonderbare Verlangen richteten, er möge ihnen ein Hauseck verkaufen. Der Bauer schüttelte den Kopf und sprach nach einigem Bedenken: »Vom Erbe meines Vaters wird nichts verkauft; doch will ich euch die Hälfte eines Hausecks schenken!« Die Zwerge gaben sich zufrieden, bedankten sich und verließen ihn darauf wieder. Tage und Wochen vergingen, ohne daß die Zwerglein sich irgendwie bemerkbar gemacht hätten, und der Bauer hatte sie schon vergessen. Da, in einer dunklen Nacht, erhob sich ein gewaltiger Sturmwind, der Bäume entwurzelte und manchen Schornstein vom Dache fegte. Im Hause unseres Bauern entstand ein fürchterliches Gepolter, ja, das ganze Haus geriet ins Wanken – ein Eck davon stürzte ein. Natürlich dachte der Bauer jetzt sofort an die Zwerge und schalt sie undankbare Geschöpfe, die kein freundliches Wort mehr verdienten. Den nächsten Tag räumte er Steine und Schutt beiseite und ging daran, den Schaden wieder ausbessern zu lassen. Welche freudige Überraschung aber bot sich ihm da! Aus dem Boden glänzten ihm Goldstücke und Edelsteine in Menge entgegen und er war ein reicher Mann. Die Zwerge haben sich nie wieder sehen lassen; doch bewahrte er ihnen ein freundliches Angedenken.

Die Schrazen

Nach dem Glauben der Alten waren die Schrazen Waldgeister. In manchen Gegenden aber scheint man das im Laufe der Zeit vergessen zu haben und man verwechselte und vermengte sie schließlich mit den Elben und Zwergen, besonders aber auch mit den Kobolden, jenen bienenemsigen Hausgeisterlein. So mag es gekommen sein, daß man um Rimbach heute noch von den Schrazen spricht, die in unterirdischen Gängen beim Aignhof und Götzlhof gelebt haben sollen. Die Sage erzählt, diese Schrazen seien den Leuten in allem behilflich gewesen, hätten überall zugegriffen, wo eine Arbeit noch unvollendet war, und hätten keinerlei Lohn beansprucht. Nach altem Herkommen stellte man ihnen in der Hl. Nacht zum Danke für ihre Liebe und Hilfe eine große Schüssel geschmalzenen Breies auf den Herd, den sie jedesmal vollständig aufaßen. Der Volksmund weiß, daß sich die Schrazen nicht gerne beobachten ließen. Die Götzlhofbäuerin wußte das auch; aber sie konnte der Versuchung nicht widerstehen, ihre kleinen Freunde zu belauschen und zu beobachten. Ein Astloch in der Kammertür gab ihr hiezu Gelegenheit. Durch dasselbe sah sie einmal den Geisterlein zu, wie sie kamen und gingen, lachten, scherzten und schafften; dabei fiel ihr auf, daß manche Schrazen recht dünne, abgetragene Röckchen und zerschlissene Höschen anhatten. »Wir sind doch recht undankbare Leute!« dachte die Bäuerin in ihrer Herzenseinfalt und nahm sich vor, den Schrazen neue Kleider zu machen. Sie kaufte graues Tuch für die Höschen und rotes für die Jöpplein. Am nächsten Weihnachtsabend kochte sie eine doppelte Ration Brei, so gelb und saftig, daß einem der Mund ordentlich wässerte, wenn man den Duft davon in die Nase bekam, und stellte ihn vor dem Schlafengehen auf den Tisch. Die Kleidchen legte sie auf die Bank. Dann versteckte sie sich wieder hinter der Tür und guckte durchs Astloch in die Stube. Sie freute sich schon im Stillen auf die freudigen Gesichter der Schrazen, ihr Lachen und Jubeln beim Anblick der Geschenke. Aber wie ward sie getäuscht! Der erste, der in die Stube huschte, nahm ein Röckchen in die Hand, lächelte wehmütig und rief mit tränenden Augen: »Man hat uns abgelohnt. Jetzt können wir wandern!« Dann nahmen auch die übrigen ihre Kleidchen und verließen jammernd und weinend Stube, Haus und Gegend, um nie mehr wiederzukehren.

Von den Schrazen zu Untervierau

Unter dem Anwesen des »Bauern« zu Untervierau befinden sich sogenannte Schrazenlöcher und man kann jetzt noch vom Kartoffelkeller aus in dieselben gelangen. Ein unterirdisch freiliegender Eingang wurde vor längerer Zeit gelegentlich eines Brunnenbaues verschüttet. Aber schmächtig wie ein 8-10jähriger Bub muß einer sein, der in diesen unterirdischen Schlupfwinkeln herumkriechen will, und doch müssen diese einmal bewohnt gewesen sein; denn die Ecken und Kanten sind wie abgeschliffen, fast wie poliert. Die Gänge laufen in einer kleinen Halle, der Kapelle, wie die Leute hier sagen und die verschiedene Nischen aufweist, zusammen.

Wie der alte Prünstmüller erzählte, hat man in ihnen Topfscherben, Steine so scharf wie Messer und spitzige Knöchelchen gefunden. Auch soll sich vor langer Zeit am Eingang hie und da bei Mondenschein ein winziges, käsgelbes Männlein mit eisgrauem Bart gezeigt haben, das den Vorübergehenden zurief: »Duck, duck, duck di!« und dann war es Zeit, die Feldfrüchte schleunigst heimzubringen; denn regelmäßig zog bald darauf ein Hagelwetter durch die Gegend, das alles, was auf den Feldern stand, in Grund und Boden schlug. Beim »Bauern« selbst kamen diese Erdmännlein immer nachts durch das Aschenloch in die Küche und der Bäuerin kam jedesmal die für den anderen Tag hergerichtete Kälbersuppe weg. Einmal blieb sie auf, um aufzupassen. Da sah sie zwei Männlein aus dem Aschenloche schlüpfen. Schnurstracks machten sie sich wieder über den vollen Suppenhafen her, aßen sich nicht nur satt, sondern füllten auch noch ihre mitgebrachten Töpfe. Das war der Bäuerin zu viel. Sie nahm den Suppenbesen und prügelte damit die kleinen Fraßsäcke tüchtig durch. Weinend liefen sie davon und blieben von da ab verschwunden. Die Bäuerin ließ den nächsten Tag gleich das Aschenloch zumauern.

Mit den Schrazen verschwand auch das Glück aus Haus und Stall, bis die Alten in den Ausnahm gingen und ein neuer »Moa« aufzog.

Heinz Waltinger

Die Erdmännlein zu Mitterndorf

In dem bekannten Gedichte »Die Heinzelmännchen« erzählt uns August Kopisch in seiner munteren Sprache, wie sich die kleinen Erdgeister »vordem« zu Köln umtaten »und putzten und schabten und sägten und stachen und hieben und brachen, berappten und kappten und hoben und schoben … und eh ein Faulpelz noch erwacht, war all sein Tagewerk bereits gemacht.« In Mitterndorf bei Neßlbach nun hatten die Erdmännlein früher sich auch herumgetrieben wie einst zu Köln und wollten wir getreulich berichten, wie sie in ihrem Eifer den Menschen behilflich gewesen, wir bräuchten nur das oben angeführte Gedicht wiederzugeben, so hätten wir's beinahe. Nach getaner Arbeit, so erzählt die Sage von den Erdmännlein zu Mitterndorf, haben sie immer die Bratröhren abgeguckt und hat sich dann vielleicht ein Stückchen Braten, etwas Schmarren oder ein sonstiger Speiserest vorgefunden, flugs fielen sie darüber her.

Die Bergwichtlein von Pettenau

In Pettenau[1] hausten einmal zwei Bergwichtlein. Wenn die Leute nachts schliefen, kamen sie aus ihrer Höhle[2] hervor und verrichteten in Haus und Hof alle Arbeit, die noch nicht geschehen war oder die am anderen Morgen verrichtet werden sollte. Eines Nachts lauerte ihnen der beim Jungbauern zu Pettenau bedienstete Stallbub auf, um sie zu necken. Da entflohen sie aus der Gegend und zogen zu den übrigen Zwerglein in den Untersberg. Bei Mühlau setzten sie über den Inn. Dem Fährmann, der sie überfuhr, gaben sie zum Lohne eine Handvoll Sand, die sich zu Hause in gleißendes Gold verwandelte.

---

1 Zum Schulsprengel Prienbach gehörig.
2 Bei Pettenau findet sich am Berghang heute noch eine Höhle, die etwa 2 m hoch ist und ungefähr 2½ m im Gevierte mißt. Die Leute bezeichnen sie als Schrazelloch; ihr spezieller Eigenname ist »s Fraualoch«.

Das Wasserfräulein

Ein paar Minuten von Nussing entfernt liegt am Einflüsse des Gollerbaches in den Grasenbach die Wührmühle. Von der Wührmühle aufwärts schlängelt sich der Gollerbach durch das sogenannte Raintal (Roatoi)[1] und in diesem Raintal nun zeigt er eine ihm sonst nicht eigentümliche Verbreiterung, die von einem tiefen Tümpel eingenommen ist. Des Abends im Zwielicht konnte man von da her täglich ein Rauschen und Plätschern hören; es war, als würde eine Wäscherin hier die Wäsche reinigen.

Zwei neugierige Burschen schlichen nun einmal zu diesem Tümpel hinauf und lugten vorsichtig durchs Buschwerk zum Wasser hinunter. Da sahen sie ein wunderschönes Wasserfräulein. Seine Haut war schneeweiß und die Haare fielen ihm wie Goldfäden über die Schultern. In den sich kräuselnden Wellen tauchte es fröhlich auf und unter und spielte mit dem schäumenden Naß, geradeso wie liebe Kinder am Bächlein spielen und tuschen. Unvorsichtig stieß einer mit dem Fuße an einen Stein, so daß er ins Wasser hinabrollte. Wie der Blitz war das Wasserfräulein auch schon in den Fluten verschwunden. Seit dieser Zeit ward es nur selten mehr gehört. Aber die Großmutter erzählt ihren Enkeln noch oft von ihm und die erzählen es später wieder den Ihrigen und so wird, wenn auch die »Wäscherin«, wie man das Wasserfräulein gewöhnlich zu nennen pflegt, sich nimmer zeigt, die Sage von ihr doch fortleben, vielleicht noch viele hundert Jahre.

Der Bilmesschneider

In Neukirchen bei Heiligenblut geht der Bilmesschneider häufig am Fronleichnamstage um. Er reitet während des Aveläutens auf einem Ziegenbock durch die Felder. Alles Getreide, das der gefräßige Bock während dieser Zeit abbeißen kann, nimmt der Bilmesschneider mit. Sache des Mesners ist es nun, am Fronleichnamstag das Aveläuten soviel als möglich zu kürzen.

In Bodenkirchen, Bezirksamt Vilsbiburg, nennt man den Bilmesschneider Binsenschneider und sagt, daß er den »Durchschnitt« mache.

Auch um Waldkirchen spricht man vom Durchschnitt und läßt das vom Durchschnitt heimgesuchte Feld vom Geistlichen benedizieren. Bei den

---

[1] Eigentlich heißt es Reittal.

vom Bilmesschneider heimgesuchten Feldern (Friedrich Wenz schreibt, daß nur Korn- und Leinäcker betroffen würden, wir haben jedoch im unteren Bayerischen Walde den Durchschnitt mehrmals auf Haberfeldern beobachtet) führt gewöhnlich eine Spur von einer Ecke zur anderen und eine zweite Spur kreuzt die erste.

In anderen Gegenden heißt es, der auf einem Ziegenbock reitende Bilmesschneider habe an den Füßen goldene Sicheln angeschnallt, mit denen er beim Durchreiten der Felder die Ähren abschneidet.

Drei Juninächte sind ihm besonders günstig: die an St. Vitus (Veit), Sonnwend und Peter und Paul[1].

Den Bilmesschneider oder Bilmesreiter kann man nur sehen, wenn man an den genannten Tagen vor Sonnenaufgang aus einer Ecke des Ackers ein Stück Rasen sticht und es auf das Haupt legt, damit man so unter der Erde sich befindet.

Der unheimliche Holzmacher

Ein Mann aus der Gegend von Höhenstadt ging einmal nachts nach Hause. Der Weg führte ihn durch einen Wald. Da sah er plötzlich ein Lichtlein zwischen den Bäumen schweben und hinter sich hörte er ein jämmerliches Ächzen und Stöhnen. Als er sich umsah, gewahrte er einen Mann ohne Kopf, der sich abmühte, schwere Baumstämme zu durchsägen. Zitternd wie Espenlaub starrte er auf das Gespenst. Da hörte er eine Stimme rufen: »Hilf. Hilf!« Er ging hin und löste den unheimlichen Säger ab. Nach einer Weile vernahm er die Stimme wieder, welche ihm nun zurief: »Jetzt bin ich erlöst!« Dann war der Spuk verschwunden.

Männer ohne Kopf

Im Gasthaus zur alten Post in Viechtach wettete einmal ein Gast, daß er um Mitternacht einen Totenschädel aus der »Gruft« hole und wieder zurücktrage. Er brachte ihn auch. Als er ihn jedoch wieder zurückbringen

---

1 In anderen Gegenden kommen in Betracht: Fronleichnam, Johanni (Sonnwenden) und Peter und Paul.

wollte, stand ein Mann ohne Kopf vor der Türe. Drauf getraute er sich nicht mehr aus dem Hause.

Ein Bauer von Holzhof bei Viechtach hatte die Gewohnheit, jedesmal zu singen, wenn er nachts heimging und auf seinen Grund kam. Da ritt ihm einmal ein Mann ohne Kopf nach. Der Bauer erschrak darüber derart, daß er nach drei Tagen starb.

Eine Frau aus Hilgartsberg ging in der Dunkelheit von Vilshofen heim. Unterhalb des Überführeranwesens kam ihr ein Mann entgegen, der keinen Kopf aufhatte. Er schritt über die Straße und verschwand dann spurlos im Dornengestrüpp.

Am kalten Röhrl bei Gotteszell trieben häufig feurige Männer ohne Kopf zum Schrecken der Wanderer ihr Unwesen.

Am Totenmann

Eine halbe Stunde nordwestlich von Oberaltaich schiebt bei der Ortschaft Muckenwinkling ein niederer, bewaldeter Höhenzug, einer der letzten Ausläufer des Bayerischen Waldes, seine Endspitze, den Steinberg, ziemlich weit in die Ebene vor. In den Wäldern des Steinbergs hat sich früher gerne Diebs- und Raubgesindel aufgehalten. In der Nähe ist ein etwas abgelegener, düsterer Waldwinkel mit hohem Tannengehölz. Dieser Platz hat den Namen »Am Totenmann«.

Niemand betritt den Platz ohne Scheu. »Dort scheut's mi allamal!« hört man die Holzsammler und Schwammerlsucher sagen.

Hier hat sich vor langen Jahren einmal ein Mann erhängt und seitdem sieht man da oft einen Mann ohne Kopf wandeln, auch hört man manchmal einen jämmerlichen Ruf: Doch kann man nicht unterscheiden, ob es »Höll'« oder »Helfts!« heißt. Sicher ist es aber eine arme Seele, die hier umgehen muß.

Der Falterwartl

Unsere Großeltern noch hatten den Brauch, alle ihre Grundstücke, Felder, Wiesen und Wälder zu umzäunen. Durchführende Fahr- und Fußwege waren durch sogenannte Falter (Falltüren) zu nehmen. Aus jenen Zeiten erzählt man sich häufig von nächtlichen Reitern ohne Kopf, von Schimmeln, die mit und ohne Kopf herrenlos ihres Weges trabten. Dazu erzählt man auch, daß jedesmal, so oft diese unheimlichen Menschen- und Tiergestalten, die natürlich nichts anderes als Weizen sein konnten oder gar der Teufel selber, an solche Umzäunungen kamen, sich die Falter von selbst öffneten und schlossen.

Im Bürgerwalde bei Eggenfelden aber war öfters ein Mann zu sehen, der dem ankommenden Reiter ohne Kopf immer die Falter öffnete, hinter ihm schloß und dann mit ihm verschwand. Diesen sonderbaren Pförtner nannte man den Falterwartl.

Die feuerigen Männer

In alter Zeit, da man noch von der Trud zu leiden hatte und Hexen und Gespenster aller Art den Menschen zu schaden, Irrlichter ihn auf sonst ungangbaren Pfaden in Moose und Sümpfe zu verlocken suchten, die wilde Jagd oder das Nachtgload zum Schrecken der nächtlichen Wanderer über Tal und Berge sauste und die armen Seelen als irrende Lichtlein jahrelang auf Erden büßen mußten, da waren es auch die sogenannten feuerigen Männer, welche überall, wo sie erschienen, Angst und Furcht erregten. Diese feuerigen Männer kamen oft zu zweien oder dreien auf den Wegen dahergesprungen und getanzt, daß sie aber jemanden etwas zuleide getan, hat man sie erfahren.

So kamen einmal zwei solche feuersprühende Gestalten aus der Richtung Pfarrkirchen und zogen gegen Postmünster. Vor der Kapelle, welche unter dem Namen »Hustenmutter« weit und breit bekannt ist, sollen sie sich nun gegenseitig angefallen und unter wüstem Geschrei tüchtig gewalkt haben; plötzlich sollen sie in die Kapelle gesprungen sein, aus der sie aber bald wieder herausgerannt und Pfarrkirchen zugeeilt sein sollen.

Der alte Zeiler Hiasl erzählte, daß das der Baumeister und sein Palier gewesen seien, welche die Hustenmutterkapelle erbauten und die armen Handwerker um ihren Lohn betrogen hätten.

's Bodahaus ön Solla[1]

Da is amoi ön Solla änt a Bodahaus gschtana[2]. Da Boda, ham s' gsoat[3], hot mehra kinna als Braoutössn[4] und soi mitn Spangla Franzei[5] ön Bund gschtana sei. An an Sunnta ön da Früah, wie d'Leut öns Amt a(u)f Wollabeehr[6] san ganga, is dös Bodahaus vaschwundn gwön. Und durt, wo dös Haus is gwön, is oft afamoi a Brunnfluß[7] grunna. Sehgt ma'n heunt no. Do hot sö bei da Nocht nöamt möa vobeitraut, wei(l)'s umganga is. Oft hot amoi a Möschei[8] gsoat, si fürcht si nöt und gang umi bei da Nocht. A poor Mannsbilda ham's nöt glaabn wölln un ham gwött mit ihr, ham ihr a(u)fgöbn, sie muaß vo dränt wos mitbringa. 's Möschei geht oft umi, sehgt wos la(u)fa, packt's, tuat's ön's Füada[9] ei und rönnt schnuastracks wieda hoamzua. Wia's ön da Stubn drinn is, mocht's ös Füada a(u)f, springt a Spofakl[10] außa, dös oba augenblicklö vaschwuna[11] is. 's Möschei hot sö a so daschreckt, daß's umgfolln is un taout[12] gwön is.

Eine arme Seele erlöst

In Grattersdorf war Kirchweih. Das war kein Trinken mehr, das war ein Saufen, und als die letzten Zecher heimwärts wankten, war Mitternacht schon längst vorüber. Auf den Trizlocherwiesen dahin holperte auch so ein überdurstiger Bruder. Wie ein paar Türkensäbel hingen die Beine an der geknickten Gestalt und die bierschwere Zunge lallte: »Is denn dös a no a Wirt, wo man koa Bier nöt kriagt! Bier her, Bier her oder i fall um!« Da auf einmal erklang in der Nähe ein jämmerliches Rufen. »Wo muß ich ihn hintun? Wo muß ich ihn hintun?« riefs. »Wost'n halt außa to hast!« grunzte

---

1 Solla-Dorf in der Gemeinde Stadl bei Waldkirchen.
2 gestanden.   5 der Teufel.   8 Mädchen.   11 verschwunden.
3 gesagt.   6 Wollaberg.   9 Fürtuch-Schurz.   12 tot.
4 Brotessen.   7 eine Quelle.   10 Spanferkel.

der berauschte Kirchweihigel. »Vergelt's Gott, jetzt bin ich erlöst!« kam es zurück und dann war es stille. Das war die arme Seele eines Bauern, welcher bei Lebzeiten einen Markstein in betrügerischer Weise versetzt hatte.

Vom Bauern, der den Grenzstein versetzte

In Bergham bei Loiching-Teisbach starb vor Jahren ein Bauer. Im Hofe des Verstorbenen blieb nun einmal ein Knecht während der Weihnachtsmette zu Hause. Da kam plötzlich durch die verschlossenen Türen der verstorbene Bauer herein. Der Knecht erschrak und getraute sich nicht, den Geist anzureden. Der Geist verschwand wieder und alsbald kamen die Leute von der Kirche zurück. Sie erkannten sogleich, daß etwas besonderes vorgekommen sein müsse, und fragten den Knecht, warum er so blaß sei. Dieser erzählte, was er gesehen. Seitens der Hausangehörigen herrschte nun allgemein die Ansicht, der Knecht hätte den Geist befragen sollen, was er begehre. Im nächsten Jahre blieb nun derselbe Knecht und der Mitterknecht in der gleichen Nacht zu Hause. Wieder erschien der Verstorbene. Diesmal fragten sie ihn, was er wolle. Da sprach er: »Knecht, ich habe einen Grenzstein versetzt. Du warst selber dabei. Tue ihn wieder hin, wo er zuvor gestanden; dann bin ich erlöst!« Darauf verschwand der Bauer und als der Stein zurückgesetzt war, kam er nicht wieder. *H. Stocker*

Der Markbaum

Ein Müller ging einst spät abends nach Hause und verlor im Walde – es war bei Kleinroitzenried – den Weg. Da hörte er auf einmal lautes Streiten und Fluchen. Drei steinalte, fremdgekleidete Männer mit grauen Bärten standen etwas abseits vor einem morschen Baumstumpfe und hielten ein aufgeregtes Gespräch. Jeder hatte eine Axt in der Hand. Der Müller erkannte bald, daß es sich um den Baumstumpf handelte, vor dem die drei standen. Es war dies ein sogenannter Mark- oder Grenzbaum,[1] ein Baum, den einer umgehauen und um dessenwillen die drei falsch geschworen hatten. Plötzlich überfiel den Müller ein krampfhafter Husten, worauf die Männer ver-

---

1 Der Dialektausdruck heißt Moaba(u)m.

schwanden und er wieder den richtigen Weg vor sich sah. Als er heimkam, legte er sich aufs Totenbett. Der Schrecken hatte ihn übermannt.

Die zwei Kreuze

Auf der Straße nach Regen befinden sich nahe bei Sumperding zwei steinerne Kreuze. Dieselben sind etwa auf Zimmerlänge voneinander entfernt. Hier, so geht das Gerede, rauften sich zwei Burschen eines Mädchens wegen zutode.

Als einst beim Streurechen von diesem Vorkommnisse die Rede war, meinte eine alleswissenwollende Evastochter: »Dös Weibaleut, um dö's goltn hot, muaß aba gwiß recht fei un sauba gwen sei. Sched mecht i 's sehng! – Nachdem man sich »z' Holbaomd«[1] etwas ausgeruht hatte, ging es wiederum an die Arbeit. Allen voraus sprang die neugierige Dirne. Bei einem der erwähnten Kreuze setzte sie sich nieder, um auf die langsam nachkommenden Gefährtinnen zu warten. Da sah sie auf einmal ein bildhübsches Mädchen neben sich, das traurig die Augen zu Boden heftete; endlich sprach es: »So, jetzt kannst Du mich sehen; aber laß mich dann in Ruh und ruf mich nimmer! Deinetwegen hab' ich aus der Ewigkeit herüber müssen!« Dann verschwand es.

Der Mann mit dem Gsottstuhl

In Wilhelmshöhe bei Eggenfelden erschien vor Jahren von Zeit zu Zeit ein Mann, der stets einen Gsottstuhl[2] mit sich führte. Sobald er jemand entgegenkommen sah, stellte er den Gsottstuhl zu Boden und wartete, bis die betreffende Person bei ihm angelangt war. Eine gewisse Unruhe und die Begierde, angesprochen zu werden, zeichneten sich auf seinem Gesichte deutlich ab. Niemand aber hat sich je getraut, mit ihm zu reden, und er verschwand immer mit lautem Seufzer.

---

1 Zu Halberabend = 3 Uhr nachmittags.
2 Häckselschneidebank.

Die Steingretl

Als man s.Z. landauf, landab Leute warb, die bereit waren, mit ins gelobte Land zu ziehen, um den Ungläubigen das Hl. Grab zu entreißen, da meldete sich auch ein armer, aber redlicher Köhler, der sein Weib und mehrere Kinder in Not und Elend zurücklassen mußte.

Nach langer Zeit kam die Kunde ins Land, daß das ganze Christenheer von den Türken erschlagen worden sei. Da grämte sich die Köhlerin – Margarete war sie getauft – derart, daß sie in Trübsinn verfiel. In diesem Zustande vernachlässigte sie sich selbst, ihre Kinder und das ganze Hauswesen, so daß die Leute gar bald sie und ihr Haus mieden. Etliche Monate darauf kehrte ihr totgeglaubter Mann plötzlich in die Heimat zurück. Sein Weib erkannte ihn, fühlte aber in dem Augenblicke das Beschämende ihres Zustandes, lief fort, sprang an der Brücke am Steinbach ins Wasser und ertrank. Seitdem kann man beim Mondenscheine die arme Frau häufig auf der Brücke sitzen sehen, wie sie mit einem eisernen Kamme ihr Haar ordnet, und die Mütter in der Gegend von Holzapflern schrecken noch heute ihre Kinder, wenn sie sich nicht waschen und kämmen lassen wollen, mit den Worten: »Bst, die Steingretl kommt!«

Die Schönbacher Musikanten

In der Schönbachhütte ging's zuzeiten, als noch der Kienspan heimisch war, immer lustig her. Fidele Musikanten dudelten ganze Nächte durch und machten die junge Welt auf drei Stunden im Umkreis schier verrückt mit ihren Tanzweisen. Gertrud, die 18-jährige Tochter einer armen Häuslerswitwe, war eine leidenschaftliche Tänzerin und fehlte selten in der Schönbachhütte. Die Mutter warnte, drohte, weinte; nichts half. Die Leidenschaft war zu groß. Eines Nachts brachte man das Mädchen tot nach Hause. Mitten im Tanze hatte ihr ein Herzschlag ein jähes Ende bereitet. Die Mutter rang die Hände und fluchte den Musikanten in schrecklichen Worten. Der Fluch wurde Tat. Die Musikanten starben auffallenderweise in kürzester Zeit und ihre Seelen wandern ruhelos noch auf Erden. Man hört zeitweise, namentlich in der Allerseelennacht und in der Nacht, in der sich der Tod jenes Mädchens jährt, um die Schönbachhütte rauschende Tanzmusik und die Bäume lispeln gar seltsam dazu und der Totenvogel mischt seinen greulichen Schrei dazwischen. »Das sind die Schönbacher Musikanten«, raunt die Großmutter den Enkeln zu und setzt bei: »Ein unschuldiges Mädchen, das den Mut hat, nachts allein in den tiefen Wald zu gehen und sie anzusprechen, könnte sie erlösen.«

Der Wetterprophet von Ringelai

In Ringelai lebte vor mehr als 200 Jahren ein Hirte, der die Gabe besaß, das Wetter vorherzubestimmen, und darum hieß er in der ganzen Gegend nur der Wetterprophet. Ja, er erklärte, selbst die Gewitter machen zu können. »Wenn nur die Micheli-Hunde nicht wären«, sagte er oft, »dann würde ich noch mehr Gewitter machen!« Micheli-Hunde hießen nämlich seit urdenklicher Zeit die Glocken des Michaelikirchleins in Ringelai, die beim Herannahen eines Gewitters immer geläutet wurden. Der Wetterprophet war aber auch sonst in der Zauberei bewandert. Er saß gerne in den Wipfeln der Waldbäume und trieb allerlei Schabernack und Hexenspiel. Schon die Art, wie er gleich einem Eichkätzchen rips, raps auf die Bäume kletterte, war merkwürdig und brachte ihm auch den Namen »Waldläuferbub« ein. Als er aber mit der Zeit in seinem Treiben immer mehr ausartete und den Leuten durch sein Gaukel- und Zauberspiel sogar Schaden brachte, ereilte ihn ein trauriges Geschick. Einer seiner Feinde stellte ihm nach und schoß ihn von dem Wipfel einer Tanne herunter.

Der Musikant an der Windkapelle

Am Wege von Teisnach nach Böbrach liegt die sogenannte Windkapelle. Zur Nachtzeit wird sie von den Leuten gemieden, da es dort »umgeht«. Man sah auf dem freien Platze vor der Kapelle schon öfters in mitternächtiger Stunde schwarze Spukgestalten sich in wildem Reigen drehen, weshalb dieser Platz Tanzstatt genannt wird. Einmal kam ein fremder Musikant um Mitternacht hier vorüber, als eben der Gespenstertanz begann. Flugs wurde er in die Mitte gezerrt und veranlaßt, aufzuspielen. Die Tanzenden wurden nicht müde und dem Musikanten rannen schon dicke Schweißtropfen von der Stirne; da erklang endlich der Schall der Morgenglocke und im Nu waren die Gestalten verschwunden. Der entsetzte Geiger aber befand sich hoch im Gipfel einer mächtigen Tanne.

Der Windberger Prophet

Ein Müller zu Windberg hatte einen Sohn, der Matthias getauft war, der aber von den Eltern und Nachbarn kurzweg Hiasl genannt wurde. Er ist wohl schon lange gestorben; dennoch wird von ihm noch oft gesprochen. Er hatte nämlich die Gabe der Prophezeiung und sein Ruf ging weit über die Grenzen der engeren Heimat hinaus.

So sagte er z.B. den Klosterherren in Windberg, daß sie die längste Zeit in Windberg gehaust hätten. Von Straubing wußte er ebenfalls zu verkünden, daß es solange nicht mehr bestünde, als es schon existiere. (Die Straubinger werden sich hoffentlich nicht schon allesamt auf ihre Himmelfahrt vorbereiten!) Auch sprach er häufig von eisernen Straßen, die einst den ganzen Bayerischen Wald durchziehen und bestimmte die Eisenbahnlinie Straubing – Cham voraus. Desgleichen sprach er von einer eisernen Straße, die von Hunderdorf nach Perasdorf über den sogenannten Hochwald führen werde. Sobald diese Straße fertig sei, prophezeite er weiter, breche ein blutiger Krieg aus, in dem bei Welchenberg die Hauptschlacht stattfinden werde, und ermahnte, sich mit zwei Laib Brot zu flüchten, sobald der Feind nahe. Verliere man einen Laib, so solle man ihn liegen lassen; denn bis man den anderen Laib verzehrt habe, sei der Krieg längst beendet.[1]

Als er eines Tages die Kanzel seiner Heimatkirche bestieg, wurde er aus der Kirche gewiesen.

Die gespenstigen Beter

Ein Weib wurde einmal durch Glockengeläute vom Schlafe aufgeweckt. Es dachte, es läute schon zur Frühmesse, stand auf, zog sich an und eilte in die Kirche. Als es die Kirchentüre öffnete, sah es bereits alle Betstühle dicht besetzt; aber die Beter und Beterinnen saßen verkehrt, d.h. sie sahen nicht zum Altäre, sondern zur Türe und wie erschrak das Weib, als es gewahrte,

---

1 Vergleiche »Der Weltkrieg«!

daß es lauter längst verstorbene Leute der Gegend waren. Da trat plötzlich eine Frauensperson, seine verstorbene Patin, aus ihrem Stuhle und flüsterte ihm zu, es solle schnell rückwärts aus der Kirche gehen und an der Kirchentüre den Schurz fallen lassen. Am anderen Tage, als das Weib wieder zur Kirche ging, da fand es seinen Schurz in hundert Fetzen zerrissen vor der Kirchentüre liegen. Wie dem Schurze, so wäre es ihm selbst ergangen, wenn es den Rat der Patin nicht befolgt hätte.

Der Schneiderfranzi von Wurz

Der Schneider von Wurz mühte sich redlich ab, seine Familie ordentlich zu ernähren und doch guckte ihm nicht selten die Not zum Fenster hinein. Sein einziger Sprößling, der Franzi, war in christlicher Zucht aufgezogen und mußte, obwohl er erst zwölf Jahre zählte, bereits sein Brot selbst verdienen. Er machte beim Nachbarn, einem Großbauern, den Schafhirten. Dabei bekam er einen Batzen Geld, stand dem Vater aus der Schüssel und konnte gar manchmal einen Laib Brot, etliche Eier, Krapfen oder sonst etwas für den Magen nach Hause bringen. Nicht lange stand er aber im Dienste und es kam die Hoffart über ihn. Er, der Schneider Franzi von Wurz, die Schafe hüten! Wenn es wenigstens Ochsen und Kühe, Kälber und Jungrinder wären! Doch die waren seinem Schulkameraden, dem Häusler Fritz, anvertraut. Sein Mißmut, seine Unzufriedenheit steigerte sich von Tag zu Tag und einmal, als er wieder dem Lerchenfeld zutrieb, warf er die Geißel ins Gras und rief: »Lieber mach' ich die Höllentür auf und zu als immer und immer die Schafe hüten!« Kaum gesagt, tat sich die Erde unter ihm auf und Franzi war verschwunden.

Vom Bama

In der Nähe von Postmünster kam einem Bauern immer Holz von seiner Schar am hinteren Hoftor weg. »Wart, Deifi, dir helf i!« sprach er ingrimmig und er ging ums Haus und betete den Diebssegen. Als er andertags noch spät beim untern Wirt in Postmünster saß – er war ein »Herrenbauer«, der sich des Abends wohl seine Maß Bier und seinen Braten erlauben konnte, und hatte auch am Herrentisch beim Ofen seinen Stammsitz – da kam, es mag um Mitternacht gewesen sein, einer seiner Knechte gelaufen und rief: »Baua, kimm glei hoam! Beim hintan Hoftürl steht a Mo obamt! Ko nimma weg!« »Der steht guat!« gab der Bauer zurück und trank weiter. Nach einiger Zeit ging er endlich heim, ohne sich jedoch um den gebannten Dieb zu kümmern. Am kommenden Morgen wollte er ihn erlösen; aber siehe, vom Dieb war keine Spur mehr vorhanden; ein kleines Aschenhäuflein lag an der Stelle, wo er gebannt gestanden hatte. Da wurde dem Bauern doch zweierlei. Wenn er nämlich zur rechten Zeit den Diebssegen rückwärts gesprochen hätte, wäre der Dieb erlöst worden; so aber hatte er die Zeit verpaßt und der Dieb war mit Leib und Seele durch seine Schuld verloren.

Das Nothemd

Das Nothemd, welches auf dem bloßen Leibe getragen wurde, um gegen alle Gefahren und jede Verletzung zu schützen, besser als der beste Panzer der Welt, wurde von 2 (nach anderen von 12) noch nicht 7 Jahre alten reinen Jungfrauen in der Christnacht unter mancherlei Zeremonien (oder in des Teufels Namen) gesponnen, gewebt und genäht. Auf der Brust wurden dem Hemde 2 Häupter eingenäht, das auf der rechten Seite mit einem Helme und langem Barte, das auf der linken mit einer Krone, zu beiden Seiten bezeichneten es 2 Kreuze. Die Hemden hatten Ärmel und bedeckten die halbe Länge des Menschen.

Die Weiber bedienten sich dieser Hemden auch bei Geburten.

Curiositäten, Bd.IV, 1815

Das Nothemd

»Ich muß zu Feld, mein Töchterlein,
Und Böses dräut der Sterne Schein:
Drum schaff du mir ein Notgewand,
Du Jungfrau mit der zarten Hand!«

»Mein Vater, willst du Schlachtgewand
Von eines Mägdleins schwacher Hand?
Noch schlug ich nie den harten Stahl,
Ich spinn' und web' im Frauensaal«. –

»Ja, spinne Kind, in heil'ger Nacht,
Den Faden weih' der höllischen Macht,
Draus web' ein Hemde lang und weit!
Das wahret mich im blut'gen Streit«.

In heil'ger Nacht, im Vollmondschein,
Da spinnt die Maid im Saal allein.
»In der Hölle Namen!« spricht sie leis':
Die Spindel rollt in feurigem Kreis.

Dann tritt sie an den Webestuhl,
Und wirft mit zager Hand die Spul':
Es rauscht und saust in wilder Hast,
Als wöben Geisterhände zu Gast.

Als nun das Heer ausritt zur Schlacht,
Da trägt der Herzog sondre[1] Tracht:
Mit Bildern, Zeichen, schaurig, fremd,
Ein weißes, weites, wallendes Hemd.

Ihm weicht der Feind wie einem Geist.
Wer böt' es ihm[2], wer stellt ihn dreist,
An dem das härteste Schwert zerschellt,
Von dem der Pfeil auf den Schützen prellt?

Ein Jüngling sprengt ihm vors Gesicht:
»Halt, Würger, halt! Mich schreckst du nicht.
Nicht rettet dich die Höllenkunst:
Dein Werk ist tot, dein Zauber Dunst.«

---

1 Sonderbare.
2 Böt' ihm Trotz, nähme es mit ihm auf.

Sie treffen sich und treffen gut:
Des Herzogs Nothemd trieft von Blut;
Sie hau'n und hau'n sich in den Sand
Und jeder flucht des andern Hand.

Die Tochter steigt hinab ins Feld:
»Wo liegt der herzogliche Held?«
Sie find't die todeswunden Zwei:
Da hebt sie wildes Klaggeschrei.

»Bist du's, mein Kind? Unsel'ge Maid,
Wie spannest du das falsche Kleid?
Hast du die Hölle nicht genannt?
War nicht jungfräulich deine Hand?« –

Die Hölle hab' ich wohl genannt,
Doch nicht jungfräulich war die Hand;
Der dich erschlug, ist mir nicht fremd:
So spann ich, weh'! dein Totenhemd«.

L. Uhland

Der Schnatterer

Auf der Buche bei Kirchdorf im Wald lebte einst ein Mann, der als großer Sonderling galt. Wenn er in Feld und Wald herumging, was er häufig tat, konnte man ihn immer vor sich hinmurmeln hören und die Leute sagten: »Was wohl der soviel zu schnattern hat?« Bald hieß er nur mehr kurzweg der Schnatterer. Der Schnatterer stand auch in dem Rufe eines Hexenmeisters und besaß den Höllenzwang und das schwarze Buch. Mit Hilfe des letzteren konnte er alles erfahren, was er nur wollte. Da geschah es, daß bei einem Bauern ein Pferd samt Geschirr und Wagen gestohlen wurde. Der Bauer ging zum Schnatterer und bat ihn, ihm den Dieb zu suchen. Dieser guckte ins schwarze Buch und im Handumdrehen hatte er's heraus, daß der Dieb mit Roß und Wagen eben in der Richtung nach Schönberg zu fahre. Sofort ging es an die Verfolgung. Als man nach Schönberg kam, war der Dieb bereits fort. Man setzte ihm nach; aber in jedem Orte hieß es: »Der Mann mit dem Fuhrwerk ist vor kurzer Zeit zum anderen Tore hinaus!« In Linz erwischte man ihn endlich, als er gerade das Gefährte verschachern wollte. So kam der Bauer wieder zu seinem Eigentum und der Dieb ins Loch.

Dem Schnatterer hat später einmal der Teufel den Hals umgedreht.

Passauer Zettel

Ein gewisser Kaspar Neithart, von Geburt ein Hersbrucker, damals Nachrichter zu Passau, verkaufte im Jahre 1611 an die verzagten Soldaten jenes Heeres, das durch Passau zog, um in Böhmen einzufallen, mit Zauberzeichen beschriebene Stückchen Papier, die diese verschluckten oder anhängten, um dadurch unverwundbar zu werden. Er verdiente viel Geld und das Festmachen erhielt den Namen Passauer Kunst, die Zettel wurden Passauer Zettel genannt. *(aus »Curiositäten«, Bd.VI, 1815)*

Der Durchsichtige

In Frammelsberg, einem Weiler der Gemeinde Degernbach, wohnte in einem sogenannten Inhäusl ein altes Weib mit seinem kranken Manne und seinem einzigen Buben. Das Weib, von den Leuten die Kanabartlin genannt, war eine Wahrsagerin und Kartenschlägerin und konnte hexen und zaubern. Fast tagein, tagaus zog es im Bettel herum und der Junge begleitete es. Derselbe war aber auch der geeignetste Mitläufer; denn er besaß die Wundergabe, durch Bretter und Mauern zu sehen. Die Leute sagten fälschlich, er sei durchsichtig. Wenn die Kanabartlin vor einer Tür anklopfte, konnte ihr der Bub schon sagen, wo die Bäuerin das Brot, die Eier, das Fleisch usw. verwahrt hielt. Auf diese Weise war es der Alten möglich, gar oft einen saftigen Bissen ungesehen in ihrem Tragkorbe verschwinden zu lassen. Die Wundereigenschaft des Knaben war bald bekannt geworden und es ließen ihn sogar Ärzte kommen, um ihn bei einzelnen Patienten, die er durchschauen mußte, zu befragen, woran die Kranken litten. Als die Karmeliter von Straubing von ihm hörten, schickten sie zu ihm und versuchten, ihm den bösen Geist auszutreiben; denn nur ein solcher konnte nach ihrer Meinung in ihm stecken. Sie beeinträchtigten jedoch nur seine Gabe auf kurze Zeit; doch war der Junge von nun an nur mehr bei Neumond »durchsichtig«.

Am Diebsbrünnl

Bei Schweinhütt machten einst Leute, die von der Feldarbeit nach Hause gingen, Rast. Da hörten sie vom Bache her, von dem Orte, den man »s Diebsbrünnl« nennt, auf einmal eine gellende Stimme rufen: »D' Zeit und d' Stund is da und da Mo kimmt no nöt!« Darauf erschallte ein so schauerliches Lachen, daß alle einander erschreckt ansahen. Kaum war der Ruf verklungen und das Lachen verstummt, so sprengte ein Reiter im schnellsten Galopp die Regener Straße herauf, vor den Leuten vorbei und trab, trab hinein in den Bach. Mitten im Bächlein stolperte das Pferd und der Reiter flog aus dem Sattel auf einen großen, in der Nähe liegenden Stein. Darauf war das Pferd augenblicklich verschwunden. Nachdem die Leute, welche Zeugen dieses Vorganges waren, sich von ihrem Schrecken erholt hatten, gingen sie zaudernd nach der Unglücksstätte, wo sie den Reiter mit zerschmettertem Schädel fanden.

Vom Neid erlöst

Auf einem Hofe in Rettenbach[1] lag einst der »Neid«. Die Leute sagten: »Dem Hof hat ma's oto!« Mochten sich die Besitzer, zwei Brüder, und ihr Gesinde noch so sehr abmühen, es half nichts, es ging ständig rückwärts. Da jedes Mittel versagte, gingen die zwei Brüder schließlich zu einem alten Pfarrer und baten ihn um Hilfe. Der Pfarrer gab ihnen ein Päckchen und wies sie an, dasselbe in der Christnacht auf ihrem besten Acker zu vergraben, dabei sollten sie sich aber wohl in acht nehmen, weder auf dem Hinnoch auf dem Herwege ein Wörtlein zu reden und von keinem etwaigen Hindernisse sich schrecken zu lassen. Sie taten, wie ihnen befohlen war, und gingen in der Christnacht mit dem Päckchen und mit Schaufel und Haue versehen nach ihrem besten Acker. Kaum waren sie vor dem Hoftore,

---

1 Rettenbach ist ein zur Gemeinde Natternberg bei Deggendorf gehöriges Dorf.

so hörten sie von ihren Ställen her einen fürchterlichen Lärm. Es war, als ob all ihr Vieh ledig geworden wäre und sich gegenseitig angefallen hätte. Dann stürzten wütende Hunde zähnefletschend auf sie los und Tausende von Raben mit glühenden Augen umflogen sie krächzend und hackten mit den Schnäbeln nach ihnen. Auf dem Felde angekommen, glaubten sie, ihr längst verstorbener Vater komme ihnen entgegen und warne sie mit aufgehobenem Finger. Als sie endlich die Erde aufgegraben und das Päckchen in die frische Grube versenkt hatten, fuhr ihnen Feuer und Rauch entgegen. Auf dem Heimwege sahen sie plötzlich ihren Hof in Flammen und ein schauerlicher Sturmwind drohte sie in die Luft zu führen. Doch sie hielten tapfer aus und sprachen kein Wort. Darauf wich der Neid wirklich von ihrem Hofe und die beiden Brüder zählten bald zu den vermöglichsten Bauern der ganzen Gegend.

Der Stein am Weg

Am Verbindungswege der Straßen, die nach Sonnen und Wegscheid führen, steht an einsamer, aber lauschiger Stelle ein massiver Granitwürfel mit einem eisernen Kreuze. Der Stein wurde vor Jahren plötzlich einmal mitten auf der Landstraße gefunden. Mit Mühe schaffte man ihn zur Seite; aber am nächsten Morgen lag er wieder an derselben Stelle und hinderte Fußgänger und Fuhrwerke. Man beseitigte ihn mehrmals; doch immer ohne Erfolg. Da fiel einem ein, man solle ein Kreuz darauf setzen. Es geschah und nun blieb er ruhig liegen, wohin man ihn geschafft hatte.

Die schöne Frau bei St. Anna

Bei St. Anna in der Nähe von Ering am Inn kam allabendlich eine schöne Frau in herrlichem, glitzerndem Kleide zu einem Hirtenknaben auf die Waldwiese und erzählte ihm viele hübsche Geschichten. Eines Abends war sie sehr traurig und der Knabe fragte sie, was ihr fehle. Sie schüttelte den Kopf und heiße Tränen blinkten ihr in den Augen; dann sprach sie: »Knabe, fürchtest Du Dich?« Lachend entgegnete dieser: »Nein und wenn der Teufel selber kommt!« »Ich will es sehen«, fuhr sie fort, »es soll Dein Glück sein.

Du sollst Geld in Hülle und Fülle erhalten, wenn Du Dich morgen nicht fürchtest!« Des andern Tages saß der Knabe wieder am Waldrand und lehnte seinen Lockenkopf in die Zweige eines Tannenbäumchens. Die Sonne ging unter und warf ihre letzten Strahlen auf Wald und Wiese. Da – was rauschelt im Laub? Eine greuliche Schlange windet sich über das Moos hin, im Maule ein goldenes Schlüsselchen tragend. Erschrocken springt der Junge auf und läuft schreiend davon.

Am andern Tage kam die Frau wieder, setzte sich zu dem Jungen ins Gras und klagte: »O Du furchtsamer Junge, Du hättest mich gestern erlösen können; so aber muß ich wieder warten, bis dieses Tannenbäumlein hier zur mächtigen Tanne erwachsen und zu Brettern geschnitten sein wird, aus denen eine Wiege gefertigt werden wird. Jenes Kindlein, das zuerst in dieser Wiege liegen wird, kann mich erlösen.« Darauf verschwand sie.

Die Schlangenkönigin

Im Bürgerholze zu Regen sahen Schwammerlsucher häufig eine große, weiße Natter, die auf dem Haupte eine goldene Krone trug und stets von einer Menge anderer Nattern umgeben war. Das war die Schlangenkönigin. Oftmals zogen bewaffnete Männer hinaus, die Schlangenkönigin zu suchen und zu erlegen; diesen aber kam sie nie zu Gesicht. Die Krone der Schlangenkönigin soll von unermeßlichem Werte sein und den Karfunkelstein einschließen.

Der Totenzug in Tittling

Als in Tittling der neue Friedhof fertig war, wurde es den im alten Friedhof ruhenden Toten bald zu langweilig und sie trugen und fuhren eines Nachts ihre Gebeine selbst nach dem neuen Begräbnisplatz. Es sah wie eine lange, unabsehbare Prozession aus; viele, viele Lichter begleiteten den unheimlichen Zug.

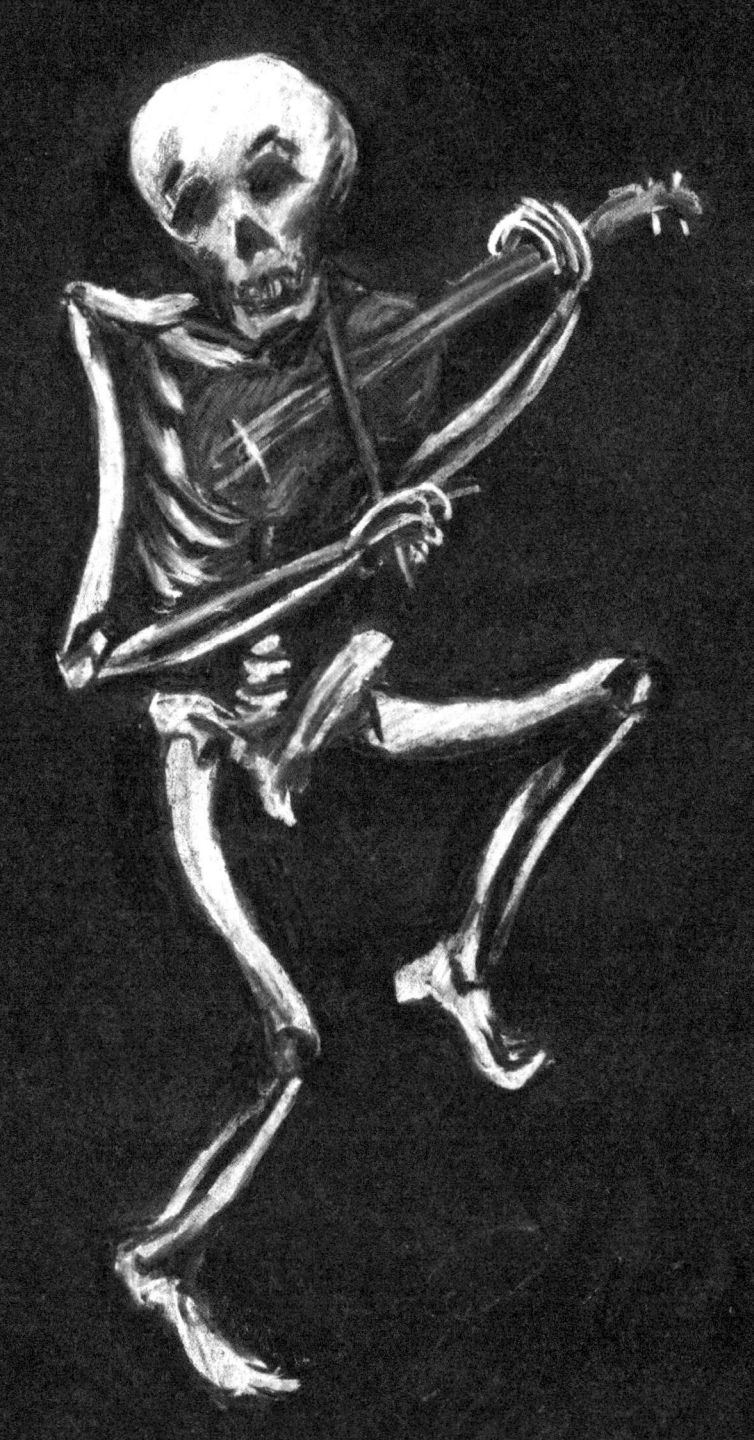

Die Zaubernadel

Ein Mädchen aus Waldkirchen ging einmal in aller Frühe in den Wald, Beeren zu suchen. Da stand eine herrlich gekleidete Frau mit einer Krone auf dem Haupte vor ihm und warf ihm eine Stricknadel in den Schurz. Das Mädchen ging heim und legte die Stricknadel auf den Tisch. Am anderen Tage wollte es ein Paar Strümpfe zu stricken beginnen. Als es am Morgen ins Zimmer trat, lagen die Strümpfe schon fertig da. Und das geschah oftmals. Wenn wir nicht irren, verlor die Wundernadel erst ihre Kraft, als das betreffende Mädchen als betagtes Großmütterlein starb.

An einem Strohhalm erhängt

In einem Bauernhof des unteren Rottales meinte einmal ein Knecht beim Dreschen: »Ob man sich mit einem Strohhalm erhängen könnte?« »Probier's halt!« sagten lachend die andern. Der Knecht ging zu einem Balken, aus dem ein Eisenstift hervorragte, machte aus einem Strohhalm eine Schlinge, steckte den Kopf hindurch und hängte sich an den Balken. Während die andern noch immer lachend zusahen, lief plötzlich ein schwarzer Hase durch die Tenne. Alle schauten und liefen ihm verwundert nach und als sie sich wieder zu dem Frevler wendeten, war derselbe bereits tot.

Die Elster auf dem Schloßberg in Winzer

Ein Mann sah eines Abends eine Elster um den Schloßberg fliegen. Er nahm einen Stein und warf danach. Er traf sie, so daß sie tot zur Erde niederfiel. Der Mann trug sie nach Hause und legte sie aufs Fensterbrett. Als er am anderen Morgen nach ihr sah, war sie in eine alte Pelzhaube verwandelt. Am übernächsten Morgen war sie verschwunden.

Eine Anmeldung

Der alte Lenzbauer von Giggenried hatte daheim ein totkrankes Weib. Er aber saß in March fröhlich am Biertisch und trank bis in die späte Nacht hinein. Endlich machte er sich auf den Heimweg. Als er so dahinwankte, kamen ihm Gewissensbisse. Er machte sich bittere Vorwürfe und bat sein Weib im Herzen um Verzeihung. Plötzlich vernahm er ein eigentümliches Gemurmel, das immer näher und näher kam, immer stärker und stärker anschwoll. Nicht lange und er sah eine Schar Menschen prozessionsweise daherwallen und da er glaubte, man bringe einem Sterbenden die Wegzehrung, schloß er sich dem Zuge an. Als er aber die Gestalten näher betrachtete, überfiel ihn ein Grauen – die Schar bestand aus lauter klappernden Totengerippen. Da ahnte er, was dieser Zug zu bedeuten habe. »Mein Weib!« stöhnte er und eilte, so schnell ihn die Füße tragen konnten, seinem Hofe zu. Als er die Tür zu seiner Schlafkammer aufriß, schien gerade der Mond durchs Fenster und beleuchtete das bleiche Antlitz der toten Lenzbäuerin.

Kugelgießen

Die Grabkreuze werden gewöhnlich mittels Blei im Steinsockel befestigt. Kugeln, welche in der Christnacht zwischen 11 und 12 Uhr aus solchem Blei gegossen werden, sollen sicher treffen.[1] Ein Jäger aus der Gegend von Büchlberg wollte einmal solche Kugeln gießen. Zu diesem Zwecke schlich er in der Mettennacht auf den Friedhof und verschaffte sich von einem Grabe das notwendige Blei. Als er aber den Friedhof wieder verlassen wollte, fand er die Türe fest verschlossen. In seiner Angst wollte er über die Mauer steigen. Da faßte ihn eine unsichtbare Hand von rückwärts, zog ihn zurück und schleuderte ihn so unsanft zu Boden, daß er lange bewußtlos liegen blieb.

---

1 Solche sicher treffenden Kugeln heißen auch Freikugeln.

Weitere Anmeldungen

In Pfarrkirchen waren zwei Mägde bedienstet, welche sich gegenseitig versprachen, sich anzumelden, d.h. zu erscheinen, sobald eine von ihnen sterben sollte. Nicht lange, da wurde die eine der beiden nachts durch ein ängstliches Stöhnen aus dem Schlafe geweckt. Als sie die Augen öffnete, gewahrte sie die Freundin neben sich am Bettrande sitzen. Dieselbe bat sie um ein feuchtes Tuch. Darein wickelte sie ihre Hände und gab es dann ganz verbrannt wieder zurück. Darauf verschwand sie.

Am anderen Morgen wurde bekannt, daß die Erschienene in der Nacht verstorben sei.

Im Anger zu Passau ging eine Frau auf den Speicher, die getrocknete Wäsche herabzuholen. Da sah sie grellweiße Fingerabdrücke in derselben, die trotz sorgfältigen Nachwaschens nicht verschwanden. Am anderen Abend starb die Frau.

Eine Frau ging durch die sogenannte Zellau nach Fürstenzell heim, als es zu dunkeln begann. Da begegnete ihr ein großer, feueriger Hund, der ihr dreimal über den Weg lief. Nach drei Jahren, gerade am Jahrestage dieser Erscheinung, brannte das Anwesen der Frau nieder.

Als eine Bäuerin eines Tages in aller Frühe im Hofe arbeitete, kam ein roter Hund daher, der auf sie zulief und sie mit der Schnauze in die Seite stieß. Auf ihren Angstschrei verschwand er. Nach kurzer Zeit stand der Hof der Bäuerin in Flammen.

Ein Bauer aus der Gegend von Passau sah drei Nächte hintereinander auf einem nahen Acker ein schneeweiß gekleidetes Mädchen bis Bifang zu Bifang springen. In der vierten Nacht starb in dem Hause der betagte Vater des Bauern.

Im Bauernhöfe am Himmelberg lag der Bauer einmal auf der Ofenbank und sah ein weißes Tuch in der Stube herumflattern und plötzlich wieder verschwinden. Acht Täge darauf brannte sein Stadel nieder.

Ein Mann ging einst, als es schon dunkelte, von Schwanenkirchen nach Iggensbach. Plötzlich sah er vor sich eine Kiste sich dahinwälzen. Er ging schneller nach und gewahrte nun, daß es ein Sarg sei. Den andern Tag machte er zur selben Zeit den gleichen Weg. Dort, wo er tags vorher den Sarg gesehen, wurde er von unbekannt gebliebenen Tätern erstochen.

Der Wolfbauer von Niederbayern

Der Wolfbauer war ein Mann, der nicht nach altem, gutem Brauch gehaust hat, sondern alles besser machen wollte als sein Vater und Ahnherr und Urahnherr, die doch die reichsten Bauern in der Gegend gewesen sind. Er las Zeitungen, disputierte mit dem Herrn Pfarrer, sagte zu seinen Ehehalten, man brauchte des Pfarrers Predigt und Messe nicht, man könne sich zu Hause mit Gott unterhalten und stak immer in Prozessen. Der nun in seinem freventlichen Übermut hielt die Geister und alles Überirdische für eitel Lug und Trug und wollte seine Gedanken bei Gelegenheit an den Tag kommen lassen. Da war Christnacht, wo das Vieh um die zwölfte Stunde miteinander redet. Aber sein Mutwille wurde hart bestraft. Der Wolfbauer legte sich im Trünke unter den Barn, wo seine liebsten Ochsen: der Müller und Ruckei angebunden waren, und freute sich schon im Stillen, wie er den Glauben an Geister niederschlagen werde. Als es zwölf Uhr schlug, da hub der Ruckei an: »Schau Müller, tut mich recht erbarmen unser Bauer; heut über acht Tag müssen wir ihn auf den Friedhof fahren!« Darauf sagte der Müller: »Ja, ist mir auch ganz zuwider; er ist alleweil so brav gegen uns gewesen; keinen Schlag hat er uns gegeben und Futter und Ruhe hat er uns genüglich gelassen.« »Wart! wart! ich will euch die Faxen austreiben«, schrie der betrunkene Bauer, »ihr sollt mich gewiß nicht in die Grube bringen.« Und gleich in der Früh verkaufte er die Ochsen an einen andern um ein Spottgeld, nur daß er sie wegbrachte. – Aber eine Viehseuche entstand und raffte alles Vieh des Bauers und seiner Nachbarn dahin bis auf die zwei Stierlein, die dem Frevler sein Ende vorhergesagt. Sogar der Wolfbauer, der viel mit dem kranken Vieh umging und durch Menschenklugheit dem Verderben Einhalt tun wollte, wurde von der bösen Seuche ergriffen und starb, ganz wie es ihm die Tiere in der Christnacht prophezeit hatten und da kein ander »Mähnt« da war, weil die Seuche alles Vieh weggerafft hatte, so zogen der Ruckei und der Müller des ungläubigen Bauern Bahre auf den Gottesacker, acht Tage nach jener Begebenheit im Stalle. *Panzer*

Das Dösingerried

Vom Dösingerried bei Kirchberg im Wald, auf dem es nur so von Geistern wimmeln soll, wird erzählt:

Hier hat eine große Schlacht stattgefunden; der Boden war ganz mit Blut getränkt. Der liebe Gott aber hat sich über das viele ungerecht vergossene Blut erzürnt und läßt die Urheber jenes Kampfes hier umgehen. Der Boden, der noch heutigen Tages wie vom Blute gerötet erscheint, ist nur von niedrigem Nadelholze bewachsen. Sobald ein Stämmchen Mannshöhe erreicht, wird es dürr und stirbt ab.

's Omein[1]

Amoi san ön Haoudoa[2] bo Moas[3] a Baa[4] un sei Bärön[5] um Färomd[6] bo ananda bam Tisch durt gsössn. Af amoi hot's ön da Gred draßn s Weaka ogfangt un a Mordsgaudi gmocht; d' Tüa is afgflong un an Baan is s Kammat vür d' Füaß higwoafa woan. Schia hot's n a bißl gscheiratst[7], is oba do afgschtandn, hot af sän Sabö[8] hinträglangt un hot draßn nagschat. Nixi hot a gsehng. Wia r a ön Stoi[9] aßö kimmt, is a r a zon Bräunl hi un hot n hoit datschöt[10]. Dea – is sunst a frumms Roß gwen – hot eahm oanö gschtöckt, aß a as n Stand aßö gflogn un liegn bliebn is – hot an Baan ma(u)staoud daschlong.

Vom Weltkrieg

Bei Zwiesel hütete einmal ein Mädchen die Kühe. Da sah es ein Männlein quer durch das frisch aufgegangene Korn gehen und dachte bei sich, daß

1 Das Anmelden.	5 Bäuerin.	9 Stall.
2 Hochdorf.	6 Feierabend.	10 Getätschelt.
3 Bischofsmais.	7 Hat ihn fürchten gemacht.	
4 Bauer.	8 Hier spaßweise Messer.	

das doch eine Sünde wäre und der Knirps sich einen besseren Weg hätte aussuchen sollen. Kaum gedacht, drehte sich der Zwerg um, ging geradewegs auf das Mädchen zu und sagte, als ob es allwissend wäre; »Gelt, das ist Dir nicht recht, daß ich übers Feld gehe; aber schaden tut's auch nicht viel: Ich habe heut' noch einen weiten Weg zu machen und wichtige Nachrichten zu überbringen. Wenn ich sie Dir mitteilen würde, würdest Du erschrecken. Merke Dir's: den Weg, den ich eben gegangen, werden noch viele gehen! Du erlebst es zwar nicht mehr und Deine Kinder auch nicht; aber Deine Kindeskinder werden dabei sein. Es wird eine Zeit kommen, da werden die Leute alles liegen und stehen lassen und davon laufen und wer drei Brotlaib unterm Arm hat und einen verliert, der kehrt nimmer darum um. Und ein schreckliches Blitzen und Donnern wird es geben und der Erdboden wird sich mit Menschenblut ansaugen. Geh heim und sage das! Sage den Leuten, sie sollen es auch den Jungen mitteilen und die können es wieder den Ihrigen erzählen. Wenn jene schlimme Zeit kommt, dann sollen alle den Weg gehen, wie ich ihn gegangen. Sie sollen geradeaus dem Böhmerwalde zulaufen, sonst ist es gefehlt; dort passiert ihnen nichts.«

Die Gras- und Rosengasse in Landshut

Als man 1349 schrieb, da schlich ein Würgengel durch unser Bayern, der ganze Ortschaften, ja Landstriche entvölkerte – der schwarze Tod, die Pest. In Landshut hauste der Würger besonders schrecklich. In allen Häusern lagen Tote; in allen Straßen, auf allen Gassen fand man Leichname. Es gebrach bald an Totengräbern, die armen Opfer alle zu beerdigen. Zwei Gassen waren in kürzester Zeit ganz menschenleer. Wenige Menschen hatten sich daraus flüchten können; die übrigen waren der Pest erlegen. Niemand aber kümmerte sich hier um die Toten. Man ließ sie einfach liegen und verwesen. Selbstverständlich verbreitete sich von diesen Totengassen aus alsbald er schrecklichste Geruch. Darum vermauerte man sie.

Lange, lange Jahre, nachdem der furchtbare Todesengel die Stadt verlassen hatte, riß man die beiden Gassen wieder auf, um sie zu reinigen und dem Verkehre zurückzugeben. Und was fand man da? Die eine Gasse war mit üppigem Grase überwachsen und in der anderen rankte ein wilder Rosenstrauch, dessen zarte Röslein im sanften Winde traulich nickten. Zur steten Erinnerung beschloß man, die eine Gasse Grasgasse, die andere Rosengasse zu benennen und so heißen sie noch heutigen Tages.

Schweinhütt

Als um die Mitte des 14. Jahrhunderts die Pest den Bayerischen Wald heimsuchte und ganze Ortschaften entvölkerte, da sah es besonders schlimm auch in der Gegend von Kirchdorf im Wald aus. In einem Dorfe ging alles Lebende, Mensch und Tier, zugrunde, nur in einer Hütte blieb ein Schwein übrig, daher der Name Schweinhütt.

Der Tod in Schweinhütt

Als die Pest auch im Jahre 1628 in Schweinhütt Einkehr nahm, ging der Tod sichtbar um und suchte seine Opfer. Nicht lange und man konnte die Lebenden der ganzen Umgegend beinahe schon an den Fingern herzählen. Von Schweinhütt und Rinchnachmündt waren am Ostertage nur mehr insgesamt ein Dutzend in der Pfarrkirche zu Regen. Nun sollte es auch der alten Wirtin zu Schweinhütt ans Leben gehen. Diese sah den Tod schon von weitem herankommen und roch Lunte, wie man zu sagen pflegt. Rasch ergriff sie einen Besen und so bewaffnet stieg sie rücklings die Bodenstiege hinauf, damit der Knochenmann sie nicht unversehens überfalle. Mit dem letzten Besenreislein wollte sie um ihr Leben kämpfen. Der Tod suchte schon in Haus und Hof nach ihr; endlich kam er auch an die Bodenstiege. Als er die abwärts führenden Fußspuren erblickte, sagte er kopfschüttelnd: »Hera(b) gschpür i s', hina(u)f nöt!« Dann ging er weiter und »arbeitete« anderswo. So hatte die alte Wirtin den Tod überlistet und blieb schließlich die einzige, welche die Pest überlebte.

Klein-Schweinhütt

In der Nähe von Schweinhütt gewahrt man einen weiten, öden Platz, der deutliche Spuren von Gebäuden, Gärten und Äckern erkennen läßt; ja selbst den ehemaligen Friedhof kann man ohne besondere Mühe noch auffinden. Hier stand früher das Dorf Klein-Schweinhütt, jetzt kurzweg Öd genannt. Klein-Schweinhütt wurde auch von der Pest heimgesucht und vollständig entvölkert. Die Zeit hat die leergewordenen und nach und nach verfallenen Gebäulichkeiten bis auf die heute noch wahrnehmbaren Spuren hinweggefegt und es ist sonst nichts mehr von Klein-Schweinhütt geblieben als folgende kleine Sage.

Während der große Tod in und um Klein-Schweinhütt sein Wesen trieb, kamen täglich zwei Totengräber aus Bodenmais, um die über Nacht Gestorbenen zu begraben. Der Tod, der auch hier sichtbar umging, erleichterte ihnen wesentlich ihre Arbeit. Er brachte nämlich den Totenwagen stets selbst an jenes Haus, in dem er sein Werk verrichtet, die Deichsel nach dem Gottesacker gekehrt; die Totengräber durften sich also nur nach dem Wagen umsehen, dann wußten sie, wo sie ihres traurigen Amtes zu walten hatten.

Der Sterb um Freyung

Auch die Pfarrei Freyung wurde einst von der Pest heimgesucht. Von der ganzen Pfarrei, die damals ungemein groß war, blieben nur acht Personen am Leben. In den Dörfern Winkelbrunn und Hinterschmiding lebte nur noch je eine einzige Person. Täglich schaute die von Schmiding nach Winkelbrunn hinüber, ob dort noch Rauch aufsteige, und umgekehrt blickte die von Winkelbrunn nach Schmiding herüber. Der Kaminrauch war sozusagen das Lebenszeichen, das die beiden sich gegenseitig gaben. Alle zwei entrannen glücklich dem Tode. Später erzählten sie, daß ein Vöglein des öfteren an ihr Fenster geflogen sei und gesungen habe:

»Eßt's nur brav Ehrenpreis und Pimperneil,
dann bleibt's gesund, sterbt's nöt so schnell!«

was sie auch befolgt hätten, und darum seien sie am Leben geblieben.

Als Erinnerung an jene schreckliche Pestzeit, das Volk sagt »der Sterb«, wird in Freyung noch heute jeden Sonntag morgens 8 Uhr geläutet.

Der Tod mit dem Rechen

Auf der Straße Neuburg am Inn-Passau stand vor mehr als hundert Jahren ein Marterl, auf welchem der Tod mit einer Sense und einem Rechen, dem ein Zahn fehlte, abgebildet war. Die Inschrift gab folgende Aufklärung: An dieser Stelle begegnete ein Bauersmann, der von Passau heimkehrte, dem Tod. Der Bauer, zitternd vor Angst und Schrecken, ging mit schlotternden Beinen seines Weges. Der Tod folgte ihm. Nach einer Weile nahm sich der Bauer ein Herz und fragte seinen unheimlichen Begleiter, warum an seinem Rechen ein Zahn fehle. Der Tod antwortete: »Ich habe mich heute in der Gegend umgesehen. In kurzer Zeit komme ich wieder und werde hier Ernte halten. Glücklich derjenige, der beim Zusammenrechen durch die Lücke meines Rechens entkommt!« Darauf verschwand er. Einige Monate später – man schrieb 1634 – kam die Pest ins Land und verheerte die ganze Gegend. Jener Bauersmann war in seinem Heimatdorfe der einzige, der am Leben blieb.

Die Pest in Ruhmannsfelden

Als die Pest in Ruhmannsfelden wütete, wohnte am Ende der damaligen Hofmark in einem niedrigen, hölzernen Häuslein ein Weber. Der ließ in der letzten Zeit wohl gar oft mit seinem Gesellen das Schifflein feiern und gedachte mit bangem Herzen der Zukunft, da er sah, wie man einen Nachbarn um den andern in den Friedhof hinaustrug. Eines Abends saß man beim Weber wieder beim spärlichen Kienspanlichte um den Tisch und las nach ebenso spärlichem Mahle aus dem Leben der Heiligen. Da schlug plötzlich der Geselle mit der Faust auf den Tisch und rief: »Hilft alles nöt! Spirr ma amol d' Pest ei! Probiern ma's!« Der Weber hielt im Lesen inne und schob kopfschüttelnd die Legende weiter in den Tisch hinein. Die Weberin ließ die Nadeln rasten und legte seufzend das Strickzeug in den Schoß, während die zwei Kinder lachend von der Bank sprangen, in die Hände klatschten und schrien: »Sepp (so hieß der Geselle), Sepp, spirr ma s' ei!« Und Sepp nahm auch gleich einen Bohrer, bohrte ein tüchtiges Loch in die Holzwand der Stube, indem er sprach: »Pest, ich will dich bannen!« Dann schlug er einen hölzernen Pfropfen darauf. Merkwürdig, von der

Stunde an nahm die Pest ab und die Leute wurden bald wieder froh und guter Dinge. Nach Jahr und Tag kam das Reisefieber über Sepp, den Webergesellen. Er schnürte sein Ränzlein, sagte dem Weber und den Seinen »Pfüat Gott« und ging in die Welt hinein. Der Weber mußte sich um einen anderen Gesellen umsehen. Das war ein recht neugieriger und leichtfertiger Bursche. Am zweiten Tage schon gewahrte er den Holzpfropfen an der Wand. Als man ihm erklärt hatte, was derselbe bedeute, lachte er und sagte: »Woll'n ma d' Pest wieda auslass'n!« und schlug mit einem Buchenscheit den Pfropfen aus der Wand. Da ging das Sterben von neuem los. Der erste aber, der starb, war der leichtfertige Webergeselle.

Am Pestfriedhof zu Rinchnachmündt

Einmal pflügte ein Knecht den ehemaligen Pestfriedhof von Rinchnachmündt, der längst zu einem Acker umgewandelt war, frisch um. Während dieser Arbeit gingen plötzlich die Ochsen so unruhig, daß sich der Knecht nicht mehr zu helfen wußte. Kein Mensch war zu sehen, der ihm hätte beistehen können, und so fing er denn nach Fuhrmannsart tüchtig zu schelten und zu fluchen an. Zu seinem Erstaunen legte sich sogleich die Störigkeit der Vierfüßler, die wieder ruhig und einträchtig ihren Gang trotteten. Als der Knecht nach Feierabend heimfuhr, fragten ihn einige Nachbarn, die seiner Arbeit von ferne zugesehen hatten, wer denn das Weibsbild gewesen sei, das in altwäldlerischer Tracht ihm die Ochsen geleitet habe. Er aber wußte von nichts. Des andern Tages wiederholte sich die Geschichte: Die Ochsen wurden abermals störrig und der Knecht fluchte wieder, und zwar mit demselben Erfolg wie gestern. Da sah er aufmerksamer nach den Tieren und gewahrte, daß ein blasses, hageres, etwas fremdartig gekleidetes Weib die Tiere führte. Voll Schrecken hielt er sogleich in seiner Arbeit inne und im Nu zerfloß die Gestalt in der Luft.

Weil der Knecht durch sein sündhaftes Schelten und Fluchen die Ruhe der Toten gestört hatte, deshalb mußte eine arme Seele auf die Erde zurück, um Ruhe zu bringen.

Die Pest in der Gegend vom Ayrhof

Auch in der »Hofgegend« hauste die Pest und das »Totenbirkat« wurde für die Gräber und Gruben schier zu klein. Ein Bauernhof, der Schweinberg, war immer noch verschont geblieben. Als man mit dem Dreschen begann, sahen die Leute von der Tenne aus ein kleines, blaues Wölkchen auf den Hof zufliegen und in einer Kluft an der Stadelwand verschwinden. »Dös is d' Pest gwön, dö maou i vanogln«, rief ein Knecht und trieb einen hölzernen Keil in jene Öffnung und siehe, der Schweinberg blieb pestfrei.

Ein Jahr später, als man wieder beim Dreschen war, kam man auf jenes blaue Wölkchen zu sprechen. »Maou i 's wieda auslossn«, sprach der Knecht, der damals die Pest »vernagelt« hatte, riß den Zapfen wieder heraus und ein kleines, blaues Wölkchen schoß aus dem Spalt. Der betreffende Knecht fiel sofort tot um und die Pest nahm nun alles Lebende auf dem Schweinberg mit bis auf ein kleines Kind.

Der Überführer von Haunreut

»Überfahr'n! Überfahr'n!« rief eines Tages – es war während des 30-jährigen Krieges einmal – ein recht unheimlich aussehender Mann beim Überführer von Haunreut vom jenseitigen Ufer des Inns aus zu. Der Überführer holte ihn. Als sie gegen die Mitte des Flusses kamen, wurde der Fremde immer schwerer und schwerer, so daß die Fähre unterzugehen drohte. Da schaute sich der Überführer den Mann genauer an und gewahrte zu seinem Schrecken, daß es der Tod sei. Nachdem sie endlich glücklich am Ufer von Haunreut gelandet, fragte der bisher schweigsame Fahrgast nach seiner Schuldigkeit. »Du bist mir nichts schuldig!« antwortete der Fährmann. Darauf sagte der Tod: »Da ich Dir nichts schuldig bin, bist Du mir auch nichts schuldig. Hättest Du aber etwas verlangt, dann müßtest Du jetzt sterben!« Dann setzte er sich auf einen im Hofe des Überführers stehenden Breinstampf. »So, da darf sich nun niemand mehr hersetzen«, sprach er und ging seines Weges über Marktlberg, Zeilarn usw. Alle Ortschaften, durch die er zog, starben aus.

Als der Tod fort war, setzte der Überführer eine Katze auf den Breinstampf, die sogleich verendete.

Wie die Rott zu ihrem Namen kam

In früheren Jahrhunderten fielen die Ungarn öfters in Bayern ein und raubten und mordeten. Sie kamen auch in das Rottal. Hier taten sich die Einwohner zusammen und stellten sich den Feinden tapfer entgegen. Sie überwanden sie auch, schlugen sie tot und warfen die Leichname in den Fluß. Dieser wurde von dem Blute der getöteten Ungarn ganz rot. Deshalb wurde der Fluß »Rot« genannt. Man schreibt aber nunmehr »Rott«.

Der Büchelstein

Im Vorwalde, nicht weit von Hengersberg entfernt, befand sich in alter Zeit ein Schloß, dessen Bewohner alle durch eine schreckliche Krankheit dahingerafft wurden. Nur ein Fräulein blieb übrig. Statt nun Gott für sein Leben recht dankbar zu sein und fromm und gut zu leben, war es recht hochmütig und hartherzig.

Eines Tages klopfte eine arme Frau an die Schloßpforte und bat um ein Stücklein Brot. Das Schloßfräulein hetzte sie aber mit Hunden von der Schwelle. Da verfluchte die Frau das Schloß und seine Besitzerin. Es ging ein Beben durch die Gegend; Blitze zuckten durch die Luft und dumpfer Donner rollte; ein fürchterlicher Krach war zu vernehmen und – das Schloß und was darinnen war, war in Stein verwandelt. Das ist der heutige Büchelstein.

Die Sage von der Rusel

Auf der Rusel ist das Heim eines Zwerges. Schon viele tausend Jahre hauste er still und mutterseelenallein in seinem unterirdischen Kämmerlein. Mit seinem Hammer hieb er sich viele Gänge aus, die er gleich seiner Wohnung mit lichtem Karfunkel, glitzerndem Golde und blendendem Kristall schmückte. Hin und wieder verließ er seinen feinen Bau und wärmte sich am sonnigen Abhange. Zur selben Zeit kamen auch die ersten Ansiedler in die Gegend. Als nun das Zwerglein wieder einmal sein gewohntes Plätzchen aufsuchen wollte, hörte er zum erstenmale in seinem Leben eine Menschenstimme; ein Hirtenmädchen sang liebe Lieder. Da fiel es ihm schwer aufs Herz; er hockte sich hin und sann lange, wie doch sein Leben bis jetzt so einsam und langweilig war und wie es viel schöner wäre, wenn er auch ein Menschenkind in seinem Schlößlein hätte. Andern Tages putzte und wusch er sich, zog auch sein schönstes Kleid an und schob viel farbige Edelsteine in die Taschen. So zeigte er sich dem Mädchen. Wie dieses das alte, kleine Männchen mit dem langen, weißen Barte sah, graute ihm. Doch der Zwerg redete so lieb mit ihm wie sein Ahnl und er gab ihm auch die glänzenden Edelsteine zur Kurzweil. Da verlor es alle Scheu, ja, nach und nach wurden beide ganz vertraulich miteinander. So spielten sie täglich, bis der Winter herannahte. Nun wollte er ihm auch einmal sein Kämmerlein zeigen. Wohl mußte es sich arg bücken und gar manchmal stieß es sich am Gestein an. Doch es achtete dessen nicht; denn das Flimmern und Leuchten in dieser unterirdischen Herrlichkeit nahm seine Sinne ganz gefangen. »Tändle nur fort bis in die Ewigkeit«, sagte der Zwerg. Das Mädchen ließ sich das nicht zweimal schaffen. Es nahm hier eine Vase, dort eine Schale, jetzt einen Karfunkel, dann eine Goldkugel. Wie im Fluge schwand im Bannkreise des Zwerges die Zeit; ja, es waren schon 10 Jahre vorbei und das Mädchen glaubte, erst ein Stündchen im Erdinnern gewesen zu sein. Da fiel ihr unversehens ein Lilienkranz aus Alabaster zu Boden und von dem Klirren fuhr es auf wie aus einem tiefen Traum. Der Bann war für das Mädchen gebrochen. Noch immer stand vor ihm das Männlein mit dem langen, weißen Bart; denn für Zwerge gibt es weder Zeit noch Wachstum. Das Hirtenmädchen war aber während der 10 Jahre gegen ihn zu einer Riesin herangewachsen; eine liebreizende Jungfrau mit goldenen Locken war aus ihm geworden.

Aber o Schrecken! Der Ausgang war ihm versperrt; es konnte nimmer zum Sonnenlichte kommen. Da weinte es und rief um Hilfe in seiner Verzweiflung und sein Jammern widerhallte im ganzen Zwergenreiche. Aber es half alles nichts! Die Gänge waren zu schmal und zu niedrig. Endlich befreite es aus seiner entsetzlichen Lage der Tod.

Nun kam Leben in den bisher vor Schrecken wie versteinert dastehenden Zwerg. Er meißelte für die verstorbene Jungfrau einen Sarg aus Kristall und schmückte ihn mit Gold und Edelsteinen. Am Fuße des Sarges sitzt und weint er nun in ewigem Schmerze.

So trauert er schon Jahrhunderte lang und seine Tränen sammeln sich in einer Quelle, aus der sie wie ein eiskaltes Brünnlein zutage fließen.

Karl Vaitl

Sage vom Geißberg bei Arnstorf

Im Osten von Arnstorf erhebt sich der Geißberg, ein ziemlich steil ansteigender Höhenrücken. In seinem Fuße schlängelt das Steinbächlein dem Markte zu und bildet ein reizend enges Tal. In diesem Tale steht etwa 5 Minuten von Arnstorf entfernt ein Kirchlein, genannt »Maria Schnee« und daneben ein paar Häuser, die Ortschaft Schlehburg.

Hier heraußen hauste dereinst ein Einsiedler, und weil in Arnstorf noch keine Schulen waren, kamen zu ihm die Kinder des Marktes und lernten da lesen und schreiben. Ihr Schulweg führte sie am Fuße des Geißberges entlang.

Nun ist dieser Geißberg einer jener wundersamen Berge, die im Innern hohl sind und große Schätze von Gold und Edelsteinen enthalten. Diese Reichtümer werden von Erdmännlein bewacht. Alle hundert Jahre tut sich der Berg auf und glückliche Menschen können die Herrlichkeiten beschauen und manche kehrten schon reich beschenkt zurück.

Schlecht aber erging es den Arnstorfer Kindern. Sie wußten um das Geheimnis des Berges und die Buben waren halt auch damals schon frech und vorlaut. Sie schrien immer: »Männlein, komm raus! Männlein komm raus!« Einmal nun tat sich plötzlich der Berg auf. Die Kinder standen wie angewurzelt vor einem großen, weiten Tor. Unter dem Tore stand ein Männlein mit langem, weißem Barte und winkte freundlich, ihm zu folgen. Schüchtern gingen die Kinder dem Zwerglein nach; aber die Helle und der Glanz, die aus dem Innern schimmerten, zogen sie unwiderstehlich an.

Das Männlein öffnete ihnen die vielen Truhen mit den Reichtümern und Schätzen und sie durften einstecken und mitnehmen, was sie wollten. Die Kinder griffen fest zu; aber sie wurden nicht satt; sie fanden immer wieder Schöneres und wurden so gar nicht fertig.

Als sie endlich mit ihrem Reichtum heimwollten, war das Tor schon wieder verschlossen. Seitdem hat man von den Kindern nichts mehr gehört und gesehen. *J. Weiher*

Das Ossafräulein

Auf dem Ossa stand vor urdenklicher Zeit eine stolze Ritterburg. Darinnen hauste lange ein edles Geschlecht, das endlich bis auf zwei Fräulein ausstarb. Das eine der Fräulein war schön und hold, das andere bleich und blind. Die schöne Maid war aber auch stolz und geizig, die blinde hingegen die Herzensgüte selbst. Ihre Eltern hatten ihnen Schätze von unermeßlichem Werte hinterlassen. Eines Tages gingen die beiden Schwestern daran, ihren Reichtum zu teilen. Das schöne Fräulein nahm einen Metzen, füllte ihn bis zum Rande mit Gold und schüttete ihn in ihre Truhe. Dann wendete sie das Maß um, bedeckte mit wenig Goldstücken die äußere Bodenfläche und sagte zur blinden Schwester: »Reiche deine Hand her und fühle, ob dein Metzen voll ist!« So betrog sie die Schwester um den größten Teil ihres väterlichen Erbes.

Die Schwestern sind längst gestorben und von dem Schlosse liegt kein Stein mehr auf dem andern. Doch der Geist der Betrügerin hütet noch heute tief im Berge die Schätze, um die sie die Schwester betrogen. Einem Hirten ist sie eines Tages erschienen. Sie sprach zu ihm: »Komme am Fronleichnamsfeste wieder hieher! Du wirst einen Schatz finden; aber fürchte dich nicht!« Der Hirte kam am Fronleichnamstage an die Stelle und sah dort, wo noch der Brunnen quillt, eine mächtige Kiste, auf der eine riesige Schlange mit einem Schlüssel im Maule lag. Erschrocken ergriff er die Flucht. Da sank der Schatz wieder in die Erde; das Ossafräulein aber wartet immer noch auf seine Erlösung.

Der Pfahl

Durch das Grau der Gneis- und Granitformation des Bayerischen Wald und Böhmerwaldes schiebt sich der auffallende hellfarbige Streifen des Pfahl.

»Als ein ›Naturwunder‹ gilt der Pfahl, ein 140 km langes Quarzriff, das von Schwandorf in schnurgerader Linie bis über Freyung hinaus zur Grenze zieht. Die weiß, rötlich und grau glänzenden Felsenmauern überragen mit ihren Zacken den grünen Wiesenteppich streckenweise um 100 m.«[1] Über die Entstehung des Pfahl geht folgendes Märlein.

Im »Walde« drinnen hausten einst zwei nachbarliche Ritter, der von Bärndorf und der von Kolmburg[2]. Jeder hatte nur ein einziges Kind, der von Bärndorf einen Sohn, der von Kolmburg eine Tochter. Was lag da näher, als der Gedanke, die beiden jungen Leute einmal als Ehegatten zu vereinen und damit die beiden Besitzungen zu einem zu verschmelzen? So verlobte man sie und der Junker war nun täglicher Gast auf der Kolmburg.

Eines Tages blieb er aus. Was mag geschehen sein? War er krank? War er verreist? Nein, da wäre Botschaft eingetroffen.

Der Junker war auf der Jagd gewesen und hatte sich ermüdet auf einem einsamen, schattigen Moosplätzchen unter einen Felsen hingestreckt, um auszuruhen. Da stand auf einmal eine herrliche Frau vor ihm und sprach: »Ich bin die Elfenkönigin! Dort ist mein Schloß!« Der Junker gewahrte im Felsen, an dem er ruhte, ein hohes Tor und durch dasselbe sah er in einen großen, schönen Garten, in dessen Mitte ein prächtiges Schloß stand. Noch hatte er sich nicht von seinem Staunen erholt, so fuhr die schöne Frau fort: »Morgen, wenn die Sonne am höchsten steht, komme wieder hieher, zünde ein Feuerlein an und hebe den Stein, auf dem vorhin Dein Haupt geruht,

---

1 M: Geistbeck / A. Geistbeck, Geographie für höhere Lehranstalten, erster Teil.
2 Kollnburg.

auf. Du wirst ein Eidechslein darunter finden. Das nimm in die Hand und dann klopfe dreimal an den Fels und sprich:

> Königin im Felsgestein,
> Laß mich mit Dir glücklich sein!

Wirf darauf die Eidechse ins Feuer und das Felsentor wird sich öffnen. Tritt dann ein zu mir; wir werden glücklich sein!« Darauf steckte sie ihm noch ein glitzerndes Ringlein an die Hand und verschwand. Der Junker rieb sich die Augen. Wo war die holde Frau? Wo waren Tor und Garten mit dem Schloß? Hatte er geträumt? Aber das Ringlein am Finger! Und der Ritter vergaß die Braut und dachte nur an die schöne Frau im Feenreich. Des anderen Tages stand er lange schon an derselben Stelle wieder, ehe die Sonne am höchsten stand, und sein Feuer prasselte und lohte und endlich hob er den Stein auf und fand das grünglänzende Tierlein, haschte es mit der Rechten und klopfte mit der Linken an die Felswand, indem er rief:

> »Königin im Felsgestein,
> Laß mich mit Dir glücklich sein!«

und dann klopfte er zum zweiten Male und sprach wieder den Spruch. Schon hob er die Faust, um das dritte Mal zu klopfen, da rief es, nein, es schrie, wie nur ein am Leben getroffener Mensch schreien kann: »Gott im Himmel! Mein Berthold …!« Die Kolmburgerin war es. Sie hatte, als der Junker nicht mehr zu ihr kam, voll Sehnsucht sich fast verzehrt, ließ ihr Leibpferd satteln und ritt gen Bärndorf. Auf dem Wege durchs Gehölz sah sie das Feuerlein durch die Baumstämme leuchten und gewahrte bald auch ihren Bräutigam bei seinem seltsamen Tun. Kaum hatte sie den Herrgott um Hilfe gerufen, entstand ein furchtbares Erdbeben und ohrenbetäubender Donner erschütterte die Luft. Das Reich der Zauberin brach zusammen und schmolz im Feuer dahin, insbesonders auch die Echse, die zum Riesenwurm vom Dreisessel bis zum Regen in der oberen Pfalz sich im Todesringen streckte und dehnte. Der Palast der Feenkönigin ragte als formlose, zackige Felsmasse mitten drin empor.

Braut und Bräutigam lagen betäubt am Boden. Die erstere erholte sich rasch wieder und sie mühte sich, den Bräutigam zu wecken. Nachdem auch er die Lider geöffnet, brachte sie ihn auf die Burg ihres Vaters, wo er in ihrer Obhut und Pflege rasch genas. Bald darauf feierten die zwei Hochzeit und lebten froh und zufrieden miteinander viele Jahre.

Der Hirschenstein

In alter Zeit, als es im Bayerischen Walde noch Hirsche gab, wurde einmal einem mächtigen Sechzehnender nachgespürt. Die Jagdhunde stöberten ihn auf und verfolgten ihn. Wie der Wind sprang er durchs Gestrüpp und einen hohen Felsen hinauf, von dem er sich in die Tiefe stürzte. Zerschmettert blieb er unten liegen. Jener Berg, auf dem das geschehen ist, heißt der Hirschenstein.

Der Fischer am Arbersee

Der Fischer klimmt wohl den Arber hinan;
Er klimmt wohl hinauf zum See,
Zum See, umgürtet mit Fels und Tann'
Und kühler als Nordlands Schnee.

Er birgt sich tückisch im Uferrohr
Und wirft die Schnur in die Well';
Bald reißt er ein zappelndes Fischlein empor;
»Ei grüß' dich, du blanker Gesell'!«

Das Fischlein, wo Wunder! tut auf den Mund
Und redet mit schlauem Sinn:
»Erbarmen! es spielt sich so lustig im Grund;
Was bringt dir mein Sterben Gewinn?

Du weißt, es schwimmen viel Fischlein hold
Tief unten – tief angle hinein;
Die prangen mit Schuppen von purem Gold;
Ihr Auge ist Edelgestein.

Die schlafen des Nachts in korall'nem Bett;
Von Perlen erbaut ist ihr Haus;
Wer solch ein Fischlein gefangen hätt',
Der lachte wohl Könige aus.«

»Ha!« sprach der Fischer, »fort, ärmlicher Wicht,
Nur flugs in die Pfütze hinein;
Du sättigst den hungrigen Magen mir nicht;
Mich lüstet's nach Edelgestein.«

Und neiget sich vor und neiget sich sehr,
Will langen bis tief in den Schlund;
Da wird ihm das gierige Herz zu schwer,
Er stürzt – und sinket zu Grund.

Drob freute das listige Fischlein sich fast,
Rief seine Gespielen all';
Die kamen von Nord und von Süd zu Gast –
Sie kamen zum Leichenmahl.

Adalbert Müller

Vum Rachlsee

Vum Rachlsee habts ös gwiß scho gheat. No, bo dem is not recht saba[1], da herst dö bsunderstn Sachan vozei'n. So hoaßt's a, ma kannt 'n nöt dagründn. Amoi hat's do oana probiert; hot a Zein[2] gnumma, hot an Schtoa ön an langa Schtrick obundn un is mittn in d' Mitt vum See einögfahrn. Schö langsam hat a r an Schtoa obölossn. Af omoi, wia r eahm sched da Schtrick is asganga, tuat 's an Schnalla, aß'n[3] schia öns Wossa assögrissn hot, un a Wäbaläd hot a schreia hean: »Gründst du mi, so schlind i di!« Is d' Seejungfa gwen. Do is eahm hoit do d' Schneid asganga un hot gschat, das a as n Wossa[4] assa kimmt. Hot's nimma gwogt!

A n andas Moi hand zwo Hoizoabata[5] hoamganga. Wia s' grad finsta wird, kömman s' zon See hi. Dawei is a Mordswöda afgschtiegn un dö zwo

---

1 Sauber. 3 Daß es ihn. 5 Holzarbeiter.
2 Zille.   4 Daß er aus dem Wasser.

hand nix bössers z'toa gwißt, ais as a sö än a Rana¹ voschloifan. Wias Wöda umi is gwen uns 's Renga afgheat hot ghot, is 's na do scho z'finsta zon hoamgeh gwen, hands ön eahnana Rana liegn bliebn. Da – um dö zwei'ft Schtund – sehng s' grod 's Seefräu(l)n as 'n Wossa steign; 's da(u)at nöt lang, kimmt 's a zon ea hi un sehgt, wia dö zwo d' Köpf assaröckan as eahnan Baam. Oamoi geht's uma drum, zwoamoi, drämoi. Oft bläbt's schteh. »Hm«, moant's un schüttlt an Kopf dazua, »wos is iatzunda dös? Zwo Köpf un koanö Füaß! Da maou² i mei Guckahl³ hoin.« D' Guckahl hamd sö dö zwo nimma z' sehng volangt un hand glofa, wos lafa ham kinna, eahnana Hoamat zua.

Vom kleinen Arbersee

Nahe an der bayerisch-böhmischen Grenze in ziemlicher Nähe des Arbers hausten vor vielen Jahren ein paar Dutzend Waldler in ihrem weltentlegenen Dörflein schlecht und recht, wie sie es von Väterzeiten gewohnt waren. Schlecht, weil sie nur Erdäpfel und Ziegenmilch, selten ein Stück Fleisch (nur dann und wann hatten sie Hasenbraten oder einen Rehschlegel in der »Rein«) zu kosten hatten; recht, weil sie jahraus, jahrein nichts anderes als harte Arbeit kannten und nur dicke Schwielen an den Händen fühlten; aber nie murrten, sondern immer mit ihrem Lose zufrieden waren. Sonntags gingen sie in ihre Kirche und beteten zu ihrem Herrgott, aßen dieselbe Speise, die sie werktags hatten. Das Wirtshaussitzen kannten sie nicht, dafür flickten sie ihre zerrissenen Wämser und Hosen, besserten die schadhaft gewordenen Werkzeuge aus und sangen ihre alten Weisen oder erzählten sich wieder und immer wieder ihre Sagen und Geschichten. Ihr betagter Pfarrer lebte wie sie, ja, hungerte wie sie. Er starb. Nun kam an seine Stelle ein jüngerer Mann. »Ausmisten! Ausmisten!« war sein Wahlspruch. Er wußte nicht, daß es leichter geht, wenn einer sich nach vielen richten soll, als daß viele sich nach einem richten und statt schließlich langsam in seiner Seelsorge ändernd einzugreifen, ging er rips, raps darauf los. Doch gewöhnten sich die braven Waldler bald in dieses Neue, bald in jenes; aber daß sie von Zeit zu Zeit Haus und Herd auf zwei oder gar drei Tage verlassen sollten, um einmal nach Neukirchen hl. Blut, ein andermal nach Regen, ein drittes

---

1 Hohler, umgestürzter Baum.   2 Muß.   3 Großmutter.

Mal ins Böhmische hinüber zu wallfahren, das ging ihnen nicht ein. Sie setzten sich in den Kopf, hier fest zu bleiben und es beim Alten zu lassen, d.h. wenn der Pfarrer wallfahren gehen will, ihn allein reisen zu lassen.

So ward an Maria Himmelfahrt (15. August) die erste Wallfahrt nach Neukirchen hl. Blut angesetzt ... Morgen sollte es bei Tagesgrauen dahingehen. Der Pfarrer stand mit den Ministranten und dem Mesner bereits in der Kirche und wartete der säumigen Begleiter. Da erhob sich plötzlich ein Sturmwind, wie man ihn noch nie erlebt hatte. Das pfiff und heulte und zischte und krachte und rollte, als ob das Ende der Welt nahe sei. Zwei volle Stunden dauerte das Unwetter. Da verging auch dem Pfarrer die Lust zu wallfahren ...

Ein paar unserer Waldler hatten sich nämlich bereits Vortags zum kleinen Arbersee, dem Ursprung des weißen Regen, geschlichen und hatten Stein auf Stein in denselben geschleudert; denn schon ihre Großmütter hatten erzählt, daß es jedesmal ein gräßliches Ungewitter gebe, wenn man Steine in den kleinen Arbersee wirft.

Die Entstehung des Lusen und seiner Steinkappe

Im Bayerischen Walde wie im Böhmerwalde lebten einstmals Riesen. Auf dem Reichenstein in Böhmen hatte einer derselben ein gar starkes und prächtiges Schloß. Er besaß aber auch ein reizendes Töchterlein. (Ich weiß nicht, ob man bei Riesentöchtern die Verkleinerungssilbe anwenden darf!) Dasselbe ging nun einmal in den Waldungen seines Vaters spazieren. Mit Unwillen gewahrte es die vielen Steinblöcke und Felstrümmer, welche ganze Flächen bedeckten und es auf seinem Gange hinderten. Rasch entschlossen hob es seine Schürze auf und fing an, einen ganzen Berg von Felsstücken einzulesen. Es wollte dieselben aus dem Reiche seines Vaters fort und in das benachbarte Bayern tragen. Auf dem Wege rissen ihm aber die Schurzbänder und die Steine kollerten zu Boden. Das geschah hart über der Grenze bereits auf bayerischem Gebiete. Die Riesenmaid wollte die Schurzbänder wieder zusammenbinden; nun aber waren sie leider zu kurz und so mußte sie die Steine liegen lassen. »Was schadet es auch?« sprach sie. »Der Steinhaufen gibt gerade eine schöne Grenzmark.« Daraus ward der Lusen.

Als die Riesentochter heiratete, erbaute ihr der Vater auf dem Gipfel des Lusen eine hohe Burg und gab ihr zum Geleite einen Schutzgeist mit, der seine Behausung in einer Höhle des Berges aufschlug. Die Riesentochter lebte mit ihrem Gemahl in Saus und Braus und ihr größtes Vergnügen war, nach Menschenkindern zu jagen und sie bei ihren wilden, ausgelassenen Gelagen grausam zu Tode zu martern. Oft erschien ihr der Schutzgeist und warnte sie, allein vergebens. Sie trieb es immer toller. Einmal gab sie wieder ein Festgelage. Um sich und ihre Gäste zu ergötzen, hatte sie ein Dutzend Menschen einfangen lassen, die sie unter dem tosenden, rohen Gelächter der Anwesenden peitschen ließ, bis sie ihr Leben aushauchten. Da ertönte plötzlich ein furchtbarer Donner; das Schloß erzitterte in seinen Grundfesten und stürzte mit schrecklichem Krachen in sich zusammen, alles begrabend. Mit zornsprühenden Augen erschien der Schutzgeist auf dem Trümmerfelde und verfluchte die Stätte, die noch heute öde und unfruchtbar ist.

Wie der Dreisesselstein seine Form erhielt

In der Nähe des Dreisesselberges stand einst eine große Stadt. Dahin kamen drei Jungfrauen und verwünschten sie, so daß sie mit all ihren Bewohnern spurlos in Grund und Boden versank. Zur Strafe wurden die Jungfrauen auf den Dreisesselstein verbannt, wo sie solange sitzen bleiben mußten, bis die Felsen die Form dreier Sesseln hatten. Dann kamen drei Prinzen, einer aus Böhmen, einer aus Bayern und einer aus Österreich und erlösten sie.

Die drei Jungfrauen im Plöckensteinsee

Die Prinzen gingen einmal auf die Suche nach Ländern. Da kamen sie an den Dreisesselfelsen und als sie ringsum die herrlichen Wälder und saftigen Wiesen sahen, gefiel es ihnen so, daß sie beschlossen, hier zu bleiben. Sie nahmen auf dem Dreisessel Platz und teilten das Land unter sich. Der eine nahm Bayern, der andere Böhmen, der dritte Österreich. Aber sie hatten keine Kronen und ohne Kronen wollten sie nicht Herrscher sein. Ratlos standen sie auf dem hohen Berge.

Da flogen drei Prinzessinnen herbei, die wegen ihrer Häßlichkeit hieher verbannt worden waren. Sie trugen weiße Samtkleider und Hermelinschürzen. In der Schürze barg jede eine Krone. Da freuten sich die Prinzen und versprachen den Jungfrauen, sie sollten ihre Königinnen werden, wenn sie ihnen die Kronen gäben. Freudig gaben sie die Kronen hin; aber die Prinzen hielten nicht Wort. Sie machten die Jungfrauen nicht zu ihren Königinnen, sondern verwünschten sie in den Plöckensteinsee, worauf sie mit ihren Kronen in ihre Länder zogen.

Die Jungfrauen warten im Plöckensteinsee noch immer auf Erlösung und kommen in jeder Dreikönigsnacht an den Dreisessel und klagen um ihre verlorenen Kronen.

Der Zaubersee am Dreisesselberge

Die Könige von Bayern, Böhmen und Österreich, Nachfolger jener Prinzen, von denen wir vorhin gehört haben, kamen einmal auf dem Dreisesselberge zusammen, um die Grenzstreitigkeiten zu schlichten. Da, wo ihre Länder zusammenstoßen, erheben sich die drei Sesseln aus Stein und hier nahmen die Könige Platz. Während sie sich nun berieten, fischten ihre Leute im nahen Zaubersee. Am Abend wollte man die gefangenen Fische braten. Diese aber wurden in der heißen Pfanne wieder lebendig und sprangen lustig darin umher und aus dem wogenden See rief eine greuliche Stimme: »Es sind nicht alle zu Hause!« Da warfen die Leute die Fische wieder in das Wasser und liefen voll Angst davon. Darauf glättete sich der Spiegel des Sees wieder und es herrschte Ruhe wie vorher.

Die güldnen Schneereiflein

Vom Dreisesselberge im unteren Bayerwalde ist bekannt, daß auf seiner Spitze drei sesselartige Vertiefungen in die Felsen eingehauen sind. Der Sage nach sollen hier in alter Zeit die Herren von Böheim, Bayern und Österreich Zusammenkünfte gehalten und sich besprochen haben, jeder in seinem Lande sitzend. Weiter wird erzählt, daß dazumal in den Burgen Wolfstein, Hauzenberg und Riedl drei wunderholde Fräulein lebten. Um diese warben drei junge Edelleute aus dem Gefolge der Fürsten, ein Bayer, ein Österreicher und ein Böhme. Aber die Fräulein waren ebenso hoffärtig als liebreizend und ihr Sinn stand nach gräflichen oder wohl gar fürstlichen Freiern, weshalb ihnen die schlichten Ritter nicht gelegen kamen. Um diese abzuschrecken, setzten sie den Preis ihrer Schönheit über die Maßen hoch hinauf und stellten den Jünglingen schier unerfüllbare Bedingnisse. Gleichwohl nahmen die Ritter die harten Satzungen an; denn der Liebe däucht keine Aufgabe zu schwer. Sie empfingen nun aus den Händen der Fräulein jeder ein güldenes Fingerreiflein. Damit sollten sie sich, wenn sie ihre Abenteuer glücklich durchgekämpft, von heute an über's Jahr, am Abende vor dem Dreikönigsfeste, gemeinsam auf dem Dreisesselberge einfinden. In der Mitternachtsstunde würden sodann auf den Warten der drei Burgen Freudenfeuer auflodern, zum Zeichen, daß man der Bräutigame in Jubel harre. Die Ritter zogen nun in den Gauen herum, bestanden manchen harten Strauß, kämpften mit Riesen und Drachen und nachdem sie alles, was ihnen geboten war, pünktlich vollführt, arbeiteten sie sich an dem bestimmten Tage mühsam durch den tiefen Schnee zum Dreisesselberge hinan, um auf dem Gipfel desselben die versprochenen Zeichen abzuwarten. Eine Ewigkeit schien ihnen die Zeit bis zur Mitternacht. Diese kam endlich und verrann – aber nirgends brannten die Feuer.

Die Ritter vermerkten jetzt – zu spät – daß sie geäfft seien und voll Unmutes zogen sie die Ringe von den Fingern und warfen sie, jeder nach einer anderen Himmelsgegend in die mit Schnee erfüllten Abgründe. Darauf zogen sie von dannen auf Nimmerwiederkommen.

Die stolzen Dirnen aber führte kein Freier zum Altäre. Sie welkten dahin in den freudenleeren Mauern ihrer Schlösser und sanken in's Grab, ohne auch dort Ruhe zu finden; denn alljährlich in der Dreikönigsnacht sieht man sie die Kuppe des Dreisesselberges umirren, vergeblich die klafterhohe Schneedecke nach ihren Ringen durchwühlend. *Adalbert Müller*

Das Kind im Dreisesselberg

Eine Frau ging eines Tages mit ihrem fünfjährigen Mädchen auf den Dreisesselberg, um für ihre Kuh und die beiden Ziegen Futter zu holen. Bei den aufragenden Felsen am Gipfel des Berges fand sie eine Öffnung im Gestein. Sie schlüpfte mit dem Kinde hinein und kam durch einen langen, hohen

Gang in einen prächtigen Saal, in dem riesige Haufen von Gold und Silber aufgestapelt lagen. Die Frau raffte von den Kostbarkeiten zusammen, was sie nur tragen konnte, und brachte es ins Freie. Als sie darauf auch ihr Kind holen wollte, fand sie den Eingang nicht mehr.

Ein Jahr später war sie an derselben Stelle mit Streurechen beschäftigt. Wieder sah sie sich dabei nach dem Eingang zu jenem unterirdischen Saale um. Wie oft wohl schon bis dahin! Auf einmal gewahrte sie hinter Dorngestrüpp die langgesuchte Öffnung. Sie machte den Zugang frei, ging abermals durch den hohen Gang und sah mitten im Saale ihr Kind auf einem Teppich sitzen und spielen. Hochbeglückt nahm sie es auf ihren Arm und führte es nach Hause. Das Mädchen erzählte ihr, daß jeden Tag drei schöne Frauen zu ihm in den glänzenden Saal gekommen seien, ihm zu essen und zu trinken gebracht und mit ihm gespielt hätten, auch hätten sie ihm drei Sammetkleidchen gebracht, ein rotes, ein blaues und ein goldfarbenes.

Der Schneiderstein

Im Schachert, einem Walde bei Germannsdorf im Bezirksamte Wegscheid, ist hart am Wege ein Stein, in welchem zwei Scheren eingehauen sind. Er heißt der Schneiderstein. An dieser Stelle erstachen sich zwei Schneider mit ihren Scheren eines schönes Bauernmädchens wegen. Nächtliche Wanderer wollen hier zwei glühende Scheren gesehen haben.

Die hölzerne Hand

Im Greisinger Hochwald verirrte sich einmal ein Mann. Nachdem er gelobt, alljährlich zum »Hirmo« bei Bischofsmais zu wallfahren, wenn er den rechten Weg wieder finde, kam plötzlich ein Weiblein aus dem Gebüsch und zeigte mit der rechten Hand nach der Richtung, die er einzuschlagen hatte. Zum Andenken daran ließ er an der Stelle eine Säule errichten und eine hölzerne Hand daran anbringen.

Die Streit

Ein Priester, der die Wegzehrung zu einem Kranken trug, traf in der Nähe von Achslach zwei Ziegenböcke, die sich gegenseitig heftig bekämpften und mit den Hörnern aufeinanderstießen, daß diese nur so krachten. Der Priester blieb stehen und rügte mit milden Worten die Unverträglichkeit. Da fing eines der Tiere zu sprechen an und erzählte ihm, daß sie ehemals zwei Nachbarn gewesen seien, die stets in Unfrieden gelebt hätten und als Feinde gestorben seien. Nun müßten sie in der Ewigkeit dafür büßen und in dieser Gegend, in der sie einst lebten, sich Tag für Tag als Ziegenböcke abraufen. Ihre Strafe ende erst, wenn ein frommer Mensch sie »bespreche«. Der Priester sprach darauf eine Beschwörungsformel über die Tiere, worauf diese mit einem freudigen Meckern verschwanden. Der Ort, an dem dies geschah, wird »die Streit« genannt.

Die Höllmühle bei Hebertsfelden

Unterhalb Hebertsfelden steht eine kleine, unscheinbare Mühle, die den Namen Höllmühle führt. Man sagt, sie stehe direkt über der Hölle und das sei auch der Grund, warum noch kein Besitzer lange in ihr gewirtschaftet habe. Im Verlaufe von 15 Jahren folgten 12 Eigentümer aufeinander. Der von der Höllmühle über einen fruchtbaren Hügelzug nach Hebertsfelden ziehende Gangsteig heißt Himmelsstiege.

Die Streit und der Friedbach bei March

Am Jakobitag 1742 rückte der Pandurenoberst Trenk mit seinen gefürchteten Truppen im Markte Regen ein. Schon am folgenden Tage kamen ein paar Dutzend seiner Leute nach March und verlangten Lebensmittel. Sie wollten sich aber mit dem, was ihnen angeboten wurde, nicht begnügen und schickten sich an, das Dorf zu plündern. Den mutigen Ortsbewohnern gelang es jedoch, sie davon abzuhalten und aus March zu verdrängen. Aber auf einem freien Platze vor dem Dorfe kam es noch einmal zum Streit. Doch die Panduren sahen ein, daß sie in der Minderzahl waren, und gingen einen friedlichen Ausgleich ein. Der Platz, an dem der Streit stattfand, heißt heute noch Streit und der Bach in der Nähe, an den sich die Panduren zurückzogen und von dem aus sie dann ihre friedlichen Anträge machten, wird seither Friedbach genannt.

Ayrhof

Ayrhof ist ein Weiler im Bezirksamte Viechtach, bestehend aus einem Schulhause, einem hübschen Kirchlein und einem ansehnlichen Bauernhofe, mit dem eine Gastwirtschaft verbunden ist. Von dem Hofe führt die Ortschaft ihren Namen. Früher stand er als Einöde inmitten reicher Waldungen. Er wurde zur Pestzeit um ein Ei verkauft, daher der Name.

Dommelstadel

Dommelstadel soll ehedem Tummelstadel geheißen und seinen Namen von einem ehemaligen Tummelplatz, einer Reitschule, mit großem Stadel zur Unterbringung der Säule und des notwendigen Futters haben, der unter dem Grafen von Salm (1525 bis 1654) hier errichtet wurde und aus dem sich alsbald ein Dorf mit Kirche und Gasthaus entwickelte.

Eglsee

Wo heute sich die Kolonie Eglsee befindet, war früher ein weiter, tiefer See, der inmitten eines herrlichen Waldes lag. Im Laufe der Zeit ist dieser See immer mehr ausgetrocknet und versiegt, bis schließlich der jetzt noch vorhandene kleine Weiher übrig blieb. Den See soll eine auffallend große Menge Egeln bewohnt haben, daher der Name Eglsee, der sich dann auf die später hier entstandene Ortschaft übertrug.

Gaisbruck

Ein Baumeister sollte im Passauerland einst eine Brücke über die Ohe bauen. Da er aber gerade auch anderweitig viel zu tun hatte, hätte er die Brücke zur bestimmten Zeit nicht fertig bringen können. Darum verschrieb er sich dem Teufel. Der verlangte aber für seine Hilfe das erste lebende Wesen, das über die fertige Brücke ginge. Als die Brücke vollendet war, jagte der schlaue Baumeister eine Geiß über dieselbe, die der Teufel wütend in Stücke riß.

Der Weiler Gaisbruck ist so zu seinem Namen gekommen.

Vilssattling

Als Ludwig der Bayer nach hartnäckigem Kampfe Friedrich den Schönen von Österreich besiegt hatte, brach er noch in derselben Nacht auf und zog gen Regensburg, wo er dann andern Tages mit seinen Gefangenen einen feierlichen Einzug hielt. Bei Gerzen führte ihn der Weg durch ein Wäldchen. In demselben stürzte sein Pferd, so daß seine Begleiter ihm zu Hilfe eilen mußten. Einer derselben meinte, hier wäre wohl der geeignetste Platz, an dem man aus Dankbarkeit für den gewonnenen Sieg und zugleich des so glücklich verlaufenen Sturzes zu Ehren Mariens ein Kirchlein erbauen könnte. Ludwig war einverstanden und opferte sofort sein Leibpferd samt dem kostbaren Sattel und Zaumzeug zur neuen Kapelle, die deshalb den Namen Sattling erhielt. Mit der Zeit siedelten sich in der Gegend Leute an und es entstand nahe an der Vils das Dorf Vilssattling.

Der Name Oberspechtrain

Zur Zeit der Römerherrschaft in Süddeutschland war auch der Höhenzug zwischen Isar und Vils von Römern bevölkert. Sie bauten sogar auf der Höhe dieses Hügelrückens eine Straße, die jedoch heute nicht mehr erkenntlich ist. An besonders aussichtsreichen Punkten errichteten sie Aussichtstürme, so auch auf dem Gipfel, auf dem heute Oberspechtrain liegt. Dieser Turm diente dazu, um in die Isar- und Vilsebene hinauszuspähen. Er war also ein Spähturm auf einem Raine. Daher kam dann der Name »Spechtrain«.

Nach anderer Auffassung hängte der Name Oberspechtrain zusammen mit Specht. In den um die Ortschaft liegenden Wäldern gibt es tatsächlich viele Spechte, besonders Grünspechte. Der Ortsname würde also besagen: »Der an einem Raine (Abhange) liegende Ort, an dem es viele Spechte gibt.«
H. Stocker

Welchenberg

Es war einmal ein Ritter, welcher sich im Vorwalde nach einem geeigneten Ort für seine Burg, die er zu bauen gesonnen war, umsah. Lange, lange quälte ihn die Frage: »Wohin setze ich mein Heim? Auf welchen Berg? Auf welchen Berg?« Und wie ein Echo klang es oft von den Lippen seiner Freunde und Trinkkumpane spottend nach: »Auf welchen Berg?« Als er endlich eins mit sich war und gerade zwischen Metten und Bogen ein prächtiges Plätzchen auf einem versteckten Bergkegel ersah, fing er sogleich zu bauen an und als die Burg fertig war, erinnerten ihn seine Freunde an sein Suchen und Umfragen und nannten die Burg boshaft »Welchenberg«.

Patersdorf und Fratersdorf

Mönche aus Niederalteich flüchteten in Kriegsnöten einmal tief in den Bayerischen Wald hinein und ließen sich an einem Seitenbächlein der Teisnach nieder. Die aus dieser Niederlassung entstandene Ortschaft wurde nach ihnen Patersdorf genannt.

Den mitgezogenen Fratres wurde zur Aufgabe gemacht, den Wald in der Umgebung auszuroden und sie machten sich daher in einiger Entfernung seßhaft und gaben dadurch der Ortschaft Fratersdorf ihren Namen.

Fürstenstein und Engiburg

Die beiden Schlösser Fürstenstein und Engiburg wurden nach dem Glauben des Volkes von zwei Riesen erbaut, die sich dabei eines gewaltigen Hammers bedienten, den sie sich immer gegenseitig zuwarfen.

Die Ritter von Lichtenegg und Hohenbogen

Die Ritter von Lichtenegg und Hohenbogen lagen viele Jahre miteinander in Fehde. Endlich schien der Lichtenegger des Haders müde zu sein und lud den Hohenbogener mit seinen Söhnen zu einem Versöhnungsfeste auf seine Burg. Aller Streit schien wirklich vergessen und die Gäste sprachen den Speisen und Getränken wacker zu. Als die Becher gerade am fröhlichsten klangen, führte der Ritter von Lichtenegg seine Nachbarn an das Fenster und zeigte ihnen schadenfroh ihre brennende Burg. Er hatte sie in Abwesenheit der Herren von seinen Leuten überfallen und in Brand stecken lassen. Nachdem er sich an dem Schrecken seiner Feinde geweidet hatte, ließ er sie ins Burgverlies werfen.

Der Gotzerhof bei Engiburg

Ritter Puchberg auf Engiburg war ein leidenschaftlicher Jäger und ein unerbittlicher Feind der Wilddiebe, die er mit barbarischer Strenge bestrafte. Als er einst wieder jagend durch den Forst streifte, sah er im Dickicht einen Mann auf einem Baumstrunk sitzen, der auf Wild zu lauern schien. Ohne sich lange zu besinnen, stürzte er auf ihn los und schlug ihn mit einem fürchterlichen Hiebe zu Boden. Da ertönte in der Nähe ein entsetzliches Jammergeschrei und ein Mädchen stürzte wie wahnsinnig auf den Toten, dessen Blut das Moos des Waldes färbte. Es war die Tochter des Erschlagenen. Sie war mit ihrem armen, blinden Vater in den Wald gegangen, um Holz zu sammeln. Wilhelm von Puchberg geriet fast in Verzweiflung über seine unselige Tat und suchte sie dadurch einigermaßen zu sühnen, daß er der armen Waise das Stück Land, auf dem ihr Vater einen so schrecklichen Tod gefunden, schenkte. Er ließ ihr dort auch ein Haus erbauen, das zum ewigen Andenken an ihren lieben Vater Gotthard das Gotthardhaus oder der Gotthardhof genannt wurde. Das Volk benennt ihn Gotzerhof.

Vom Drachselsrieder Schloß und dem Schatz in Gnögei

Im alten Schloß Drachselsried lebte zu Anfang des 17. Jahrhunderts ein gar mächtiger und reicher Herr, der aber seine armen Untergebenen bedrückte, wo er nur konnte. Alles fürchtete ihn, niemand liebte ihn und so kam es, daß schier kein Tag verging, an dem er nicht von mindestens einem seiner Leute verwünscht und verflucht worden wäre. Als der unheilvolle 30-jährige Krieg ausbrach und die Feinde schließlich auch in die entlegensten Winkel des Bayerischen Waldes kamen, flohen die ohnehin schon so gequälten Bewohner von Drachselsried und erzählten den Schweden von dem Reichtum ihres Bedrückers. Der aber hatte all sein Gold und Silber in mächtigen Truhen und Kisten im nahen Gnögei, einem Teil der Höhenzüge der Frath, verborgen. Die Feinde erschienen, durchstöberten das Schloß vom Dachboden bis zum Keller, fanden aber nur geringe Beute. Sie verlangten nach dem Orte geführt zu werden, wo die Schätze vergraben seien. Der Schloßherr jedoch beteuerte, nichts weiter zu besitzen. Da marterten sie ihn entsetzlich und gaben ihm den Schwedentrunk, so daß er elend starb. Im Tode hat er nun keine Ruhe und spukt heute noch in den Räumen seines ehemaligen Besitztums. Der Schatz liegt noch im Gnögei vergraben und keinem gelang es bisher, ihn zu heben; denn der Teufel selber bewacht ihn.

Die Erscheinung bei der Ruine Dießenstein

Ein Handwerksmann aus der Donaugegend hatte einmal um Preying zu tun und trat noch am Abend desselben Tages den Heimweg an. Nachdem er einige Stunden einsam dahingewandert war, ohne an ein Haus zu kommen, merkte er, daß er sich verirrt habe. Um Mitternacht endlich gewahrte er ein Licht. Freudig eilte er darauf zu. Er glaubte, eine menschliche Wohnung zu finden; aber wie erstaunte er und wie erschrak er zugleich, als er zu dem Lichtlein kam! Vor ihm saß auf grauem Mauergestein eine wunderholde Jungfrau. Die Jungfrau stieg lächelnd von ihrem Sitze – es war die Schloßmauer zu Dießenstein – herab und klopfte mit einem Stabe auf den Boden. Die Erde tat sich auf und ein Schatz von Gold und Edelsteinen wurde sichtbar. Die Jungfrau stieg einige Stufen in die offene Gruft, die sich aufgetan, hinab und winkte dem Manne, ihr zu folgen. Dieser aber blieb wie gebannt auf seinem Platze stehen.

Nachdem er sich von seinem Schrecken einigermaßen erholt hatte, floh er. Traurig sah ihm die Jungfrau nach, ihm beständig winkend. Plötzlich entstand ein unterirdisches Rollen, dann herrschte geheimnisvolle Ruhe wie vorher und der Spuk, Schatz und Jungfrau, war verschwunden.

Ritter Tuschei von Söldenau

Ritter Tuschei von Söldenau war lange, lange Junggeselle geblieben. Endlich aber, als die Haare sich zu verfärben begannen, entschloß er sich noch, auch in das Joch der Ehe zu kriechen. Er freite »das blonde Röslein«, als die Schönste weitum im Land bekannt. Was er ihr an den Augen absehen konnte, tat er, verschaffte er. Und so oft er ausritt, immer kam er heim mit einem Stück Goldgeschmeide oder mit Spitzen und Brokat. Dafür tat sie ihm aber auch so schön, strich ihm die Wangen und kratzte ihm das Kinn.

Wenn er, wie es im Jahr etliche Male eintraf, auf eine Burg der Nachbarschaft geladen war, sei es zu lustigem Trunk und Spiel, sei es zu frischfröhlicher Jagd, so gab es nicht selten Necken und Spott, wobei Tuscheis Alter und Röschens Jugend und Schönheit die Rolle spielten. Unser Tuschei zog allemal die Brauen hoch und schwor Bein und Stein auf Röschens Treue.

Nach Jahr und Tag zog er wieder einmal auf Fehde. In der Burg zu Söldenau ward es öd und still. Es blieb ja nur die Herrin und ihr Page mit etlichen Dienstleuten zurück und die erstere weinte beim Auszug der Reiter bitterlich; sollten doch Wochen vergehen, bis ihr Gemahl wieder heimkehren konnte. Als dann nach Umfluß dieser Wochen der Ritter in Siegerstimmung und beutebeladen wieder ins Schloß einritt, wartete er vergebens auf den Willkommensgruß der Liebsten. Dafür schlürfte die alte Kammerfrau den Gang entlang und schluchzte: »Herr! Euer – Röschen – findet – ihr – nimmer. Es ist – verschwunden!« Da warf Tuschei die Wehr von sich und eilte durch die Gänge, stieg auf den Speicher hinauf und in den Keller hinunter. An jedem Gelasse pochte er und hundertmal rief er: »Röschen! Mein Röschen!« Umsonst. Nun befahl er der Kammerfrau, den Pagen, dessen Obhut die Schloßherrin anvertraut war, zu holen. »Ach Herr«, wimmerte die Alte, »auch der Page scheint gestohlen zu sein. Er findet sich nirgends im Schloß und die Wäsche der Herrin und ihr ganzer Schmuck und was noch – ich weiß es nicht, ist auch verschwunden!« Erst war Tuschei fassungslos; dann machte er sich auf, Röschen zu suchen. Drei Jahre lang zog er in schlichter Pilgergewandung die Donau entlang und die Gefilde des Rheingaues hindurch, stieg auf die Berge und in die Täler, frug in allen Dörfern und Städten, in Burgen und Klöstern. Schließlich führte ihn der Weg auch ins Welschland hinunter. Dort, in einem abgelegenen Dörflein, machte er halt und wo über der Tür das Zeichen Meister Knieriems hing, wollte er zukehren, um die zerrissenen Stiefel ausbessern zu lassen. Und der Meister – Tuschei! Tuschei! erkennst Du ihn? – war der verschwundene Page. Und – ist Frau Meisterin, die drinnen in der dumpfen Stube den Jungen ätzt, nicht das blonde Röschen? Hör' Tuschei, wie sie den kleinen Schreihals beschwichtigt:

»Herzchen Schweiz – susu, lulu!
Tuschei kommt und frißt Dich im Nu!«

Da kehrt Tuschei auf der Schwelle um und ein paar Tränen rollen ihm über den Bart. Es hat ihn noch niemand erkannt.

Er trabt wieder zurück über die Alpen gen Söldenau, wo er noch einige Jahre sein Ritterleben weiterführte, d. i. fleißig trank und jagte, focht und fluchte. Eines Tages aber klopfte er im Chorherrenstift zu Vilshofen an und trat als Mönch ins Kloster ein, dem er sein Hab und Gut vermachte.

Auf einer Marmorplatte ließ er folgenden Spruch meißeln:

»Wenn zwo hundt' Ain bain benagen,
Sie sich niemaln guet vertragen,
Item zwo gams auf Ainem stain:
Ich der Tuschei – bleib' allain.«

Dieser Spruch ist heute noch in Vilshofen zu lesen.

Nach Adalbert Müller

Die Romanze vom Schwammerling

Jüngst stieg ich in den Wald hinan,
Es war am Maienfeste;
Ich hatt' ein neues Beinkleid an
Und meine seid'ne Weste:
Und an dem Pfade, wo ich ging,
Da wuchs ein schöner Schwammerling
Gestaltet wie ein Herze.

Da dacht' ich an mein Liebchen, ach!
Und an ihr treues Herze;
Sie ist jetzt weit von hinnen, ach!
Zu meinem bittern Schmerze –
Drei Stunden unter Dingolfing.
O Schwammerling, o Schwammerling,
Du machst mir schwer das Herze!

Ich hatt' die Pfeife in der Hand
Und sie vor sich den Teller,
Als ich die Liebe ihr gestand
Draußen im Mutzbräukeller
Und dann sie zärtelich umfing.
O Schwammerling, o Schwammerling,
Du machst mir schwer das Herze!

Drauf holte ich sie jedesmal
Des Sonntags um halb Viere;
Ich trug am Arme ihren Shawl,
Sie zahlte mir das Biere:
Was war die Lor' ein gutes Ding –
O Schwammerling, o Schwammerling,
Du machst mir schwer das Herze!

Adalbert Müller

Die Braut von Fürstenstein

»Wohin, wie die Windsbraut, mein edler Herr!
Wohin im Hochzeitsgewand?
Es blutet der Sporn, es schäumt die Mähr' –
Es glüht unterm Hufe der Sand.«

So sprach zum Junker von Falkenau
Ein Frauenbild wohlgetan;
Die Fremde saß früh im Morgengrau
Am Hochgerichte und spann.

»Ich reite fürbaß gen Fürstenstein,
Zum Schlosse wohl stattlich erbaut;
Die Fahrt ist eilig, es wartet mein
Mit Sehnsucht die herzliebe Braut.«

»Ach, guter Ritter! Jetzt ist nicht Einst –
Aus Rosen weht Leichenduft;
Die Du ins Brautbett zu führen meinst
Sie schlummert in modriger Gruft.«

»Ha, Natter! Den Stich bezahlst Du zur Stund;
Nicht straflos sagst Du mir Spott:
Erst gestern küßt' ich Süßliebchens Mund,
So warm und so purpurrot.«

Er riefs und zuckte das scharfe Schwert,
Und hieb mit Zornesgewalt –
Doch spurlos, wie duftige Nebel durchfährt
Das Erz die Frauengestalt.

Da bäumt sich der Rappe vor Geisternäh'
Und stürzt mit dem Reiter talab;
Dem Armen wird es ums Herz so weh:
»Ach Liebchen! so lägst Du im Grab?«

Es flattert im Winde sein blondes Haar,
Sein Busen atmet mit Not;
Er klagt und seufzet wohl immerdar:
»O weh mir! ist's Liebchen tot.«

Und als die Sonne zur Rüste ging,
Beschien sie des Fürstensteins Turm;
Vom Giebel ein Fähnlein hing,
Drin sauste gar traurig der Sturm.

Die Sterbeglocke klang dumpf ans Ohr,
Sie klang sonder Unterlaß –
Drauf sprengte ein Rappe herein zum Tor –
Im Sattel kein Reiter saß.

Adalbert Müller

Das Schloß auf dem Luitberge

Auf der westlichen Seite des Luitberges stand einst die Stammburg der Edlen von Warzin. Von dem letzten Besitzer der Burg erzählt das Volk, daß er ein harter, ja grausamer Herr gewesen sei, der die vorüberreisenden Kaufleute ausplünderte und seine unermeßlichen Schätze in unterirdischen Gängen aufbewahrte. Er nahm auf der Jagd ein trauriges Ende; sein Geist aber irrte noch lange umher; besonders zeigte er sich in den Spätherbstnächten, der Zeit, zu der er seine Raubzüge ausgeübt.

An einem solch trüben Herbstabend kam einmal ein österreichischer Rittersmann in die verlassene Burg gesprengt, um dort Unterkunft für die Nacht zu suchen. Er wartete im Schloßhof auf den Burgwart, der ihn zum Burgherrn führen sollte. Es blieb jedoch alles totenstill. Plötzlich leuchteten einige Fenster hell auf und in einem derselben zeigte sich die Gestalt eines Greises, der dem Ritter winkte. Dieser sprang vom Pferde, band die Zügel an einen nahen Pfahl und begab sich nach dem Saale, wo er zu seinem Erstaunen den Burgherrn ganz allein fand. Zwischen beiden entspann sich bald ein eifriges Gespräch. Als aber der Gast von den Kaufleuten erzählte, die ihm begegnet seien, da fingen die Augen des Alten zu glänzen an und er sprach von seinen Raubzügen und den erbeuteten Schätzen und lud den Ritter ein, seine Reich-

tümer zu besichtigen. Sie kamen in ein weites, von Modergeruch erfülltes Gewölbe, das rings mit Ballen und vollgepfropften Säcken angefüllt war. In einer Ecke stand eine umfangreiche eiserne Kiste, auf der ein schwarzer Hund saß, der seine feurigen Augen schrecklich rollte und die scharfen Zähne fürchterlich fletschte. Entsetzt wich der Ritter zurück. Da fing der Boden unter seinen Füßen zu wanken an, ein gräßliches Getöse erhob sich und an der Stelle, wo der Burgherr stand, tat sich ein schauerlicher Abgrund auf, aus dem Feuer empor loderte. Der Burgherr sah den Ritter mit höhnischem Grinsen an und sank darauf in die entsetzliche Tiefe hinab.

Dem Ritter schwanden die Sinne; bewußtlos fiel er auf das kalte Pflaster. Als er nach langer Zeit wieder zu sich kam, verließ er schleunigst den grauenvollen Ort und ritt zur benachbarten Burg Herrenstein hinüber, wo er um Beherbergung bat und sein Erlebnis erzählte. Hier erfuhr er, daß die Burg auf dem Luitberge schon lange Zeit unbewohnt und jener Burgherr bereits seit Jahren tot sei. Vor Schreck traf ihn der Herzschlag und er stürzte entseelt zu Boden.

Das versunkene Schloß bei Degernberg in Niederbayern

Bei Degernberg ist ein mit Waldbäumen bewachsener Hügel, auf welchem nach der Sage ein Schloß stand, das versunken ist. Von dem Schlosse bis Schwarzach soll ein unterirdischer Gang geführt haben. Auf dem Platze, wo das Schloß versunken ist, sah man zu Allerheiligen, auch Advent drei Fräulein, zwei weiße und eine schwarze. Ein Ritter wollte von dem Bauern Güter haben, die sie ihm nur unter der Bedingung überließen, daß er ihnen jährlich eine schwarze Henne gebe. *Panzer*

Die Irrglocke zu Hutthurm[1]

Die Wanderer, welche früher den Bayerischen Wald bereisten oder durch denselben nach Böhmen zogen, verirrten sich nicht selten in den dichten, pfadlosen Wäldern. Diesen Reisenden zur Hut wurde nun von dem Kirchturme einer Ortschaft des Vorwaldes aus ein Zeichen gegeben, indem man

---

1 Irrglocken hießen die Glocken, welche zum Schutz der Wanderer geläutet wurden.

stündlich die große Glocke läutete. Dadurch konnten sich solche, welche sich verirrt hatten, wieder zurecht finden, jene aber, die noch auf dem rechten Wege waren, wurde so von dem Turme aus gemahnt, auf der Hut zu sein. Von diesem behütenden Turme erhielt die Ortschaft selbst dann den Namen Hutthurm. Die Glocke von Hutthurm hatte einen so kräftigen Ton, daß sie weit und breit alle übrigen Irrglocken übertönte, ja sogar die Domglocke zu Passau übertraf. Das durfte jedoch nicht sein, darum wurde angeordnet, daß man ihr einen Nagel durch den Mantel schlage, um den Ton etwas zu dämpfen, was auch geschah.

Der reitende Hauptmann

Es war im Dreißigjährigen Krieg. Schon hatte Arnstorf ein paar Mal schwer unter Feindesmacht zu leiden gehabt und wieder war der Markt voll fremden Kriegsvolks.

Die Feinde praßten, die Bürger darbten. Boten waren ausgeschickt, Hilfe zu suchen. Endlich sollte von Pfarrkirchen her Rettung kommen. Ein Fähnlein bayerische Reiterei unter einem Hauptmann wollte Arnstorf von den Feinden säubern. Die Bayern rückten abends ganz an den Markt heran. Wo heute in der Talmulde vorm Kühbleyinger Hölzl das Kreuz steht, da lagerten sie, während der Hauptmann verkleidet in den Markt ging, um die Feinde auszukundschaften und mit den Arnstorfern die nötigen Abmachungen zu treffen.

Erst gegen Mittag kehrte der Hauptmann zurück, um seine Leute gegen die feindliche Besatzung vorzuführen. Aber entsetzlich war der Anblick, als er die Talmulde erreichte: Noch glimmten die Feuerreste und um dieselben lagen seine Mannen, alle, alle vom Feinde erschlagen – tot, beraubt der Waffen und der Pferde. Meuchlings waren sie im Schlafe überfallen und vernichtet worden.

Den Hauptmann erfaßte Entsetzen. Er ritt von dannen und ward von Stund an nirgends mehr gesehen. Aber, wer in Zeiten des Neumonds in der Mitternachtsstunde von Arnstorf auf der Straße nach Pfarrkirchen gegen Kühbach wandert, dem kommt manchmal galoppierender Hufschlag entgegen. Unwillkürlich weicht er aus und vorüber saust ein Reiter bis zur Absetz, wo der Berg sich gegen Arnstorf neigt. Dort biegt er von der Straße ab, hinunter in die Talmulde am Kühbleyinger Holz, um sich im Nebel zu verlieren: es ist der Hauptmann, der seine Reiter sucht. *J. Weiher*

Der Dragoner

Wie viele rüstige Männer haben im Gefolge Napoleons auf den russischen Schneefeldern einen jämmerlichen Tod gefunden! Wären sie doch in der Schlacht als ruhmreiche Helden gefallen! Keinen Soldaten mehr ähnlich, vielmehr herumstreunenden Vagabunden gleich, in erbärmliche Fetzen gehüllt, voll Hunger und Durst, zitternd vor Frost, abgemagert zum Skelette, sanken sie nach Tausenden dahin. Auch aus unseren Gauen zog mancher mit, um nicht mehr wiederzukehren. Mit banger Sehnsucht wartete man zu Hause auf ein Lebenszeichen. Wie oft aber umsonst! Nach der furchtbaren Katastrophe an der Beresina wurde in manchem Stübchen eines Dorfes, eines Marktes, einer Stadt tage- und wochenlang der flackernde Span nicht mehr zum Erlöschen gebracht. Da war es ein gebeugtes Mütterlein, dem schon die »Freithofblümchen«[1] das lebensmüde Haupt bekränzten, dort eine jugendliche Braut, deren blühende Wangen die immer fließenden Tränen ganz bleich gewaschen und der Schmerz und Kummer die glänzenden Sternlein unter den Brauen schier so trübe machten, wie das schmutzige Regenwasser den lachenden See. Die Hände krampfhaft ineinandergepreßt, ließen sie von Zeit zu Zeit die Perlen eines Rosenkranzes, der um die zitternden Finger sich wand, hinuntergleiten und die bleichen Lippen murmelten mechanisch dazu das Gebet. Als ob sie den Sohn, den Herzallerliebsten, wieder lebendig zu beten vermöchten!

Wild tobt der Sturm und rüttelt an den Fensterläden und pocht mit Gewalt an die Türen und Tore; von den Bäumen, die sich schütteln und biegen, reißt es das dürre Geäste; tiefschwarz ist der Himmel behängt und kein Stern leuchtet hernieder. Wie mag wohl dem Wanderer zumute sein, der in der Finsternis draußen – kaum einen Schritt weit vermag man zu sehen – vielleicht noch etliche Stunden zu traben hat? Beschütze ihn Gott! …

Aus einem einsamen Häuslein dort zwischen Thurnstein und Pfarrkirchen dringt matt durch die Ritzen eines zerbrochenen Fensterladens der Schimmer eines brennenden Kienspans. In der Stube drinnen sitzt ein

---
1 Die weißen Haare.

Weiblein, tief schon in den 60er Jahren. Auch sie hat einen Sohn, den einzigen, mitgeschickt hinüber nach Rußland. Er hat Moskau gesehen (als herrliche Stadt und als Schutthaufen); aber bis zur Beresina wurde der Weg ihm zu lang. Eines Morgens, – sein Gaul war längst schon verendet – als er mit den Kameraden die gefrorene Straße dahinschritt, ist er ausgetreten und hat sich müde auf einen Stein gesetzt. Da ist er denn eingeschlafen; aber erwacht ist er nimmer. Sein Mütterlein weint sich fast die Augen aus und betet: »Nur einmal laß ihn mir noch sehen, Du lieber Gott, und dann laß mich ruhig sterben!« Horch, was trabt da draußen die Straße herauf? Wie es wiehert und schnaubt und die Sporen klirren und der Pallasch klingt! Da halten sie, Rößlein und Reiter. »Er ist es!« ruft's Mütterlein freudig. Sie eilt zur Türe und reißt den Riegel zur Seite. Er war es. Aber wie sie den Reiter näher betrachtet, da merkt sie, daß nur ein Schädel ohne Haut und Fleisch ihr entgegengrinst, und sie fällt vor Schrecken zurück, ist tot. Zwei Tage darauf hat man sie im Friedhof zu Postmünster zur Erde bestattet. Der Reiter aber kommt nächtlicherweile oft noch des Weges geritten. Er galoppiert bis zum Friedhof hinüber, wo man das Mütterlein stille zur Ruhe gelegt, dann trabt er in Eile wieder zurück. Einem Bauern ist er einmal begegnet, der um Mitternacht von Afterhausen gen Schuldholzing schritt. Wie er so den Hufschlag im Rücken hörte, dachte er, es sei ein Schloßknecht von Thurnstein, der nach Brombach hinunterreite und er blieb stehen, um ihn vorüberzulassen. Trotz der Dunkelheit sah er nun, daß es ein Dragoner sei. Kaum war derselbe an ihm vorbei, so ritt er von der Straße ab und der Rott zu, durch dieselbe hindurch und auf den Wiesen dahin nach Pfarrkirchen.

Das Kreuz bei Nussing

Von Nussing aus, einem an der Straße Pfarrkirchen-Tann gelegenen Weiler, führt ein holperiger Waldweg nach dem Dörflein Neukirchen bei Pfarrkirchen hinüber. An diesem Waldwege nun befindet sich ein altes Kreuz aus Holz, von dem der Volksmund auch seine Sage zu erzählen weiß.

Draußen am Waldrand wohnte vorzeiten ein armer Schuster mit Weib und Kind. Das war ein sorgenvolles, kümmerliches Dasein, das diese Familie lebte! Zu allem Überflüsse – nach der Ansicht des Schusters – brachte auch noch die greise Mutter desselben hier ihre alten Tage zu. Freilich, die alten Leute werden »launi«, wie der Niederbayer sagt; aber sie war einmal des Schusters Mutter und die Mutter muß der Sohn pflegen und nähren, wenn sie alt wird, das ist Kindespflicht. Der Schuster lebte also in sehr ärmlichen Verhältnissen und er hätte beten und arbeiten sollen und der Himmel wäre ihm schon beigestanden, sagt ja schon ein Sprichwort; »Bet' und arbeit', Gott gibt allzeit« und ein anderes: »Wo die Not am größten, ist Gottes Hilfe am nächsten«. Unser Schuster aber dachte: »Wenn doch die alte Hexe einmal sterben würde, so hätte ich wenigstens um einen Kopf oder besser um einen Magen weniger zu sorgen.« Ja, er dachte das nicht nur, er sagte es der Mutter oft gerade ins Gesicht. Das tat dem alten Weiblein natürlich bitter wehe und sie ging dann allemal hinauf ins Holz zu jenem Kreuze am Wege und weinte sich dort aus und betete zum lieben Gott, er möge sie zu sich in den Himmel nehmen. Oft, oft ist sie dagekniet in ihrem Schmerze; aber endlich hat sich unser Herrgott doch ihrer erbarmt. Wie sie wieder einmal so flehte und jammerte, da schickte er ihr den Todesengel und der trug ihre Seele hinüber ins Jenseits wohin ihr Mann ihr vor Jahren vorangegangen.

Als man dem Schuster in später Nacht den leblosen Körper seines Mütterleins ins Haus brachte, da gingen ihm freilich die Augen über und tiefste Reue überkam ihn und er bat die Verstorbene in seinem Herzen um Verzeihung. Wenn er dann später so auf seinem Dreifuß saß und bis in die Nacht hinein hämmerte und flickte und seufzend nach der Gegend blickte, wo seine Mutter vor dem Bilde des Gekreuzigten so oft ihr Herz ausgeleert, da sah er dann häufig ein Leuchten und es war, als stünde das Kreuz droben in hellem Feuer. Darauf schlug er immer das Kreuz und betete ein Vaterunser für die Seele der Mutter.

Die Kapelle zu Reckendorf

Dem Bauern Kufner von Reckendorf (Gde. Winzer, Bezirksamt Deggendorf) wurde eines Tages beim Holzfällen ein Fuß abgeschlagen. Woche um Woche verging und der Fuß wollte nicht heilen. Da versprach Kufner, eine Kapelle zu erbauen, wenn er wieder gehen könne. Wunderbarerweise dauerte es jetzt kaum mehr vierzehn Tage und er konnte wieder über Stock und Stein traben wie vorher; er vergaß aber völlig auf sein gegebenes Versprechen. Als er zum Sterben kam, erinnerte er sich daran und befahl seinem Sohne, die Kapelle alsbald zu errichten. Es verfloß aber wieder Jahr um Jahr, ohne daß das Versprechen eingelöst worden wäre. Da ging der junge Kufner an einem Allerseelentage abends nach dem Gebetläuten von Reckenberg, wo er Brechleute[1] bestellt hatte, heimwärts und gewahrte mitten im Walde trotz des dichten Gehölzes einen Baumstamm vor sich hinrollen. Zu Hause angekommen wurde er krank und starb. In den letzten Zügen liegend bat er noch seine Frau, die Kapelle zu erbauen, was diese auch ausführte.

Die Wetterglocke auf dem Gallner

Vor mehreren hundert Jahren stand auf dem Gipfel des Gallner ein Kirchlein, in dessen Turm eine weit und breit berühmte Wetterglocke hing. Sobald ein Gewitter am Himmel aufstieg wurde diese Glocke geläutet und das Gewitter verzog sich schleunigst nach Böhmen. Darüber ergrimmten die Bewohner des Wenzelreiches und sie beschlossen, die Glocke zu stehlen. Eines Nachts erschien denn auch ein bewaffneter Troß Böhmen, nahm die Glocke vom Turme, lud sie auf einen Wagen und zog frohgemut der Heimat zu. Doch bei Höhenstein, eine Viertelstunde vom Gallner entfernt, gab es plötzlich einen heftigen Donnerschlag und Glocke und Räuber war im Erdboden versunken.

Das Glockental bei Niederroning

Nordöstlich von Haus Nummer 5 der Ortsgemeinde Niederroning liegt das sogenannte Glockental. Über die Entstehung dieses Flurnamens erzählt man folgende Sage:

Als 1632 Ergoldsbach bei Rottenburg von den Schweden verbrannt wurden, bekam auch Niederroning den Besuch schwedischer Söldlinge. Sie plünderten nicht nur die reichen Höfe, sondern auch die ärmsten Hütten. Sogar die Glocke stahlen sie vom Turme. Als sie sich wieder aus dem Staube machten, eilten ihnen die Einwohner Niederronings, die sich durch Leu-

---
1 Leute zum Flachsbrechen.

te aus den Ortschaften der Umgebung verstärkt hatten, nach, holten sie ein, überwältigten und töteten sie und verscharrten ihre Leichname in jenem Tale. Während sie ihr sonstiges zurückerobertes Eigentum wieder mit nach Hause schleppten, vergruben sie die Glocke an Ort und Stelle, da sie fürchteten, sie könnte ihnen wiederholt vom Turme gestohlen werden. Das Tal heißt seit dieser Zeit Glockental.

Man hört von Zeit zu Zeit das Klingen der Glocke, hat sie trotz allen Nachgrabens aber nie finden können; denn sämtliche Bewohner Niederronings sind bis auf zwei Schwestern bald nach dem Schwedeneinfall von der Pest hinweggerafft worden.

August Göschl

Die Hund' von Flintsbach[1]

Anno 1844 ging über Flintsbach ein großer Schauer[2]. Während des schrecklichen Unwetters läutete man die Glocken des Kirchleins. Da schrie es aus den Wolken mit gellender Stimme: »Bellten enkre Hund nöt a so, nachat sehgat's ös scho!« »Mia ham aba a so scho glangt!« fügte unser Erzähler, der alte Dietlmann, bei.

's Hexnnandl

Vor langer Zeit lebte in Jesendorf bei Wippstetten 's Hexnnandl. Es war vom bösen Feind besessen. In der ganzen Umgegend war es bekannt und gefürchtet. Eines schönen Sommertages ging es nach Hüttenkofen bei Golding. Die Leute waren allenthalben bei der Erntearbeit. Da schrie 's Nandl zum Angerbauern hinüber: »Machts daß fürti werd'ts, wei 's Wöda kimmt!« Die Leute aber lachten und meinten, von einem Gewitter könne keine Rede sein, da nicht ein Wölklein am Himmel sich zeige, 's Nandl war noch nicht zehn Schritte gegangen, so zog es grau vom Horizonte her und bald blitzte und donnerte es fürchterlich und der Regen floß in Strömen.

's Nandl äußerte sich gar oft: »Wenn nur der Wippstettner Kettenhund und der Jesendorfer Kirchenhund nicht wären, dann tät ichs ganze Vilstal

---
1 Ein zur Gemeinde Neßlbach, Bezirksamt Deggendorf, gehöriges Dorf.
2 Schauer nennt das Volk ein Hagelwetter.

vernichten!« Der Wippstettner Hund war die Wetterglocke, der Jesendorfer Hund der hl. Michael.

's Hexnnandl sollte schließlich auf dem Scheiterhaufen enden. Acht Männer vermochten sie nicht zu fesseln. Sobald sie die Erde berührte, hatte sie unheimliche Kraft. Eine große Menge Männer machten sich endlich über sie her und zog sie zur Stube hinein. Nun gelang es, sie zu binden und lebendig auf den brennenden Scheiterhaufen zu werfen. *Nach H. Stocker*

Die Glocke von Hainberg

In Hainberg steht ein uraltes Kirchlein mit festem Turm und dicken Mauern. Um das Kirchlein dehnt sich ein Friedhof aus, der heute viel zu groß ist. In alter Zeit wurden hier die Toten des ganzen Kollbachtales begraben. Als aber Arnstorf größer wurde und Herzog Heinrich der Reiche den Markt von Hainberg nach Arnstorf verlegt hatte, da fing man an, hier eine große Kirche zu erbauen.

Die Kirche ward fertig; aber auch das Geld ging zu Ende und man hatte noch keine Glocken. Da sollte die Glocke von Hainberg nach Arnstorf verbracht werden. Sie wurde auf einen Wagen geladen und mit zwei Rossen weggefahren. Mitten auf dem ebenen Wege zwischen Hainberg und Arnstorf aber blieb der Wagen stehen. Auch 4 und 6 Pferde konnten ihn nicht vom Platze bringen. Die Fuhrleute schlugen auf die Rosse ein und schimpften und schalten.

Ein Bauer von Hainberg sah das mit an und sprach: »Wartet, ich will meinen Ochsen holen und euch Vorspann tun.« Er brachte sein Öchslein, spannte es aber hinten an den Starz. Der Schecke zog an und rückwärts ging der Wagen sogleich von der Stelle. Nun sprach der Bauer: »Da seht ihr, daß die Glocke nicht nach Arnstorf gehört, sondern in Hainberg bleiben soll.«

»Hüh, hot!« und der Ochse lief samt Wagen und Glocke dem Hainberger Kirchturm zu.

Seitdem hängt die Glocke wieder auf dem Turme in Hainberg und schallt laut und lieblich durch das Kollbachtal. *J. Weiher*

Der hl. Severin in Künzing

Um das Jahr 450 kam der hl. Severin auf seiner Reise nach Passau durch Künzing, wo sich bereits eine hölzerne Kirche vorfand. Wenn die Donau über ihre Ufer stieg, dann wurde das Wasser der Kinze immer gestaut, so daß auch sie überschwoll und meist die Kirche von Künzing überschwemmte. Severin, von den Bewohnern mit Jammer darüber unterrichtet, nahm ein Beil, ging damit zur Kinze und schlug neben ihrem Bette einige Pflöcke in Kreuzesform in die Erde, betete und sprach: »So, von nun an soll die Kirche nie mehr durch Wassernot leiden!« und so war es und blieb es bis heute.

Silphinus

Der erste Pfarrer in Künzing, welcher vom hl. Severin wieder zum Leben erweckt wurde, namens Silphinus (er lebte um die Mitte des 5. Jahrhunderts), soll in Künzing begraben sein. Sein Grab wurde bis heute nicht gefunden. Es geht nun die Sage, daß jener Geistliche, welcher in der Pfarrei Künzing geboren ist und daselbst Pfarrer wird, das Grab findet. Bis heute ist noch kein geborener Künzinger daselbst Pfarrer geworden.

St. Gotthard

Der hl. Gotthard wurde im Jahre 950 zu Reichersdorf in der Pfarrei Schwanenkirchen (Bezirksamt Deggendorf) als Sohn eines Bauern geboren. Schon frühzeitig zeigte er, daß der Geist Gottes in ihm sei. Er ging jeden Morgen nach dem ½ Stunden von seiner Heimat entfernten Kloster Niederaltaich, um dort als Ministrant zu dienen. Damals floß die Donau noch über Altenufer; Niederaltaich lag also rechts der Donau. Einmal hatte das anschwellende Schneewasser – es war im Monat März – Hochwasser verursacht. Die hölzerne Brücke hatten die schäumenden Fluten weggerissen und so konnte Gotthard nicht zum Kloster hinüber. Da er das Meßopfer nicht versäumen wollte, stieg er im Vertrauen auf die Hilfe des Herrn, ohne lange zu zaudern, zum Wasser hinab und kam auf demselben wohlbehalten und noch rechtzeitig in Niederaltaich an.

Ein andermal sollte er glühende Kohlen zum Hochamte holen. In der Eile hatte er das Rauchpfännlein vergessen und so trug er die Kohlen im Chorhemd, ohne dasselbe nur im geringsten durch Brandflecken zu beschädigen, zur Sakristei.

Als Hirtenknabe lockte er einmal mit seinem Hirtenstabe eine Quelle aus der Erde. Diese Quelle fließt heute noch in der außerhalb Reichersdorf stehenden Gotthardkapelle. Die Leute messen dem Wasser heilende Kraft bei.

Gotthard starb am 5. Mai 1038 als Bischof zu Hildesheim und wurde von Papst Innozenz II. auf der Kirchenversammlung zu Rheims 1131 heilig gesprochen.

Die Martinsgans

Der hl. Martin[1] sollte Bischof werden. Er hielt sich dazu jedoch nicht für würdig und versteckte sich in einem Gänsestall, um der Wahl zu entgehen. Das Geschnatter der Gänse verriet ihn und so mußte er wohl oder übel dem an ihn ergangenen Ruf Folge leisten. Die verräterischen Gänse ließ er aber zur Strafe schlachten und für die Abgesandten des Volkes zubereiten. Seitdem ist es in den Familien Brauch, am Martinstage eine Gans, die sogenannte Martinsgans, zu braten.

Der hl. Günther

Der hl. Günther, der Gründer des ehemaligen Klosters Rinchnach, dessen Ruf weit über Bayerns Grenzen hinausging, wurde um das Jahr 1015 von König Stephan nach Ungarn berufen, um ihm bei der Bekehrung seines Volkes behilflich zu sein. Eines Tages lud ihn der König zur Tafel und ließ ihm zu Ehren u.a. einen gebratenen Pfau auftragen. Günther aber, seiner Ordensregel, die den Fleischgenuß verbot, eingedenk, war in peinlicher

---

1 Geboren 331 zu Sabaria (Stein am Anger) in Ungarn, 355 zum Christentum übergetreten, 371 zum Bischof geweiht, am 8. November 400 gestorben, am 11. November (dem Kalendertag des Heiligen) beigesetzt.

Verlegenheit. Er wollte die Ordensvorschrift nicht übertreten, auch den König nicht durch öffentliche Zurückweisung verletzen. Da betete er inbrünstig zu Gott. Auf einmal bekam der Pfau in der Schüssel Leben und flog zum Staunen der ganzen Tischgesellschaft durch das offene Fenster ins Freie. In einem Gemälde in der Kirche zu Rinchnach ist diese Legende bildlich dargestellt.

Englmar

Bei dem Dorfe Englmar im Bayernwalde erhebt sich der Predigtstuhl. Er hat seinen Namen von dem Eremiten Englmar, der hier den Tod eines Märtyrers starb. Früher als Landmann im Passauischen begütert, hatte sich zu Ende des 11. Jahrhunderts der fromme Mann in die Einsamkeit der Waldwüste zurückgezogen. Graf Aswin, auf dessen Gebiet er seine Zelle erbaut, nahm ihn in seinen Schutz und befahl, daß ihm täglich aus der Küche des Schlosses Windberg Speise gebracht werde. Allein der Diener, welcher diesen Auftrag zu vollziehen hatte, ward seines Geschäftes bald überdrüssig und, um sich den ermüdenden Gang auf rauhem Waldpfade zu ersparen, tötete den Einsiedler meuchlings mit einem Wurfpfeile. Nicht lange nach dieser Greueltat kam der Graf auf der Jagd in die Gegend und sah zu seiner Verwunderung aus einem Gebüsche einen blendenden Glanz hervorstrahlen. Nachsuchend fand man dort den Leichnam Englmars.

Müller und Grueber, Der Bayerische Wald

Der stumme Abt

Zu Fürstenzell stand einmal ein Abt an der Spitze des Klosters, der wohl alle Eigenschaften besaß, die einen Mönch zieren sollen, dem aber die Gabe der Rede versagt war. Seine Predigten waren eintönig und eindruckslos. Kein Mensch konnte sich daran erbauen. Als er wieder einmal dem Predigtstudium oblag, klopfte ihm jemand auf die Schulter. Es war der Teufel. Der versprach ihm, ihn zum gewiegtesten Kanzelredner zu machen, wenn er ihm seine Seele verschreibe. Der Abt willigte ein. Wie erstaunte alles bei der nächsten Predigt des Abtes! Nie hatte ein Mensch so gewaltig zu den

Herzen seiner Zuhörer gesprochen, nie einer mit so begeisterten Worten in einem Gotteshause gelehrt. Aber als er Tag und die Stunde näher rückte, wann dem Satan die Seele des Abtes zufallen sollte, da wurde dem Abt angst und er rief den Himmel zu Hilfe und betete ohne Unterlaß. Schließlich berief er den Konvent zusammen und trug den Brüdern sein Anliegen vor. Nach langem Besinnen riet ihm der älteste der Mönche, er solle in der Stunde der Not in eine mit Weihwasser gefüllte Wanne steigen, während das ganze Kloster für ihn betete. Der Abt befolge den Rat und so ward er mit Leib und Seele gerettet; doch blieb er von der Stunde an stumm.

Abt Edmund

Es war an einem trüben, düsteren Herbstabend. Regenschauer schlugen unter dem Tosen des Sturmwindes an die Fenster der Abtei Fürstenzell. In seiner Zelle saß wie gewöhnlich Abt Edmund einsam und weltverloren. In der Hand, die der Fischerring zierte, hielt er sein Kleinod, seine Geige und die Künstlerseele legte Leid und Wehmut, Sehnsucht und Heimweh in das tote Holz, in die klingenden, singenden Saiten. Die Träume der Kindheit, der Jünglingsbrust flattern vorüber. Die alte Geige jauchzt und jubelt, klagt und weint … Warum erschrickt der Künstler? Der graue Morgen grüßt durch's hohe Fenster. Abt Edmund hat den Ruf zur Mette überhört, versäumt, mit den Brüdern im Chor sich zu versammeln.

    Heute noch, wenn der Wind nächtlich durch die Gassen heult, zieht der Geist des Abtes mit seiner Geige klagend durch die Klostermauern und kann nicht zur Ruhe kommen.

Veit Höfer, Abt in Oberalteich

1633

Alteich war in Schwedenhänden
Und der Gräu'l an heil'ger Stätt';
Aus den ehmals stillen Wänden
Schollen Flüche statt Gebet.

Ferngezogen waren alle,
Die einst frommer Sinn vereint;
Nur der Abt blieb auch im Falle
Seines Stifters treu'ster Freund.

In des nahen Waldes Gauen
Harrte er der süßen Stund',
Wann er wieder dürfte schauen
Den so teuerwerten Grund.

Manche Woche war vergangen
Und er hatt' ihn nicht gesehn',
Da ward stärker das Verlangen
Und er wagt es herzugehn'.

Ländlich schlicht, im Bauernkleide,
Trieb er Rinder vor sich her
Und zu seines Herzens Freude
War er bald nicht ferne mehr.

Flugs umringten sieben Reiter
Ihn und seine Rinderschar
Und er mußt' mit ihnen weiter –
Ach vielleicht auf immerdar.

Weinend kam an seinen Zellen
Er vorüber nach der Stadt[1],
Wo Agnese in den Wellen
Schuldlos einst geendet hat.

Als er hier im Zug der Sieben
Heimlich traut die Bürger grüßt,
Kennt ihn einer seiner Lieben
Und befreiet ihn durch List.

---

1 Straubing.

»He, Gevatter! rief der Kühne,
Zieht ihr denn noch weiter mit?
Haltet doch ein bißchen inne,
Höret, was zu Haus geschieht!

Euer Weiblein hat geboren,
Seufzt daheim mit nassem Aug';
Sorgt doch, eh' das Kind verloren,
Für der Taufe heil'gen Brauch.

Und der Abt verstand die Rede,
Bat die Reiter lieb und schön,
Daß er zu der kranken Grete
Und zur Täufe dürfe geh'n.

Und sie hörten sein Begehren,
Hielten es für wahr und treu,
Ließen ihn zur Heimat kehren
Und der Abt war frank und frei.

Franz Müller

Das nächtliche Gebet der Mönche

In den 12 Nächten von Weihnachten bis Hl. Dreikönig war einmal die Kirche in Gotteszell hell erleuchtet. Einige neugierige Kirchennachbarn schlichen sich heran und horchten. Da vernahmen sie deutlich das Gebet von Mönchen. Als sie darauf vorsichtig die Kirchentüre öffneten, fanden sie die Kirche leer und dunkel.

Man ist allgemein der Meinung, daß die Seelen jener Mönche, die seinerzeit bei Verrichtung des Chorgebetes nachlässig und unandächtig waren, nun zur Strafe dasselbe wiederholen mußten.

Heinrich der Heilige

In der Pfarrkirche zu Abbach ist auf dem rechten Seitenaltare folgendes Bild: Herzog Heinrich der Heilige sitzt in einem Stuhle; neben ihm steht ein Bischof, der mit der rechten Hand auf eine Inschrift an der Wand weist, die »post sex« lautet.[1] Hiezu geht nachstehende Sage:

Herzog Heinrich der Heilige lebte am liebsten in seinem Geburtsorte Abbach. Von hier aus ging er häufig am frühen Morgen nach Regensburg, um dort in St. Emeram der Messe beizuwohnen.

Auf dem zweistündigen Marsche machte er bei Großberg gerne Rast auf einer Steinbank, die wir heute noch dort finden und die Jahreszahl 996 trägt. Sie führt die Bezeichnung »Kaiser Heinrichs Rast«. Sobald Heinrich bei der Kirche St. Emeram ankam, öffnete sich immer das äußere Tor der Kirche wundersamer Weise von selbst; das innere Tor wurde ihm stets vom Mesner aufgetan. Eines Tages fühlte sich Heinrich recht müde und er nahm aus einem Zaune am Wege einen Stecken, um ihn als Stütze zu benützen. Siehe da, von nun an öffnete sich das Außentor der Emeramkirche nie mehr von selbst.

Einmal kam Heinrich sehr frühe bei der Kirche an. Da der Mesner sich etwas verspätete, wartete er geduldig und machte in der Vorhalle der Kirche am Grabe des Bischofs Wolfgang tiefreligiöse Betrachtungen, als ihm plötzlich der hl. Wolfgang selbst erschien und mit seiner Rechten nach der Wand deutete, an welcher Heinrich mit Erstaunen in blendender Flammenschrift die Worte »post sex« erblickte. Heinrich sprach: »Will mich denn der Herr sobald erhören?« Denn er glaubte, die Erscheinung zeige ihm seinen baldigen Tod an. Sechs Stunden vergingen; aber Heinrich war noch am Leben. Ebenso verflossen sechs Wochen und sechs Monate und so verbrachte er schließlich sechs Jahre in ernsten Todesgedanken. Da starb der deutsche Kaiser. Die Wahl der Fürsten machte Heinrich als Heinrich II. zu dessen Nachfolger und nach sechs Jahren, gerade am Jahrestage jenes seltsamen Erlebnisses in St. Emeram, wurde er in Rom zum Kaiser gekrönt.

---

1 Ein herrliches Wandgemälde in der alten Kapelle zu Regensburg stellt dieselbe Szene dar.

Bischof Wittmann

Der selige Bischof Wittmann ging gerne von Regensburg über Hohengebraching, Kaiser Heinrichsrast und Peising zur Einsiedelei bei Frauenbrünnl. Hier wurde er wiederholt vom Teufel geplagt.

An einem sonnigen Herbsttage saß er in dem neben der Kapelle stehenden Hause und betete seine kanonischen Tagzeiten. Plötzlich wurde er von unsichtbarer Hand mit Steinen beworfen. Er glaubte, ein mutwilliger Hirtenknabe habe durch ein Fenster auf ihn geworfen. Beim Nachsehen fand er die Fenster jedoch geschlossen. Er setzte sich wieder auf die Treppe und betete weiter; aber es dauerte nicht lange und er wurde von neuem beworfen. Nun suchte er überall in Haus und Kapelle nach dem Störenfried, fand aber keinen Menschen. Er setzte sich darauf zum drittenmale nieder, um zu beten. Wieder flogen Steine, Mörtel und Sand auf ihn. Jetzt erhob er sich voller Entrüstung und sprach mit lauter Stimme: »Satan, dir mißfällt mein Gebet! Aber je mehr du mich verfolgst, desto inniger werde ich beten!« Nun hatte er Ruhe.

Herkommen des Pfingstritts zu Kötzting

Aus nah und ferne kommen zu Kötzting am Pfingstmontage morgens berittene Männer und Burschen zusammen, die in paarweiser Ordnung zur Kirche des heiligen Nikolaus in Steinbühl einen Kreuzgang ausführen. Voraus reitet ein Geistlicher mit dem Allerheiligsten, dann der Mesner, Fahnen- und Bildträger. Nachdem der feierliche Gottesdienst abgehalten und in einer wunderherrlichen Waldgegend und den um das Kirchlein aufgeschlagenen Wirtszelten einige Rast gemacht ist, steigt alles wieder zu Pferd und man kehrt in fröhlicher Stimmung zurück nach Kötzting. Selten, daß es beim Heimreiten im Gedränge ungeschulter Rosse und meist unsicherer Reiter zu einem Unfall kommt.

Der außerhalb des Marktes auf einem freien Wiesplatze angekommene Wallfahrtszug schließt sich zu einem Kreise und es empfängt hier ein Kötztinger Bürgerssohn, der nach dem Urteile und der Auswahl des Magistrates und des Pfarrers vor anderen als tugendreich gehalten wird, aus der Hand des Geistlichen ein aus Flieder, rotem Band und Silberdraht geflochtenes

Ehrenkränzchen um den linken Arm. Es gehen verschiedene Überlieferungen über die Entstehung dieses Rittes, unter andern die folgende. Noch bedeckte der Urwald die Kirche und ringsher herrschte finsteres Heidentum. Unten im Tale von Chamerau aber bestand schon eine Christenkirche, zu welcher Steinbühl, weit oben in der Bergwaldung als Tochterkirche gehörte. Es geschah nun, daß der Chamerauer Pfarrherr noch nächtlicher Weile in seinen Filialbezirk gerufen wurde; es verlangte ein Sterbender nach der letzten Wegzehrung.

Weil aber die Heiden nicht nur, sondern auch grimmige Raubtiere den Pfad unsicher machten, entschlossen sich unterwegs die jungen Männer von Kötzting freiwillig, dem Geistlichen zu Pferd ein Schutzgeleite zu geben. Mit anbrechendem Tage brach eine Heidenschar hervor und des Priesters Leben samt dem Allerheiligsten schien in Gefahr. Da wurden die Gottlosen von den Kötztinger Jünglingen hart angefallen und in hitzigem Kampfe teils erschlagen, teils zur Flucht in die Wälder getrieben. Von solch mannhafter Tat soll das erwähnte Ehrenkränzchen ein Erinnerungszeichen sein. *A. Schöppner*

Die hl. Kümmernis

In der idyllisch gelegenen Moosecker Kapelle zwischen Simbach am Inn und Julbach befindet sich ein Bildnis der heiligen Kümmernis, zu dem manch gedrückte Seelen aus nah und fern pilgern.

Die hl. Kümmernis war eine Königstochter, welche so sehr für ihr Seelenheil bekümmert war, daß sie den lieben Gott bat, sie zu verunstalten, da ihre Schönheit sie häufigen Versuchungen aussetzte. Der liebe Gott erhörte ihr Gebet und ließ ihr über Nacht einen Bart wachsen.

Als ihr Vater, ein wilder Heide, erfuhr, daß sie es mit den Christen halte, ließ er sie kreuzigen und ihren Leichnam in die Isar werfen. Bei Freising wurde er ans Land gezogen und in feierlicher Prozession in die Kirche zu Neufahrn gebracht.

Kümmerniskapellen finden sich noch u.a. in Dornwang, Ergolding, Gundihausen, Tunzenberg, Schwimmbach usw. Die hl. Kümmernis, auch die bärtige Jungfrau genannt, wird meist am Kreuze hängend abgebildet. Einem Spielmann, der vor ihr kniet und geigt, wirft sie einen goldenen Schuh zu.

Guido Görres besingt die Legende in seinem Spielmann zu Mainz, Justinus Kerner im Geiger von Gmünd.

Der arme Spielmann

Zu Mainz ging einst voll Harm und Leid
Ein Spielmann alt und arm
Mit weißem Haar im Bettelkleid,
Die Geige in dem Arm.

»Wie frieret mich, wie hungert mich,
Wie bin ich alt und schwach!
Wer, ach! erbarmet meiner sich
Und nimmt mich unter Dach?

Als ich vor Jahren lustig sang,
Da priesen sie mich sehr;
Wenn meine Geige hell erklang,
War alles froh umher.

Nun geh ich armer Greis allein,
Der nimmer singen kann;
Sie sprechen: »Stell dein Geigen ein,
Du altersschwacher Mann.«

Der Alte ging mit seinem Gram
Zu Mainz den Rhein entlang,
Als er zu einem Kirchlein kam,
Draus hell ein Glöcklein klang.

Er stellte still sich in die Tür
Und sah auf dem Altar
Ein goldnes Bild in reicher Zier
Von einer Jungfrau klar.

Voll Andacht sah er nach dem Bild
Und klagte seinen Schmerz;
Ihm war, als sprach es süß und mild
Ihm Trost ins kranke Herz.

Da weinet lang und weinet heiß
Vor ihm der alte Mann
Und spielt dem Bild zu Lob und Preis
Das Beste, was er kann.

Er singt dazu sein Lied und spricht:
»Du kennst der Armut Schmerz,
Du hörst die alte Geige nicht,
Du hörst mein warmes Herz.«

Und als das Lied geendet war
Und er wollt' weiterzieh'n,
Da warf den Schuh von Gold so klar
Das Bild zum Lohn ihm hin.

Der Alte hob ihn küssend auf
Und dankte tausendmal,
Zur Stadt dann ging er freudig hin,
Ihn trieb des Hungers Qual.

Die Häscher aber faßten ihn
Und riefen hart ihm zu:
»Ei halt, wo eilst Du Alter hin?
Gestohlen ist der Schuh!«

»Mir schenkte ihn das Bild zum Lohn«,
So rief der Alte bang;
Sie aber sprachen drauf mit Hohn:
»Dem Dieb gebührt der Strang.«

Sie glaubten seinem Schwure nicht,
Verdammten ihn zum Strang,
Sie schleppten ihn zum Hochgericht
Den stillen Rhein entlang.

Und als er auf der harten Bahn
Zum kleinen Kirchlein kam,
Da hielt er bei dem Bilde an
Und sprach in seinem Gram:

»Du selber littest großem Schmerz
Und gabst für Gott Dein Blut;
Ich opfre Dir mein armes Herz,
Nimm mich in Deine Hut.«

Zum letzten nimmt der alte Mann
Die alte Geig' hervor,
Und singt dazu so gut er kann,
Sein Lied dem Bilde vor.

Doch als das Lied geendet war
Und er wollt' weiter ziehn,
Den zweiten Schuh von Gold so klar
Warf ihm die Heil'ge hin.

Voll Staunen und voll Rührung sah
Das Volk dem Wunder zu,
Sie sprachen: »Gott der Herr ist nah!
Geschenkt ward ihm der Schuh.«

Sie fielen reuig auf das Knie
Und beteten im Kreis
Und mit dem Spielmann sangen sie
Dann Gottes Lob und Preis.

G. Görres

Wolfsindis

Auf dem Schlosse Warth lebte ein Gaugraf, der ein wunderholdes Töchterlein, Wolfsindis mit Namen, sein eigen nannte. Der Vater, ein rauher, heidnischer Krieger, erfuhr, daß dasselbe im Geheimen Christin sei. Daraufhin ließ er es an einen Ochsen binden und nach Reisbach hinabschleifen. Auf einem Anger außerhalb des Marktfleckens hauchte es seine Seele aus. Da wo ihr Leichnam gelegen, sprang ein Wässerlein aus dem Boden. In der ersten Zeit wurde das Wasser vornehmlich Fieberkranken zur Linderung gebracht, darum nannte man es Fieberbrünnlein. In späteren Tagen wendete man es bei Augenleiden an.

Die Heilquelle wurde von einem Kirchlein überbaut, zu dem das Volk des ganzen Vilstales vertrauensselig »Kirchfahrt«[1] hält.

Gamelbert und Utto

Vor ungefähr 1200 Jahren lebte in Michaelsbuch ein Hirte namens Gamelbert. Derselbe war recht fromm und wurde Priester. Als Pfarrer von Michaelsbuch machte er einmal eine Reise nach Rom. In Italien wurde er auf dem Wege von einem Knaben angebettelt. Gamelbert aber lehrte ihn das Christentum. Auf der Rückreise traf er den Knaben wieder und lud ihn nach Michaelsbuch ein. Als dieser Knabe zum Manne herangewachsen war, wanderte er nach Bayern zu Gamelbert. Er fand ihn krank. Gamelbert konnte noch bewirken, daß er Priester wurde; dann starb er. Der neue Priester, der Utto hieß, ging nach einiger Zeit über die Donau. In der Gegend der jetzigen Ortschaft Berg erbaute er sich tief im Walde bei einer Quelle seine Klause. Hier lebte er lange als Einsiedler. Dieser Ort ist Uttobronn.

Von der Gründung des Klosters Metten

Kaiser Karl der Große war einmal mit seinem Heere in unserer Gegend. Einst verirrte er sich auf der Jagd. Tagelang streifte er in den Wäldern umher, ohne auf Weg und Steg zu gelangen. Schon drohten seine Kräfte zu erlahmen, als er endlich die Klause des hl. Utto erreichte. Der Einsiedler nahm den Kaiser gastlich auf und wies ihm den Weg. Zum Danke dafür gestattete dieser ihm einen Wunsch zu äußern. Utto nahm ein Beil, warf es in die Luft und bat den Kaiser, dort wo es niederfiele, ein Kloster zu erbau-

---

1 Kirchfahrt ist ein alter Ausdruck für Wallfahrt.

en. Der Kaiser willigte ein. Das Beil flog fort und blieb endlich im Schafte einer riesigen Eiche stecken. Hier entstand alsbald das Kloster Metten.

Der erste Abt des Klosters ward der hl. Utto. Er liegt in der Kirche zu Metten begraben.

Entstehung der Kirche in Wollaberg

Am Nöfangabeehr[1] hättn s' amoi a Kircha baut. D' Zimmerleut' ham scho g'arbat un g'schanzt, daß 's a Freud is gwön. Oft hot sö oana ön d' Hand ghockt[2]. 's Bluat is abögrunna und d' Schoatn[3] san ganz ella[4] raout worn. Oft is a Vögei kömma, hot a so a bluatigs Hoiz öns Schnabei gnumma un hot's da umi a(u)f dön Beehr trogn, den ma an Wollabeehr[5] hoaßt. D'Leut ham's Vögei gsehng un ham 's bluatö Hoiz am Wollabeehr gfuna. Oft ham s' am Nöfangabeehr 's Bau(en) eigstellt un ham am Wollabeehr a Kircha baut.

Vom Kirchenbau in Gottsdorf

Als man in der Gegend von Gottsdorf daran ging, eine Kirche zu erbauen, war man sich über den Bauplatz immer nicht einig. Die einen wollten Gottsdorf wegen seiner freien Lage gewählt wissen, die anderen Neustift, das mehr im Mittelpunkte der beteiligten Ortschaften liegt. Die Neustifter begannen auch bald mit dem Anfahren des Baumaterials und dem Behauen der Balken. Dabei hackte sich ein Zimmermann in den Fuß, daß die umliegenden Holzspäne blutig wurden. Während der »Halberabendzeit«[6] kam ein Rabe, nahm einen blutigen Span (vom Volke Schoatn geheißen), flog damit in westlicher Richtung über die Lichtenau und ließ ihn auf einem erhöhten Anger bei der Kapelle im damaligen Gotzenstorf fallen. Daraus erkannten die Neustifter, daß dieser Platz von der Vorsehung für den Kirchenbau bestimmt sei, und hielten mit dem Bau ihrer Kirche ein. Bald wurde dann auf der von dem Raben angezeigten Stelle mit dem Bau einer hübschen gotischen Kirche begonnen (1451).

---

1 Neufangberg.
2 Gehackt.
3 Späne.
4 Viel.
5 Wollaberg.
6 3 Uhr nachmittags.

Aus dieser Zeit stammt der Spruch: »D Gotschdoafa mit da bluadinga Schoidn (die Gottsdorfer mit der blutigen Scheiten).«

Geiersthal

In einem Dörfchen des Bayerischen Waldes ging man daran, eine Pfarrkirche zu erbauen. Man war aber lange im Zweifel darüber, wo man sie aufführen soll. Endlich einigte man sich und fing an, die Grundfeste zu graben. Es dauerte aber nicht lange und es kamen Geier, welche mit wildem Geschrei den Bauplatz umflogen. Sie wurden immer wütender und zudringlicher, ja, sie rissen sogar den Arbeitern ihr Werkzeug aus den Händen und schleppten es fort. In einiger Entfernung ließen sie es auf einem freien Platze wieder fallen. Man beriet nun, was das wohl zu bedeuten habe, und kam schließlich überein, den Bauplatz an die Stelle zu verlegen, an welche die Geier die Kellen und Hämmer und Spaten hingetragen. Darauf beruhigten sich die Vögel und flogen fort. Das Dörfchen, in dem dies geschehen, heißt Geiersthal.

Von der Entstehung der Wallfahrtskirche Osterbrünnl

Am Nachmittage des Ostersonntags 1660 sah der Viehhirte des Bruckhofbauern, als er wie gewöhnlich seine Herde überwachte, in der Teisnach ein liebliches Muttergottesbild auf dem Wasser daherschwimmen. Er stülpte die Hose auf und watete nach dem Bilde. Zu seiner größten Verwunderung aber konnte er es nicht erreichen; denn sobald er es anfassen wollte, glitt es ihm unter der Hand fort, tauchte aber alsbald in der Nähe wieder auf, ohne jedoch weiter talabwärts zu schwimmen. Nach langem vergeblichen Bemühen lief der Hirte nach dem Bruckhofe und erzählte den sonderbaren Vorfall seinem Dienstherrn. Dieser ging sogleich mit ihm, und was vorher einem nicht gelang, das brachten jetzt auch beide nicht zuwege. Da dachte der Bruckhofer an den Pfarrer und holte ihn. Der konnte das Bild ohne besondere Mühe aus den Fluten holen und wollte es nun nach der Pfarrkirche tragen. Als er jedoch an die Stelle kam, wo heute das Kirchlein Osterbrünnl steht, wurde das Bild mit einemmal so schwer, daß es ihm unmöglich wurde, es weiter zu tragen. Daher lehnte er es an einen Erlenstamm am Wege. O Wunder! kaum hatte das Bild den Boden berührt, sprang eine murmelnde Quelle daraus hervor. Daran erkannte der Pfarrer, daß es der Wunsch der Gottesmutter sei, hier ein Heim zu besitzen, und er hängte daher das Bild an die Erle. Der Bruckhofer errichtete alsbald eine hübsche Holzkapelle, die später, nachdem sie morsch geworden war, aus Stein erbaut wurde. Noch heute befindet sich dort jenes Bild der Gottesmutter, das einst auf dem Wasser herabschwamm. Es hat seither schon vielen Unglücklichen Trost gespendet und Hilfe gebracht.

Von der Entstehung der Kirche in Oberkreuzberg

Ein Bauer, der zwischen Schönberg und Rinchnach seinen Hof besaß, kam zum Sterben. Auf seinem Erdenwandern hatte sich so manches Sünderpäckchen zusammengeläppert und er befürchtete sehr, daß St. Peter seine »Achsel schützen« möchte, wenn er bei ihm um Einlaß anklopfe, und so wollte er für seiner Seele Heil noch ein übriges tun. Er ordnete an, daß nach seinem Tode sein Leib auf einem mit zwei seiner Ochsen bespannten Wagen gelegt werde und man das Gefährte führerlos des Weges gehen lassen solle. Dort, wo er stehen bleibe, solle man dann aus seinem hinterlassenen Vermögen eine Kirche erbauen. Das geschah und so entstand die Kirche beim oberen Kreuzberg. Das Grabmal des Bauern soll noch in der Kirche zu sehen sein.

Die redenden Ochsen in Großenpinning

In Großenpinning bei Münchshöfen lebte ein gottesfürchtiger, heiligmäßiger Bauersmann mit Namen Hermann. Der Knecht desselben legte sich in der Christnacht einmal in den Ochsenbarn. Da hörte er in der Mitternachtsstunde einen der Ochsen sprechen: »Das kommende Jahr wird ein trauriges werden, wenn wir unseren Herrn zur letzten Ruhe führen müssen!« »Ja, ja und eine lange Fahrt steht uns bevor, bis wir ihn nach Oberkreuzberg bringen!« sagte der andere. Was die Ochsen prophezeit hatten, traf ein. Während des nächsten Jahres starb Hermann, der Bauer. Man legte den Leichnam auf einen Wagen, der mit jenen zwei Ochsen bespannt war. Diese führten ihn aus dem fruchtbaren Gefilde der Donauebene hinein in den Bayerischen Wald. Am Fuße eines Berges, der mit einem Kreuz gekrönt war, rasteten sie. Die Begleiter wollten darauf den Leichnam vom Wagen nehmen, da zogen die Ochsen wieder an und erst auf dem Berge oben hielten sie wieder. Hier lud man den Toten ab und begrub ihn. Über dem Grabe erbaute man dann ein Kirchlein mit niederem, hölzernem Türmchen.

Wenn von diesem Türmchen die Glocke die zwölfte Mittagsstunde verkündet, hören die läutenden Kinder dann und wann ein unterirdisches Klopfen in der Kirche. Die Leute sagen, daß das der selige Hermann sei, der damit anzeigt, daß seine Gebeine in Silber gefaßt werden sollen.

Ein altes, geschnitztes Bild in der Kirche erinnert an die oben beschriebene Leichenfahrt.

Die Kapelle in Reckenberg

Eine Frau nähte. Während sie wieder Faden vom Knäuel nahm, steckte sie die Nadel in den Mund und verschluckte sie unglücklicherweise. In ihrer Angst eilte sie zum Gnadenbilde Maria Taferl, das an einer Buche bei Reckenberg[1] angebracht war, und flehte um Hilfe. Da mußte sie plötzlich niesen und dabei sprang ihr die Nadel wieder zum Munde heraus. Auf diese Begebenheit hin, die überall schnell bekannt wurde, wallfahrteten die Leute der Umgegend um so lieber zu dem Gnadenbilde und suchten Erhörung und Rettung in allen Nöten. Als die Buche infolge hohen Alters gefällt werden mußte, baute man an ihre Stelle eine Kapelle und brachte daselbst das Gnadenbild unter.

Grainet

Es war zur Zeit als die Gegend zwischen Passau und Prachatitz (in Böhmen) fast noch undurchdringlicher Urwald war und nur der »goldene Steig« den Verkehr ermöglichte. Da verirrte sich ein einsamer Wanderer

---
1 In der Gemeinde Winzer, Bezirksamt Deggendorf, gelegen.

tief drinnen im Walde und stieg drei Tage lang in der Wildnis umher, ohne zum »goldenen Steig« wieder zu gelangen. In seiner Not gelobte er, an jener Stelle, an der er zur Straße käme, eine Kapelle zu erbauen. Bald darauf lichtete sich das Dickicht und er stand froh aufatmend vor dem langgesuchten Wege. Um später bei Einlösung seines Gelübdes den Platz wieder zu finden, steckte er seinen dürren Wanderstab hier in die Erde. Als man dann später an die Erbauung der Kapelle ging, da grünte der Stab und trieb Zweige und Blätter. Der Waldler sagt, er »groant« und so entstand der Name »Groanat«, Schriftdeutsch Grainet. Auch dem Dorfe, das sich mit der Zeit um das Kirchlein bildete, verblieb dieser Name.

Das Brunnenbarbel

Im Jahr 1610 wallfahrtete eine fromme Jungfrau namens Barbara aus Bischofsteinitz nach Neukirchen hl. Blut. Sie war krüppelhaft und suchte hier Heilung. Da erschien ihr im Schlafe Maria und sprach: »Gehe zum nächsten Feldhügel, grabe mit deinen lahmen Händen die Erde auf und forsche nach dem Keckwasser«. Barbara schleppte sich am nächsten Morgen den Hügel hinan und begann, ein Grübchen zu graben, aus dem alsbald eine muntere Quelle keck hervorfloß. Sie wusch sich mit diesem Wasser und wurde geheilt. Lange Jahre blieb sie in der Gegend und verteilte das Wasser des neuen Heilbrünnleins an die Wallfahrer, weshalb man sie Brunnenbarbel nannte. Später kam der Geiz über sie und sie wollte das Wasser nur mehr gegen Erlag eines Brunnenpfennigs abgeben. Darauf versiegte die Quelle, bis sie Gott aufrichtig um Verzeihung bat. Die Quelle wurde nach Jahren ummauert und mit einer Kapelle überbaut, die der hl. Mutter Anna als Schutzpatronin anempfohlen wurde.

Ursprung der Wallfahrt Bogenberg

Im Jahre 1104, als Graf Aswin von Bogen auf seiner festen Burg Bogenberg Hof hielt, schwamm eines Tages das wundertätige Bildnis der Mutter Gottes auf der Donau den Strom aufwärts und stand auf einem aus der Donau ragenden Steine solange still, bis es von den Inwohnern Bogens gesehen wurde. Als man dem Grafen Aswin davon Mitteilung machte, kam er selbst an das Ufer und ordnete an, daß das Wunderbild, welches die Heimsuchung Mariens vorstellt, in Prozession auf den Bogenberg gebracht und in der Schloßkapelle eingesetzt werde. Der Abt mit dem gesamten Konvent des Klosters Oberalteich beteiligte sich an der Überführung.

Die Bestätigung der Wundertätigkeit des Bildes auf dem Bogenberg

Nicht alle Leute glaubten, daß das Gnadenbild stromaufwärts geschwommen sei. Da wollte Graf Aswin selbst die Probe machen und erklärte: »Wenn es wahr ist, daß das Bildnis aufwärts geschwommen ist, dann ist es auch möglich, daß ich den Bogenberg auf seiner steilsten Stelle hinaufreiten kann!« Sprach's und ging sofort daran, durchzuführen, was allen unmöglich schien. Es gelang ihm wirklich, die Spitze des Berges reitend zu erreichen und niemand zweifelte mehr an der Wunderkraft des Bildes. Freilich machte das Pferd bei dem Ritte auf die Höhe solche Anstrengungen, daß von dem gewaltigen Hufschlag die Hufspuren im Felsen zurückblieben und noch heute zu sehen sind.

Vom Kloster St. Maria in Niederviehbach

Das Kloster Niederviehbach wurde 1296 von Berengar von Leonsberg gestiftet. Über die Stiftung geht folgende Sage: »Graf Berengar konnte sich nit entschließen, an was Ort er selbiges erbauen sollte. Damit er aber aus solchem seinem Zweifel kommete, laß er einen von purem Stein ausgehauenen Bildnis Mariä verfertigen, welchen er in seinem Schloß Leonsperg zwei Ochsen aufgelegt, dann solle, wo sie immer wollten, frey hingehen gelassen. Sie haben sogedachten Heiligen Bildnis über den Isar-Strohm auf einen Berg hinaufgetragen, sind daselbsten stehen geblieben, allwo nachmahlen zu größeren Ehren Gottes und Mariä das Kloster und Kirchen erbauet, und besagte H. Bildnis auf der Evangeli-Seiten in einen zierlichen Altar hineingesetzt, anno 1755 den 16. Maji aber dann auf dem Chor-Altar eingesetzt worden ist.« *Zimmermann, Geistlicher Kalender*

Das niederbayerische Loretto

Zwei Wegstunden von Bogen steht donauaufwärts am linken Ufer die Wallfahrtskirche Sossau. Früher befand sie sich auf dem rechten Ufer, wurde damals aber oft vom Hochwasser arg bedrängt. Eines Tages war sie wieder in Gefahr, von den Fluten hinweggeschwemmt zu werden. Da kamen des Nachts Engel vom Himmel, trugen die Kirche in ein Schiff, führten sie über den Strom und setzten sie jenseits an einer geschützten Stelle wieder ans Land. Als die Leute morgens erwachten, sahen sie mit Verwunderung die Kirche auf dem linken Ufer.

Die Kirche wurde ein vielbesuchter Wallfahrtsort; namentlich pilgern die Frauen gerne dorthin.

Halbmeile

Früher breitete sich zwischen Deggenau und Hengersberg ein dichter Eichenwald aus. Durch denselben ritt vor fast 300 Jahren nachts einmal ein Advokat aus Deggendorf, der in gerichtlicher Angelegenheit in Hengersberg zu tun hatte. Da erschien ihm plötzlich mitten im Walde ein grausiges Gespenst, das ihn entsetzlich ängstigte und bedrängte. In seiner Not rief er die Hilfe Mariens an und versprach, ein Bildnis Mariens von den sieben Schmerzen aufzurichten. Sofort verschwand das Gespenst und er kam ohne weitere Belästigung durch den Wald. Nach kurzer Zeit ließ er, wie er gelobt, hart an der Straße, da wo er sein Gelöbnis gemacht hatte, ein Mäuerlein aufführen und daran das Bildnis Maria sieben Schmerzen anbringen.

1733 wurde darüber eine Holzkapelle errichtet. Etwa 50 Jahre später erstand dann an ihrer Stelle ein steinernes Gotteshaus.

Das Gnadenbild Maria sieben Schmerzen wurde mit der Zeit von zahlreichen Personen aufgesucht und verehrt. Bald wurden auch auffallende Erhörungen bekannt, die Anlaß waren, daß die Stätte zu einer aufblühenden Wallfahrt wurde, die, weil sie eine Stunde von Deggendorf entfernt liegt, Halbmeile genannt wurde.

Der Frevel zu Halbmeile

Am letzten Tage des Monats April des Jahres 1690 ritt der churbayerische Kürassier Klein aus seinem Quartierorte Hengersberg gen Deggendorf. Als er im Walde zu dem Bilde Maria sieben Schmerzen kam, erfaßte ihn tolle Wut, zog er seine Pistole und schoß auf das Bild. Dann riß er seinen Säbel aus der Scheide und hieb wie verrückt darnach. Die Schnitt- und Stichverletzungen am Bilde wurden wieder ausgebessert; die Schußverletzung ist heute noch wahrzunehmen.

Das Schicksal erreichte den Frevler. Auf dem Heimweg warf ihn sein Pferd, ein prächtiger Talerschimmel ab, worauf dasselbe auf ihn sprang und ihn schrecklich zurichtete. Das Fleisch hing ihm von beiden Wangen und die Hirnschale war ihm eingedrückt. Auf das Geschrei des so übel Zugerichteten kamen Bauern, die auf den Feldern in der Nähe gearbeitet hatten, herzu, hoben ihn auf und verbrachten ihn nach Deggendorf. Dort wurde ihm in einem Gasthause in einer Kammer zu ebener Erde ein Lager bereitet. In der zweiten Nacht streckte um Mitternacht plötzlich ein Pferd den Kopf zum offenen Fenster herein und wieherte laut. Gleich darauf starb der Frevler.

Neukirchen hl. Blut

Als im Jahre 1450 Hussens Lehre in Böhmen Anhänger fand, trug es sich zu, daß ein Hussite bei der Kapelle von Neukirchen vorüber seinen Weg zu Pferde nahm. Hier stieg er ab, brach nicht nur gegen das Muttergottesbild in der Kapelle in gotteslästerliche Reden aus, sondern legte sogar Hand an, riß es vom Altäre weg und warf es in einen nahegelegenen Brunnen, welcher noch heutigen Tages in der Sakristei zu sehen ist. Dreimal warf er das Bild in den Brunnen, dreimal ward es durch unsichtbare Hand aus dem Brunnen wieder an seine Stelle gehoben. Da entbrannte des Hussiten Zorn in furchtbare Wut, er zieht das Schwert und versetzt dem Bildnis einen gewaltigen Hieb, so daß er Krone und Haupt bis zum rechten Auge hin spaltete. Doch siehe! Da floß Blut aus dem hölzernen Bilde. Der Bösewicht erschrickt, wirft sich auf sein Pferd und treibt es zur raschen Flucht. Obgleich nun das Roß so heftig zu rennen schien, daß es die vier Hufeisen verlor, so kam es in der Tat doch nicht von der Stelle. Da erkannte der Hussit ein höheres Walten, bereute seine Missetat und bezeugte das Wunder vor allem Volke. *Müller und Grueber, Der Bayerische Wald*

Die blinde Marter

Außerhalb der Stadt Deggendorf steht in der Stadt-Au eine runde Granitsäule, welche eine Monstranze aus Blech und darunter die Aufschrift trägt: »Bis zu dieser Säule, genannt blinde Marter, drangen die Hussiten im Jahre 1430 vor. Viermal suchten sie zu stürmen, wichen aber nach der Legende durch den Segen mit dem hl. Mirakel von der Stadtmauer aus geblendet entsetzt zurück und zogen endlich ab.«

Als nämlich im Jahre 1430 die Hussiten unserm Bayerlande ihren ungebetenen Besuch abstatteten, zogen sie auch vor Deggendorf, das damals von einer hohen und starken Mauer und einem breiten und tiefen Ringgraben umgeben und von tapferen Bürgern bewohnt war. Viermal rückten die wilden Horden an und viermal mußten sie weichen. Die Deggendorfer hätten vielleicht der Übermacht nicht endgültig Widerstand zu leisten vermocht; aber ein Höherer, ein Mächtigerer, war ihr Beschützer und Helfer. Unter den mutigen Bürgern stand, die Monstranze in den Händen, der furchtlose Pfarrer und gab von der Mauer herab den Segen. Da wurden die Feinde geblendet und mußten sich zurückziehen, bis sie endlich, eine höhere Macht ahnend, sich vollends aus dem Staube machten.

Das wunderwirkende Kruzifix auf dem Kreuzberg zu Haardorf

»Wer zwar ein Kunst- oder Meister-Stuck zu sehen begierig, der lasse sich von Fürwitz nicht anleiten nacher Hardorf zu kommen, und etwas solches an allhiesigen heiligen Kreutz zu bewundern, indem derjenige, so diese Bildniß schon vor viel hundert Jahren verfertiget, mit weit mehrer Frommkeit, und göttlichen Gnad, als Kunst, und Erfahrenheit in Schneidung der Bildern versehen gewesen«, so heißt es in einem 1775 zu Straubing gedruckten Wallfahrtsbüchlein.

Von einem Grafen zu Hals soll es 1262 hieher geschenkt worden sein und in unzähligen Fällen Hilfe in allen Nöten gebracht haben, wie die vielen Votivtafeln und Weihegaben beweisen. Niemand, der sich an das wundertätige Bildnis gewendet, hat das Kirchlein unerhört verlassen.

Eine Menge Heilungen sind »angezeigt« und aufgeschrieben worden. Lassen wir nur einige Beispiele folgen:

1. Theresia Doblerin abgedankte Soldatin hat ihr Töchterl mit 3 Jahren allher verlobet, weilen ihme die Mader in den Kopf gewachsen, und kein Mittel zu helfen ware, nach gethaner Gelübd seynd die Mader aus dem Kopf kommen, und ist stündlich besser worden den 8. Juni Anno 1731.
2. Maria Anna Unverdorbin attestirte den 20. Juli 1764, daß sie den Wurm am Kopf gehabt, alle Mittel ohne Verfang angewendet, als sie sich aber anhero verlobt, ist sie davon befreyt worden.
3. Eine gewisse Person verlobt sich anhero den 12. Jenner 1770 in Anliegen eines Zahn-Geschwär, welches kein Ueberschlag noch anderes vertreiben kunte, und als sie sich anhero versprochen, ist das Geschwär vergangen.
4. Gleiche Gutthat hat auch erhalten, und angezeiget den 3. April 1767 Maria Schwanzlin aus der Hofkirchner Pfarr, daß sie in einen Trunk Wasser etwas bekommen, so in dem Hals 10 Wochen geblieben, durch Anrufung unsers lieben Herrn auf dem Kreutzberg allhier befreyt worden.
5. Den 22. Jenner Anno 1736 hat Bartholome Prunhueber Dienstknecht bey Johann Leßl Müller von Willing den Fuß ausgeköglet, so bald er sich anhero zu dem gekreutzigten Heiland verlobet, ist der Fuß den zweyten Tag ohne Anstand besser worden.
Zeugen Johann Wälleder Bauer von Hardorf, und Augustin Hofer Bauer von Milging.
6. Antonius Schneider, Bauer zu Unternbuch aus der Pleintinger Pfarr, verlobte sich anhero im Jahr 1766, mit einem Votiv-Täfelein, als er in einem Raufhandl tödtliche Streich bekommen, am ganzen Leib zerschlagen, übel zugericht worden, und ist glücklich wieder curirt, und restituirt worden.

Aber nicht nur Menschen, auch Tieren wurde Heilung erwirkt:

1. Sebastian Froschauer von Eichendorf verlobte sich anhero den 10. Juni 1763 mit einem Pferd, so Jahr und Tag den linken Fuß nicht brauchen können, und ist besser worden.

2. Simon Schweicher von Wallerstorf verlobte sich anhero den 15 Juni 1770 mit einem Rind, so ein Geschwär am Kopf bekommen, und ist gleich vergangen.

Von der Wallfahrt zum hl. Kreuz in Tann (in Niederbayern)

Von dem ehemaligen Schlosse des Grafen zu Leonberg, das einst östlich von Tann am sogenannten Burgstall beim heutigen Bergbauern stand, ging ein Steg über den Marktplatz zur Kirche. Auf diesem Stege befand sich ein Kruzifix, dem man wundertätige Kraft zusprach. Eines Tages aber war dasselbe spurlos verschwunden, bis es nach Jahren ein Schreinergeselle zufällig unter dem Fußboden der Werkstätte seines Meisters wieder vorfand. Es kam dann in die Hände des damaligen Oberschreibers am Pfleggerichte Eggenfelden. Dessen Sohn wurde Marktschreiber in Tann. Derselbe brachte es wieder nach Tann zurück. Fortwährend konnte die Wunderkraft des Bildnisses beobachtet werden und nun zeigte sich auch ohne jedes menschliche Zutun auf einmal eine äußere Veränderung an dem Kruzifix. Der Bart, der an der Christusfigur nur angeleimt war, fing plötzlich zu wachsen an. Man beschnitt ihn und er wuchs wieder. Überall wurde das bekannt und von allen Gegenden kamen Leute herbei, das Wunder zu schauen.

Fürsterzbischof Johann Ernst von Salzburg verfügte, daß das Kruzifix in der Tanner Kirche zur öffentlichen Verehrung ausgestellt werde. Am 3. Mai 1696 wurde es feierlicher Weis dahin überführt. Darauf entwickelte sich in Tann ein reges Wallfahrtsleben.

Christus und Petrus in einem Bauernhof zu Niederalteich

Christus und Petrus kamen einst am späten Abend in einen Bauernhof und verlangten Nachtlager. Der Bauer sprach: »Durt könnts enk af d Ofenbank leng; aba zum Dreschn müaßts affsteh!« Die Wanderer legten sich auf die Ofenbank zur Ruhe, der Herr hinten, Petrus vorn. Schon um zwei Uhr kam der Bauer, sie zum Dreschen zu wecken. Als sie fortschliefen, kam er wieder, rüttelte Petrus unsanft und strickste ihn. Petrus darüber verdrossen,

bat den Herrn, die Lagerstellen zu tauschen. Der Bauer kam nun wieder, und weil es bei dem vordem nicht gehen wollte, strickste er den hintern und so kam Petrus noch einmal dran. Nun standen sie auf und gingen in den Stadel. Der Herr zog aus einer Garbe nur eine Ähre hervor, so daß ihr Stengel noch in der Garbe stecken blieb, und hielt die brennende Kerze an die Ähre. Während diese verbrannte, rieselten aus ihr allen soviele Körner heraus, daß bald ein Haufen auf der Tenne lag. Der habsüchtige Bauer hatte kein Äug verwendet und als Christus und St. Petrus, ihre Wanderung fortzusetzen, den Stadel verlassen hatten, wollte er es dem Herrn nachmachen. Er zog eine Ähre aus der Garbe und wollte jene auch verbrennen; aber die Garbe fing Feuer und der Stadel geriet in Brand. Wie die Lohe hoch emporstieg und die finstere Nacht erhellte, rief der Herr: Peter sieh Dich um! *Panzer*

Die Rastbuche

Am Abhange des Büchelsteins steht mitten im Walde ein Wallfahrtskirchlein, welches »Rastbuche« genannt wird. Im Inneren des Kirchleins befindet sich ein Stein, der deutlich die Spur eines Kniedruckes aufweist. Im Volksmunde lebt darüber die Sage, daß einst der Sohn Gottes hier herauf ging, um vom Gipfel des Büchelsteins aus die herrliche Aussicht über die Donauebene zu genießen. Als er den Berg zur Hälfte erstiegen hatte, ließ er sich müde im Schatten einer mächtigen Buche nieder, um auszuruhen. Damit nun diese Stelle auf ewige Zeiten gekennzeichnet sei, drückte er eines seiner Knie in den unter der Buche liegenden Stein. Anstelle der Buche ist später das Kirchlein gebaut worden. Die Leute der Gegend wallfahren gerne hieher, um Trost in Leiden oder um Erhörung einer Bitte zu finden.

Fürbitte der hl. Maria um Erhaltung der Ähren

In Niederbayern erzählt man: In frühester Zeit waren die Ähren nicht so klein wie jetzt, sondern der ganze Halmstengel war voll Körner. Es gab so vieles Getreide, daß es die Menschen im Überfluß nicht mehr achteten und selbst mit dem Brote Unziemliches trieben. Der liebe Gott erzürnte und wollte alle Feldfrucht zerstören. Die hl. Maria bat, nur ein wenig für die Hunde und Kätzlein stehen zu lassen. Das sind die heutigen Ähren. *Panzer*

Landshuter Wein

Um Landshut wurde früher auch Wein gebaut. Derselbe war aber so sauer, daß es nur ganz ausgepichten Trinkermägen möglich war, ihn zu genießen. Man nannte ihn lacrimae Petri, das heißt Tränen Petri.[1]

Als Christus nämlich seinerzeit auf Erden wandelte und der Sage nach auch Niederbayern besuchte,[2] da kam er mit seinen Jüngern einmal in die Landshuter Gegend. Es war Sommer und die Sonne brannte heiß auf Petris Glatze, so daß dieser vor Durst lechzte. Er schämte sich aber, es zu gestehen, blieb hinter den Reisegefährten zurück und schlich sich in Berg in ein Bauernhaus, in dem er seinen Jammer vorbrachte. Der Bauer stieg in den Keller hinab und brachte Petrus ein Krüglein »Eigenbau«. In seiner Gier leerte es dieser auf einen Zug. Der Trunk aber war so sauer, daß es ihm das Wasser aus den Augen trieb, und als er zum Herrn zurückkam, sagte derselbe zu den übrigen Jüngern, indem er auf Petrus deutete: »Seht, solcher Wein wächst hier!« »Lacrimae Petri!« nickte Johannes.

Der Fußtritt Christi

Bei Tännenried liegt ein Stein, an dem deutlich die Spur eines Fußes ersichtlich ist. Das Volk erzählt nun, daß, als Christus noch auf Erden wandelte, er auch nach Trammetsried kam und auf den Stein trat, so daß sich seine Fußstapfe zum ewigen Andenken eindrückte.

Die zwölf Apostel in Niederalteich

Als die Hussiten unsere heimatlichen Gefilde raubend und sengend durchzogen, da kamen sie auch an das reiche Kloster Niederalteich und plünderten die klösterliche Schatzkammer, rissen in der Kirche die Reliquienschreine auf und nahmen mit, was sie nur Kostbares fanden. Selbst den Tabernakel am Hochaltar schlugen sie ein und stahlen daraus die goldenen

---

1 Im Gegensatz zu lacrimae Christi = Christustränen, einem köstlichen Wein, der am Fuße des Vesuvs wächst.
2 Siehe die Sagen »die Rastbuche«, »Christus in Niederalteich«.

Gefäße, die Hostien an den Altarstufen höhnend herumstreuend. Da fingen die hölzernen Apostelfiguren an den Wänden an, sich zu regen, und sie hoben ihre Rechte empor, die Rache Gottes über die frechen Räuber herabrufend.

Noch heute kann man die Apostelfiguren sehen, wie sie die Hand zum Himmel erheben.

Das Teufelsvieh

Der Herrgott schuf das kräftige Pferd; der Teufel äffte ihn und setzte den trägen Esel in die Welt. Der Herrgott machte Hunde und Kätzlein, sein Widerpart ersann die Ratten und Mäuse. Immer, wenn jener der Schöpfung wieder ein neues Stück seiner Liebe und Güte einfügte, vermehrte dieser die Zeugen seiner Bosheit. Da ließ der Herr schließlich noch das Bienlein nach den bunten Blumenkelchen summen, den süßen Honig zu heimsen, und siehe, der Satan hatte schon sein Gegenstück fertig, die eklige Bremse, und ließ sie auf die weidenden Tiere los, sie zu quälen.

Nun wißt ihr, warum man die Bremse das Teufelsvieh nennt.

D' Amoasn[1]

Wia unsa Herrgod d' Welt daschoffa hot, wia rad' Elefantn und d' Löwn und d' Tiga, d' Ochsn, d' Küah und d' Esin fürti ghabt hot, hot r a an d' Amoasn denkt und hot zon Erzengl Gabriel gsogt, er soil s' mocha. »No«, hot der gmoant, »wia denn?« Unsa Herrgod hot vostandn: »Wann denn?« und hot g'antwort': »Halt inta[2] Mittag)!« Da hot da Erzengl Gabriel vostandn: »In da Mitt' a(b)!« und drum hat a dös Viechal[3] so gmocht, daß ma sched[4] moant, es wa(r) in da Mitt' a(b).

---

1 Die Ameise.   3 Viecherl, kleines Tier.
2 Unter, während.   4 Sched = schier.

Sagen vom Schnee

Als unser Herr alles erschaffen hatte, Gras und Kräuter und Blumen und ihnen die schönen Farben gegeben, in denen sie prangen, machte er zuletzt den Schnee und sagte zu ihm: »Die Farbe kannst Du dir selber suchen; denn Du frißt ja so alles.« – Der Schnee ging also zum Gras und sagte: »Gib mir Deine grüne Farbe!« Er ging zur Rose und bat um ihr rotes Kleid, dann zum Veilchen und wieder zur Sonnenblume; denn er war eitel und wollte einen schönen Rock haben. Aber Gras und Blumen lachten ihn aus und schickten ihn des Weges. Da setzte er sich zum Schneeglöckchen und sagte betrübt: »Wenn mir niemand eine Farbe gibt, so geht es mir wie dem Winde, der nur darum so bös ist, weil man ihn nicht sieht.« Da erbarmte sich das Blümlein und sprach bescheiden: »Wenn Dir mein schlechtes Mäntelchen gefällt, magst Du es nehmen.« Und der Schnee nahm es und ist seitdem weiß; aber allen Blumen bleibt er feind, nur nicht dem Schneeglöckchen.

Regen und Schnee gingen einmal über Land und kehrten bei einem Bauern zu. »Gib uns zu essen«, sagten sie, »sonst bringst Du uns nicht an!« Der Bauer erschrak, griff nach einem Topfe auf dem Herd und sagte: »Da habt ihr was! Den Deckel könnt ihr selbst abtun!« Als sie dieses taten, fuhr der heiße Dampf heraus und vertrieb den Regen zum Dache hinaus und den Schnee in den Fußboden. *Schönwerth (und Wenz)*

Das versunkene Kirchlein

Auf dem Wege von Wollaberg nach Aßberg war dort, wo jetzt das eiserne Kreuz steht, früher ein Kirchlein, in dessen Diensten ein alter Mesner namens Andorfer stand. Eines Nachts, so erzählt die Sage, als eben ein fürchterliches Gewitter über die Gegend ging, und der Regen in Strömen niederfloß, sei ein Raubritter auf seinem Beutezug hiehergekommen und hätte den Mesner gebeten, ihm und seinen Begleitern bis zum Morgengrauen Unterschlupf im Kirchlein zu gewähren, was ihm der Alte bereitwilligst zugesagt hätte. Des anderen Tages sei aber das Kirchlein mit Mann und Maus verschwunden gewesen; der Erdboden habe alles verschlungen. An der Stelle gehen nun Irrlichter um und manche haben aus der Tiefe Hundegebell und Glockengeläute vernommen; zeitweise soll man auch eine Stimme rufen hören:

Anastas Andorfa –
Bin i denn ganz verworfa!
Anastas, lang is her!
Kennt mi koa Seel nöt mehr?
Suchts mi da in da Erd'
Mehr als dreißg Schuah verschert!
Andorfa, Andorfa,
Laßts mi auf enk no hoffa!

Brudersbrunn

Es waren einmal drei Grafensöhne, die mußten fort in den Krieg. Viele Jahre waren verflossen, seit sie ihre lieben Eltern und die teure Heimat verlassen hatten. Da kam ein Wanderer müde, hungrig und durstig durch einen Wald gepilgert. Sein Angesicht war sonnverbrannt, die Kleidung schlecht, zerrissen. Eifrig suchte er nach Beeren, seinen Hunger zu stillen, und nach einer Quelle, seinen Durst zu löschen. Er fand auch, was er suchte. Hinter dichtem Gestrüppe, da murmelte und sprudelte es und ringsherum lachten purpurne Erdbeeren. Der Wanderer labte sich und streckte dann die müden Glieder im Schatten einer Eiche aus, um von den Strapazen der Wanderschaft auszuruhen. Nicht lange aber und es kam wieder ein Wanderer des Weges und noch einer, müde, hungrig und durstig wie er. Auch ihre Gesichter hatte die Sonne gebräunt und ihre Kleider waren nicht besser als die seinen. Als sich auch diese an der Quelle gestärkt, ging es an ein Erzählen: Woher, wohin und was erlebt? Welch' wunderbare Fügung! Die drei Wanderer waren jene Grafensöhne, welche vor Jahren in den Krieg gezogen waren. Als sie sich erkannt hatten, fielen sie einander um den Hals und weinten Freudentränen. Ehe sie sich nun aufmachten, um gemeinsam heimwärts zu ziehen, gelobten sie, hier an der Quelle, wo Gott sie so unerwartet zusammengeführt, eine Kapelle zu erbauen, und sie hielten Wort. Diese Kapelle, welche den Namen »Brudersbrunn« führt und der Hl. Dreifaltigkeit geweiht ist, liegt ungefähr eine halbe Stunde von Grafenau entfernt und ist ein vielbesuchter Wallfahrtsort.

Handlab

In der Pfarrei Iggensbach befindet sich auf einem mäßig hohen Bergrücken von Linden umschattet die Wallfahrtskirche Handlab. Über ihre Entstehung wird folgende Sage berichtet:

Ein frommer Hirte hatte in einer hohlen Eiche mitten in dem Walde, der zur Burg Engelsberg gehörte, das Bild Mariens angebracht und verrichtete dort täglich sein Gebet. Die Schloßherrin von Engelsberg kam auch oft in diese Gegend, die von der Natur besonders bevorzugt war, und als sie das Bildnis Mariens erblickte, kniete sie sogleich nieder, um der Gottesmutter ihr Leid zu klagen: Der Graf zu Engelsberg war nämlich ein roher Geselle. Er kannte nur Trunk, Spiel und Jagd. Nüchtern war er fast nur, wenn er krank war und das war er äußerst selten. Sie kam nun wöchentlich mehrmals hieher und da schickte es sich wohl manchmal, daß auch der Hirte gerade an der Eiche kniete, wenn die Gräfin erschien. Ein Knappe, der gleich bösen Sinnes wie sein Gebieter war, hatte sie einmal beobachtet. Er schlich darauf zum Grafen und erregte dessen Eifersucht. Der Graf eilte hinaus in den Wald, hin zur Eiche mit dem Bilde.

In hehrer Andacht versunken, knieten Gräfin und Hirte nebeneinander. In sinnloser Wut stürzte sich der Graf mit gezücktem Schwerte auf die Gräfin und schlug ihr die Hand ab, die sie zur Abwehr ausgestreckt hatte. Die mißhandelte Frau hob den blutenden Stumpf zum Himmel. Da war plötzlich die Hand wieder angeheilt; nur ein roter Streifen, der sich um das Handgelenk zog, blieb zurück. Darauf erkannte der Graf, daß er seiner Frau doppelt unrecht getan hatte. Er bat sie um Verzeihung und wurde von dieser Stunde an ein guter Hausvater. Die alte, hohle Eiche ließ er fällen: dafür erbaute er an der Wunderstätte ein Kirchlein, welches vom Volke Handlab genannt wurde und wird.

Schimmelkapellen

Von dem am Ende des Ostabhanges des Bogenbergs gelegen und zum Hutterhof gehörigen Ulrichskirchlein wird folgendes erzählt: Im Hutterhof ging einmal ein Schimmel ab. Alle Umfrage in der Umgebung war ergebnislos. Schließlich war man darin einig: der Schimmel ist nachts gestohlen worden.

Mehrere Wochen darnach wollte die Hutterhofbäuerin dem Ulrichskirchlein wieder einmal einen Besuch abstatten; doch vermochte sie die Türe nicht zu öffnen. Sie ging wieder heim und holte den Schlüssel, fand nun aber, daß das Schloß ohnehin nicht gesperrt sei. Jetzt wendete sie alle Kraft auf und endlich gelang es ihr, die Türe aufzudrücken.

Innerhalb derselben lag – der vermißte Schimmel tot. Er war von der Weide weg unversehens in die Kapelle geraten, hatte von rückwärts die Türe zugestoßen und war verhungert. Böse Zungen machten natürlich gleich ihren Schluß auf die Frömmigkeit des Hutterhofbauern und seiner Angehörigen.

Ähnliches wird von verschiedenen niederbayerischen Kapellen erzählt. Solche Kapellen heißen Schimmelkapellen.

Von der Holledau

Der junge Araber fand bei seinen Stammesgenossen erst Beachtung, wenn er ein Pferd gestohlen hatte. Unsern Holledauern verflossener Generationen sagt man ebenfalls große Vorliebe für fremde Pferde nach. Die Überlieferung bringt hievon Dutzende von Beispielen. So erzählt man von einem Einödbauern, der samt seinen Söhnen und drei Enkeln zu Moosburg wegen Pferdediebstahls an den Galgen geknüpft wurde. Zuerst kamen die Enkel und Söhne daran, zuletzt der Alte mit seinem weißen Spitzbart.

Einen alten Jäger traf das gleiche Schicksal, da er Fohlenfleisch statt Hirschfleisch verkaufte.

Einmal wurden Holledauer Diebe, die einen Schimmel gestohlen hatten, verfolgt und sie haben sich genötigt, das Pferd in einem am Wege gelegenen Kirchlein zu Larsbach einzustellen und das Weite zu suchen; des anderen Tages wollten sie es wieder holen. Da aber die Diebe eingeholt und gefangen genommen wurden, mußte der Schimmel nach einigen Tagen verhungern. Der Mesner fand ihn später tot innerhalb der Kirchentüre liegen.

Allgemein bekannt ist das Holledauer Lied:

1. O heiliga Sankt Kastalus
   und unsa liabö Frau,
   ös werds uns do wohl kenna,
   mia san vo da Holladau. Juchhe!

2. Verdn san uns neunö gwön,
   heunt san uns grad mehr drei;
   dö andan san beim Schimmistehln,
   Maria, steh öa bei!

3. Z' Nandlstadt, da steht a Galgn,
   dö is a Moastastuck
   und wer koa Holladaua is,
   der kimmt glei wieda zruck.

4. Diaweil da Kaisa hat'n grad
   den Nandlstadtan gschenkt
   und wer koa Holladauer is,
   der wird a durt nöt ghenkt.

5. In Au, da ham s' an eahnan Schloß
   grad 40 Jahr dro baut,
   weil koana hat mit seine Roß
   a Fuhr si z'macha traut.

6. Denn d' Schimmön san gar teua worn
   seidem da letzt' voreckt,
   und 's Kirchal is abrocha worn,
   wo man ihn hat vosteckt.

7. Dös Kirchal war bei Volkaschwand
   hoch aufn Bergal drobn.
   Da Schimmö is vohungat drinn,
   wei(l)s durt koan Haban ham.

8. Und z' Wolnzach ham s' a Pflasta kriagt,
   dös is a Rarität;
   nur wia ma junge Stoana ziagt,
   grad dös vostengan s' nöt.

9. Drum laufan s' in a Welt herum
   und suachan d' Stoana zsamm
   und schaung so blind und schaung so dumm
   ob s' an rechtn Sama ham.

10. Dö Moaburga san rari Leut,
    dö ham gnua Bier und Geld,
    sie führn a Lebn voll Herrlichkeit,
    wia d' Protzn auf da Welt.

11. Sie ham an Schlüssl in da Hand
    zua ganzn Holladau,
    drum fragt ma z' Moaburg umanand:
    »Wißts ös an Weg auf Au?«

12. Und oans, ma hat z' wia oft scho gfragt:
    »Wia graouß is d' Holladau?«
    Und auf dös hat ma allmoi gsagt:
    »Dö Frag, dö is ma z' schlau!«

13. I moanat halt, es war a Haus,
    dös viel Norrn fassn ko
    und d' Holladau geht durt erst aus,
    wo dö Gscheidn fangen o.

14. O heiliga Sankt Kastalus,
    um was i di no bitt':
    Um hundattausnd Tala
    und gib mia dös Geld glei mit.

15. Um hundattausnd Tala, ja,
    und no amol so viel
    und alle Tag viel Fleisch und Bier,
    an Himmi, wia r i will!
    Nach Schöppner und mündlicher Überlieferung

Der Ritter von Bogen

Wenn in alter Zeit in deutschen Landen Unruhe herrschte, dann brachen häufig die Ungarn ein und verwüsteten die reichsten Gaue. So war es auch wieder im Jahre 955. Damals drangen sie bis nach Schwaben vor. Auf dem Lechfelde schlugen sie ihr Lager auf und bedrängten die Stadt Augsburg. Schon glaubten sie sich dem Ziele nahe, als König Otto I. zum Entsetzen herannahte. Alle deutschen Stämme hatten sich an diesem Zuge beteiligt. Die meisten Streiter aber sandte Bayern. Unter den letzteren befand sich ein junger Kämpfer, der kaum den Knabenjahren entwachsen war, mit blassem Milchgesicht und von zartem Körperbau; doch flink tummelte er seinen Rappen und sicher schnellte er den Pfeil vom Bogen, seiner einzigen Waffe.

Zweimal stand bereits der Sieg auf Seite der Feinde und jedesmal schoß er einen ihrer Führer in dem Augenblick vom Rosse, als dieser sich im Siegestaumel aufrichtete und den Seinigen zujubelte. Zweimal brachte er dadurch Verwirrung in die Reihen der Ungarn, und als endlich doch das Kriegsglück endgültig sich auf die Seite der Deutschen neigte, nützte ein Ungar einen günstigen Augenblick, indem er auf seinem flinken Renner sich durch die Reihen drängte und seinen Säbel auf König Otto schwang. Aber im Hui hatte ihn wieder der junge Bayernschütze unschädlich gemacht.

In wilder Flucht verließen die Ungarn das Land. König Otto kniete inmitten seines Heeres auf dem Schlachtfelde nieder, dem Himmel für den Sieg zu danken. Dann ließ er den jungen bayerischen Bogenschützen zu sich kommen, schlug ihn zum Ritter und sprach: »Dreimal hat Dein Bogen entscheidend eingegriffen. Du sollst daher Ritter von Bogen heißen und drei Bogen in Deinem Wappen führen!«

Graf Aswins Tanne

Im Böhmerwalde war ein wildes, unsicheres Leben in alter Zeit; denn kaum verging ein Tag im Jahre, an dem die Deutschen und die Slaven sich nicht in den Haaren lagen. Feuer und Wasser wären besser miteinander ausgekommen als diese beiden grundverschiedenen Völkerschaften. Erst als der große Kaiser Karl die böhmische und serbische Mark gestiftet, ward Ruhe und es konnten an der Grenze einige Ortschaften entstehen. Kaum aber hatte der Tod dem preiswürdigen Fürsten die Zügel der Herrschaft entrissen, so brachen die Slaven wieder los und suchten das deutsche Gebiet mit ihren Beutezügen heim. Diese gemeinschädlichen Grenzbalgereien dauerten fort bis ins 16. Jahrhundert.

In den Tagen Heinrich IV. hausten die Slaven ärger denn je. Da faßte der Kaiser den klugen Entschluß, ein mächtiges Herrschergeschlecht nach den bedrängten Gegenden zu verpflanzen und in solcher Weise die Grenzhut zu stärken. Er sah sich zu dem Zwecke die Grafen von Bogen aus, die längs der Donau weit über die Berge und die Wälder geboten von der Mündung des Regen bis hinunter zur Ilz. Diese begabte er mit vielen Dörfern und Weilern im Grenzbezirke. Die Grafen bauten feste Burgen und Wehren und legten Mannschaften hinein, so daß die stößigen Nachbarn, wenn sie über die Grenze wollten, eine harte Nuß zu beißen fanden.

Einmal war ein absonderlich fruchtbares Jahr eingetreten und es stand im Regentale das Korn Garbe an Garbe auf den Feldern. Die Böhmen drüben beschlich die Lust zu ernten, wo sie nicht gesäet. Also taten sie sich in große Haufen zusammen und wimmelten aus den Wäldern und Schluchten hervor, so dicht wie ein Heer Ameisen. Aber Graf Aswin hielt treue Wacht, zog den Böhmen entgegen und schlug sie in drei Feldschlachten hintereinander.

Das letzte Treffen geschah am Alphaltersberg, jetzt Einfaltersberg genannt, hart an der Landstraße, die von Cham gen Straubing führt. Dort rastete nach blutiger Arbeit der Graf unter einer hohen Tanne und es stieg ihm der Gedanke auf, das Gedächtnis des Tages bleibend auf die Nachkommen zu bringen. Alsbald ließ er sein Schwert durch die Lüfte sausen und hieb mit mächtigen Schlägen in den Stamm der Tanne das Zeichen des Kreuzes.

Der Held ward hoch gefeiert in Lied und Sage und beim Volke hieß er der Schreck der Böhmen. Die Tanne stand viele Jahrhunderte aufrecht. Es ist so überlang nicht her, daß sie, altersschwach, vom Winde gebrochen wurde und zur Stunde noch leben Leute, die ihren umfangreichen Stock im Walde droben sahen und maßen. *(gekürzt) Adalbert Müller*

Das Schloßfräulein von Weißenstein

Bei der Belagerung von Weißenstein durch die Schweden kehrte ein Schloßfräulein den Belagerern zum Spott die Kugelspuren immer mit einem Besen weg. Als nun die Schweden die Burg endlich eroberten, mauerten sie das übermütige Fräulein lebendig ein.

Die Hunde von Weißenstein

Die Burg Weißenstein gehörte einstmals einem reichen und stolzen Grafen. Seine Frau, welche im ganzen Lande als eine Schönheit galt, war nicht nur stolz, sie war auch, was noch viel schlimmer war, hartherzig und verachtete alle, die auf keinem Schlosse saßen.

Eines Tages erging sie sich mit ihrer Kammerfrau im Walde, der um die Burg lag. Da kam ein armes Weib auf sie zu, fiel vor ihr auf die Knie und bat sie mit aufgehobenen Händen, sie möge sich ihrer und ihrer sieben hungrigen Kinderlein erbarmen. »Sieben Kinder und nichts zu essen?« schrie die Gräfin. »Hält sich ein Häusler sieben Geißen, wenn er sie nicht füttern kann?« Unwirsch über solch unliebsame Störung kehrte sie ins Schloß zurück. Verzweifelt richtete sich das arme Weib auf und streckte die Hände zum Himmel, indem sie der Gräfin nachrief: »Frau Gräfin! Euere Hartherzigkeit wird der dort oben strafen! Ihr sollt nach sieben Monaten sieben Knäblein auf einmal bekommen. Vom Erstgebornen werdet ihr wohl nichts zu befürchten haben; aber seine sechs nachgebornen Brüder werden nach sieben Jahren Dein Tod sein!«

Wie Dornen krallten sich diese Worte ins Herz der Gräfin. In schlaflosen Nächten – und sie hatte nun deren mehr als andere – wälzte sie sich unruhig auf ihrem Lager und jammerte jene Worte des Fluches vor sich hin: »…

seine nachgebornen Brüder werden nach sieben Jahren Dein Tod sein!« Ihre rosaroten Wangen wurden bleich; sie aß fast nichts mehr und mied jedes Vergnügen. Die Kammerfrau, die den Kummer der Herrin kannte, tröstete sie, indem sie sagte: »Glaubt doch nicht an das Geschwätz der Vettel! Und wenn es wahr würde, daß ihr sieben Kinder bekommen solltet, nun so lassen wir das erste leben; die übrigen sechs werfen wir in den Regen!« Darauf beruhigte sich die Gräfin.

Monat um Monat verstrich; der siebente seit jenem Vorfall kam näher und näher. Der Graf war auf einem Kriegszuge in Böhmen. Da bekam die Gräfin sieben Knäblein. Das älteste davon wurde in die weiche Wiege gebettet, die anderen sechs nahm die Vertraute der Gräfin, die Kammerfrau, auf deren ausdrücklichen Befehl, packte sie in einen Korb und schlich damit, sobald es dunkelte, einer Stelle des Regen zu, wo derselbe einen tiefen Tümpel bildete. Plötzlich vernahm sie den Hufschlag eines Pferdes. Rasch wollte sie sich hinter dem Stamme einer alten Buche verstecken; aber der

Reiter hatte sie beobachtet. Er sprang bei der Buche vom Pferde und zog die zitternde Kammerfrau aus ihrem Versteck hervor. »Was verkriechst Du Dich und was trägst Du im Korbe?« herrschte er sie an. Ihr klapperten die Zähne vor Angst. Der Reiter war nämlich der Graf, der unvermutet aus Böhmen zurückgekehrt war. »Hunde! Junge Hunde hab' ich da und will sie im Regen ertränken!« erwiderte sie. Da entriß ihr der Graf den Korb. Mit Entsetzen sah er die sechs Knäblein. Die Kammerfrau stürzte vor ihm nieder und gestand unter Tränen alles. Voll Zorn ergriff er die schlechte Ratgeberin, schleppte sie an den Regen und stieß sie in die Flut. Darauf nahm er den Korb mit den Knäblein unter seinen Mantel, stieg wieder auf sein Pferd und ritt mit seinen Knappen, die mittlerweile nachgekommen waren, wieder ins Böhmerland, wo er ein zweites Schloß besaß, und übergab die kleinen Geschöpfe dem Schloßvogt mit der Weisung, sie aufziehen zu lassen. Alsdann kehrte er, als ob nichts geschehen sei, nach Weißenstein zurück, wo er seine Frau und den Erstgebornen mit anscheinender Herzlichkeit begrüßte. Noch am selben Tage kam auch die Kunde in die Burg, daß die Kammerfrau ertrunken im Regen liege. Darob war die Gräfin innerlich froh; denn nun glaubte sie, wisse niemand mehr von dem Geheimnis, das ihr Gewissen belastete.

Des Grafen Söhnlein war daheim bald der Wiege entwachsen und gedieh sichtlich. Als es sieben Jahre alt wurde, veranstaltete der Graf ein Fest und lud hiezu alle Freunde und Verwandten ein. Was Küche und Keller bieten konnten, wurde auf die Tafel gebracht und zu Weißenstein wurde stets gut getäfelt. Die Gäste begannen schon, in ausgelassener Lust sich zu regen, da erhob sich der Graf und rief: »Edle Ritter! Schöne Frauen! Sagt mir, was soll mit einer Mutter geschehen, die ihre sechs gesunden Knäblein ertränken läßt wie junge Hunde?« Man sah sich ob dieses unerwarteten Zwischenfalles betroffen an. Da lispelte die Hausfrau: »Eine solche Rabenmutter verdient, lebendig eingemauert zu werden!« »Du hast Dir Dein Urteil selbst gesprochen!« rief wieder der Graf in höchster Erregung. Dann winkte er einem Diener, der zur allgemeinen Überraschung sechs blonde, blauäugige Knäblein mit ihren Ammen in den Saal führte. »Siehe, diese Deine Kinder sollten auf Dein Geheiß ersäuft werden!« nahm der Graf wieder das Wort und dann erzählte er den Anwesenden alles, was sich zugetragen. Manche der Gäste baten feuchten Auges für die Sünderin; aber sie selbst sprach: »Mir geschehe nach meinen Worten! Ich verdiene keine Gnade!«

Und es geschah so. Darauf verließ der Graf mit seinen Kindern und Dienern Burg Weißenstein, setzte sich einen Hund ins Wappen und nannte sich Graf Hund zu Weißenstein.

Gambrinus vor dem Egger Bräuhaus

Vor dem großen Egger Bräuhaus
steht Gambrinus steinern, riesig;
in der Hand hält er den Humpen,
Hopfensaft perlt drinnen flüssig.

Lange Jahre sind verflossen,
seit der gute Meister Hennig
seine Gurgel eingefeuchtet;
schuldig war er drum nicht wenig.

Ach, er trank ihn gar zu gerne,
Diesen edlen Saft, aus Gerste
und aus Hopfen fein gepantschet,
Kieser war er wohl der erste.

Aber an der schwarzen Täfel
war Herr Hennig angekreidet
Strich an Strich – du meine Güte!
's Trinken war ihm schier verleidet;

denn der Graf hört vom Braumeister
von Herrn Hennigs großen Schulden
und der Graf winkt barsch zum zahlen.
Hennig hat nicht einen Gulden.

Und er spricht: »Hör' mein Gebieter!
Ach, wie hart ist doch das Zahlen
für' nen armen, durst'gen Steinmetz!
Bin der durstigste von allen.

Löscht mir aus die dummen Strichlein
und ich will Euch einen dicken
Gambrinus aus Granit meißeln;
lange soll Euch der entzücken.«

Und der Graf ließ es geschehen.
Seiner Schulden los ward Hennig;
von den vielen, vielen Strichlein
dürft' er zahlen keinen Pfennig.

Fleißig aber ging der Meißel
und Gambrinus kam zustande.
Heut' noch steht er vor dem Bräuhaus
in dem altersgrau'n Gewände.

Die Schneiderburg

Ein Schneider flink mit der Ziege sein
Behauste den Krempenstein,
Sah oft von der felsigen Schwelle
Hinab zu der Donauwelle,
In reißende Wirbel hinein.

So saß er oft und so sang er dabei:
»Wie leb' ich sorgenfrei!
Meine Ziege, die nährt und letzt mich,
Manch Liedchen klingt und ergötzt mich,
Fährt unten ein Schiffer vorbei!«

Doch ach, die Ziege, sie starb und ihr
Rief nach er: »Wehe mir!
So wirst Du mich nicht mehr laben,
So muß ich Dich hier begraben,
Im Bette der Donau hier?«

Doch als er sie schleudern will hinein,
Verwickelt, o Todespein!
Ihr Horn sich ihm in die Kleider:
Nun liegen Zieg' und Schneider
Tief unter dem Krempenstein! *August v. Platen*

Die Riesengeiß auf dem Hohenbogen

Vor uralten Zeiten weidete eine Geiß auf dem Hohenbogen, welche so ungeheuer groß war, daß ihr Rücken die Wipfel der höchsten Bäume überragte. Im Tag fraß das Untier zwei Morgen Landes ab. Einmal schlief es am Rande eines Hohlweges und ließ seine strotzenden Euter über diesen herabhängen. Ein Holzwagen, der aus dem Hochwalde herabkam, riß ihm im Vorüberfahren eine Zitze weg und aus der Wunde ergoß sich ein Wolkenbruch von Milch, welcher sieben Dörfer am Fuße des Berges hinwegschwemmte. Das war das erste und letzte Mal, daß stromweise Milch geflossen ist im gelobten Lande Bayerwald.

Müller und Grueber, Der Bayerische Wald

Der Pflug im Wappen von Straubing

Die Stadt Straubing führt seit uralten Zeiten einen Pflug im Wappen. Darüber geht die Volkssage: Früher strömte die Donau so nahe an Straubing vorüber, daß sie die Stadt durch Unterwühlung der Häuser und Mauern mit dem Untergang bedrohte. Da ward ihr mit einem großen Pfluge ein neues Bett gegraben und also der gewaltige Strom abgelenkt. Zum Andenken kam der Pflug ins Wappen. Die Geschichtsforscher wollen aber die Sache besser wissen.
J. R. Schuegraf

Landshuts Wappen

Leicht hast du aa davo' scho' g'hört, leicht hast as g'sehg'n scho' selm,
Daß Landshuat in sein Wapp'n tragt drei echte Rittahelm.
Dö ham dö Bürga sich vadeant durch eahna Tapferkeit.
Sechshundert Jahr' is 's jazt bal' her: dös is a lange Zeit!

Fürscht Otto z'Landshuat hat im Sterb'n sei'm Suh als Vormund b'stimmt
An Herzog Ludwig, daß do' 's Land in fremde Hand nöt kimmt.
Da schöne Herr vo' Österreich, der will dös gar nöd leid'n.
Er spitzt ja selm auf d'Vormundschaft. Jazt soll da Kriag entscheid'n.

Bei Gammelsdorf, da treffa s' z'samm. Da Habsburga, der lacht:
»Da boarisch' Adel hilft zu mir, da muaß i's g'winna, d'Schlacht«.
Da Wittelsbacha aba denkt: »I streit' für mei' guat's Recht
Und d'Bürga halt'n treu zu mir, die fecht'n aa nöd schlecht«.

Vo' Landshuat, Moosburg, Inglstadt, vo' Straubing kemma s' z'samm:
An Ludwig lass'n s' nöd im Stich, wia sie's vasprocha ham.
Und grad wia Löb'n haua s' drei', d'Landshuata no vor all'n;
Viel Ritter lieg'n am Schlachtfeld durt, da hört ma' koa'n mehr prahl'n.

Da boarisch Herzog ist voll Freud und hat dö Bürga g'ehrt,
D'Landshuata durch drei Rittahelm: »Dö« – moant er – »dö san's wert«.
A. Dreyer

Der Hofnarr zu Trausnitz

Im Schlosse Trausnitz bei Landshut ist die sogenannte Narrenstiege, eine Wendeltreppe, an deren Wänden Narren abgemalt sind. Vormals hörte man dort um Mitternacht häufiges Schellengeklingel und Geklapper. Der Leibnarr des Herzogs Georg wollte seinerzeit diesen seinen edlen Herrn vergiften, was ihm aber mißlungen ist. Dieser Narr ist es wohl, der nachmals sein Unwesen getrieben. Ein Burgvogt will ihn selber gesehen haben, wie er mit einer roten Gugel und Schellen daran umging. Jetzt hört man nichts mehr davon.

Turnier zu Landshut

Zu Landshut in dem Schlosse schallt
Der Hochzeit Jubel laut,
Des Polenkönigs Tochter ward
Dem Herzog angetraut.[1]

Da fanden sich von nah und fern
Der tapfern Ritter viel,
Auf Rossen hoch und blank in Stahl
Zum edlen Waffenspiel.

Vor allen war ein Ritter stark
Vom Polenlande her,[2]
Der führt den Degen so behend
Und schwang so leicht den Speer.

Durch einen Herold macht er kund:
Wer ihn besiegen wollt',
Der möge tausend Gulden bar
Empfah'n des Sieges Gold.

---

1 Hedwig an Georg den Reichen.
2 Graf von Lublin.

Doch keinen von den Herren all
Gelüstet nach dem Geld, –
Da springt erzürnt ein Herzog auf:
Herr Christoph war der Held.

Und mächtig schwingt er seinen Speer
Zum Kampf mit starker Hand,
Ein Stoß – es lag der Polenheld
Getroffen in dem Sand.

Da bliesen die Trompeten hell
Zu Herzog Christophs Ehr,
Es war kein Held im Bayerland
So ritterlich als er. *Schöppner*

Der geschundene Wolf zu Passau

Herzog Otto von Bayern vertrieb des Papstes Legaten Albrecht, daß er flüchten mußte, und kam nach Passau. Da zog Otto vor die Stadt, nahm sie ein und ließ ihn jämmerlich erwürgen. Etliche sagen: man habe ihn schinden lassen, darum führen noch die von Passau einen geschundenen Wolf. Auch zeigt man einen Stein, der Blutstein geheißen, darauf soll Albrecht geschunden und zu Stücken gehauen sein. *Arentin*

Die drei Lederer zu Passau

Vom Severintor zu Passau führt ein enger Weg bis zum Neutor in die Mariahilfstraße zurück. Dort sieht man an einer Gartenmauer einen eingemauerten Stein, auf welchem drei Männerköpfe abgebildet sind. Die Sage erzählt, dieses seien die Köpfe dreier Lederer aus der Innstadt, welche die Erbauer der Stadtmauer sollen gewesen sein. *J. Lenz*

Die Finsinger

Es waren ihrer zwölf Finsinger. Sie wollten sich vergewissern, ob ihrer noch alle seien. Einer zählte: »I und du bist oana, zwo, droi« usw. Er brachte nur elf heraus, zählte wieder und noch einmal und kam nicht höher als auf elf. Sie schüttelten die Köpfe und wußten sich nicht zu raten. Da sahen sie einen Kuhfladen auf dem Wege, gingen hin und streckten nacheinander ihre Nasen hinein. Hocherfreut zogen sie von dannen, als sie fanden, daß ihrer doch zwölfe seien.

Ihrer neun wurden einmal von einem argen Ungewitter überrascht. Sie rannten flugs unter einen Schmeller (Grashalm) und mitleidig meinte einer von ihnen: »O lieber Herrgott, wie wird's denen ergehen, die auf dem freien Felde sind!«

Einmal säeten die Finsinger Salz aus. Der Acker aber brachte lauter Brennessel hervor. Als sie das Kraut probierten, brannte es sie ordentlich auf die Zungen. »Is scho ebbs!« sagten sie. Nun wollten sie erfahren, ob das in der Mitte des Feldes stehende Kraut schärfer oder milder im Geschmacke sei, fürchteten jedoch, der Mann, der die Probe vornehmen sollte, könnte zu viel Pflanzen zertreten, darum setzten sie ihn auf eine Bahre und trugen ihn zu viert hinein.

Die Finsinger gehen sich jeden Samstag ihren weiten Kirchenweg voraus und meinen, sonntags näher zu haben.

Am hl. Brunnen zwischen Raindorf und Hangenleiten wusch sich eine Anzahl Finsinger die Füße. Aber o weh, sie kannten dieselben nicht mehr auseinander. Glücklicherweise kam ein Mann des Weges, den sie um guten Rat angingen. Der Mann nahm darauf seinen Stock und schlug in den Brunnen. Flugs hatte da jeder wieder seine Füße!

Ein Finsinger schickte seine Dienstboten in den Wald, Tannenreisig zu holen; dabei trug er ihnen auf, vom Asthaufen zuerst die zu unterst liegenden Reiser zu nehmen, damit sein schwächlicher Sohn nachmittags die oberen leichter fassen könne.

Die Sonne hatte eines Jahres das Korn schlecht gereift. Die Finsinger grämten sich darüber. Da sie nun eines Tages die Sonne durch einen Spalt an der Bretterwand in den Stadel scheinen sahen, entschlossen sie sich, die Sonne einzusperren. Rasch war der Spalt verstopft. So, nun konnte die liebe Sonne das Versäumte im Stadel drinnen nachholen.

Einmal rollten die Finsinger wacker Blöcher in die Ohe. Dabei stürzte einer kopfüber ins Wasser. »Jatz is aus«, schrie gleich ein anderer, »schauts hi, der hot jo koan Kopf nöt!« »Gschwind la(u)fts hoam«, riet ein anderer, »und schaugts ön sein Sunntahuat einö, mö is a da drinnat!«

Einige Finsinger wollten einmal einen Mühlstein den Berg hinunterbringen. Am einfachsten war es da, ihn hinunterzurollen. Einer sollte ihn leiten. Er steckte den Kopf in das Loch und nun ließ man den Stein unter lautem Hailoh laufen. Unten angekommen war der »Leiter« natürlich tot.

Mehrere Finsinger hatten zwei Laib Brot zu verzehren. Sie wußten nicht, welchem sie zuerst den Garaus machen sollten. Da ließen sie beide Laibe den Berg hinablaufen. Der zuerst unten ankomme, den wollten sie zuerst essen. Der weiße Laib verlor alsbald die Rinde. Da schrien sie: »Schwarzer lauf! Da weiß' hat an Rock scho auszogn!«

Ein andermal war einer beschäftigt, Scheitholz heimzuführen. Schon stiegen die Scheiter hoch über die Wagenleitern hinaus; aber er legte noch immer mehr hinzu und sagte fortwährend zu seinen Öchslein: »Kinnts dös a no zoign?« Endlich war ein beinahe haushoher »Gupf« fertig und unser Finsinger ließ die Peitsche knallen: »Hüh!« Aber es rührte sich nichts, das Gefährte ging nicht von der Stelle. Da legt er seine Peitsche nieder und fängt an wieder abzuladen. Wie er so Scheit für Scheit nimmt, meint er, an seine behornten Brüder gewendet: »Kinnts dös a nimma zoign?« bis schließlich nur mehr der leere Wagen vor ihm steht und so geht es dann nach Hause.

Ein Bauer aus Finsing wollte die Wiese näher beim Hause haben. Er stellte es ganz einfach an, schlug einen Pfahl in die Wiese, spannte seine Ochsen daran und rief: »Wüah!« Während sich die Ochsen fruchtlos abmühten, erhob sich der Wind, der das Gras hin und her bewegte. »Zoigts nur a!« schrie der Bauer. »Rührt si scho!«

Zwei Finsinger gingen auf die Eichhörnchenjagd. Das Eichhörnchen sprang von Ast zu Ast, von Baum zu Baum. Der eine kletterte ihm nach, fiel aber so unglücklich herunter, daß er blutend und bewußtlos liegen blieb. Als ihn sein Kamerad auffand und das Blut gewahrte, sagte er: »Der hat's glei zsamt Haut und Haar gfrössn!«

Zwei andere Finsinger wollten miteinander im Walde Holz sägen; aber da sie immer gleichzeitig an der Säge zogen, so konnten sie nichts zuwege bringen. »Kinn ma nix mocha; is oana so stark wia da ana!« sprachen sie und gingen wieder heim.

Die Finsinger tranken gerne Kletzenmost. Um nun ihre Hausfrauen nicht immer mit dessen Zubereitung belästigen zu müssen, hingen sie einfach ein Säcklein mit Kletzen in den Brunnen. So hatten sie jederzeit Kletzenmost.

Schwarz war ihnen immer eine verhaßte Farbe und sie litten keinen Rappen, kein schwarzes Öchslein, keine solche Kuh, weder Hündlein noch Kätzlein von der Farbe. Da hatte einer eine schwarze Henne und nun kamen die Nachbarn und »traten« ihn, d. h. sie schmähten ihn und schalten ihn einen gottlosen Kern. Da nahm er die schwarze Henne und seifte sie tüchtig ein. Als sie über und über schaumweiß war, legte er sie in den glühenden Backofen, damit sie trockne. Nach Umfluß einer guten Stunde zog er sie wieder heraus. Mittlerweile hatte ihr die Hitze richtig die Federn weiß versengt; aber das Gackern und Eierlegen war ihr auch für alle Zeiten vergangen. Triumphierend zeigte er sie den anderen und sprach: »Sehgts ös, kinnt hätt i's; aba ausgholtn hot sie's nöt!«

Die Finsinger bauten sich schließlich ein neues Rathaus und vergaßen die Fenster und Türen. Bald darauf kamen sie in die Stadt und sahen einen Mann mit einer umfangreichen Glatze an einem Fenster stehen. Sie glaubten, der Mann habe die Fenster und Türen seines Hauses mit dem Kopfe durchstoßen und dabei seine Haare eingebüßt. Als sie heimkamen, probierten sie es auch, rannten sich aber dabei die Schädel ein. Seit dieser Zeit gibt es keine Finsinger mehr.

Ortsneckereien

Die Bewohner von Pleinting wollten einmal einen Steg über die Donau bauen. Als sie nach langer Arbeit die zugerichteten Balken zusammenfügen wollten, sahen sie, daß ihnen der Steg zu kurz geraten sei. Sie spannten daher ein Paar Ochsen daran, um ihn zu dehnen oder, wie der Volksmund sagt, auszurecken. Das gelang ihnen freilich nicht; aber seither führen sie den Namen »Stegrecker«.

Vor Jahren kam einmal ein Bettelmönch nach Windorf. Es war in der Kirschenzeit. Schwarz und rot lockten die reifen Früchte. Im Nu war der Kuttenmann auf einem Baum und ließ sich die Kirschen schmecken. Als ihn der Besitzer des Gartens erblickte, erschrak er nicht wenig; denn er hielt den Mann in der braunen Kutte für einen Bären. Flugs lief er bei seinen Nachbarn herum, sie um Hilfe anrufend und halb Windorf rückte mit Sensen, Hacken, Dreschflegeln und Spießen dem Ungetüm entgegen. Sobald aber der Mönch den johlenden und wohlbewaffneten Menschenhaufen kommen sah, sprang er eilends vom Baume herab und lief so schnell er konnte Vilshofen zu. Da machten die Windorfer freilich lange Gesichter und trugen ihre Waffen grollend wieder nach Hause. Heute aber heißen die Windorfer noch »Bärenfänger«.

Die Hofkirchner im Bezirksamte Vilshofen werden »Lebzeltenfänger« genannt. Sie fuhren nämlich eines Abends mit ihren Plätten und Zillen in die Donau hinaus, um ein riesiges Stück Lebkuchen aufzufangen, das die Donau herabschwamm. In Wirklichkeit aber war es ein Düngerwagenbrett was auf den Wellen herabtrieb und einem Bauern aus Niederaltaich gehörte.
Von diesem Fang haben die Hofkirchner ihren Spottnamen.

Zur Kriegszeit hing einmal ein biederer Schierlinger seine Gänse unter der Brücke auf, um sie vor den Feinden zu sichern. Das hat nun den Schierlingern den Namen »Gänshänger« eingetragen.

Die Veldener fingen vor langer Zeit einmal einen Hecht, steckten ihn in einen Vogelkäfig und glaubten, er würde da das Singen lernen. Der Hecht aber krepierte, ohne nur einen Ton von sich gegeben zu haben. Seitdem spricht man vom »Veldner Hecht«, wenn jemand eine Dummheit macht.

Die Allhartsmaiser lasen einmal in der Bibel von dem Lande, das von Milch und Honig floß und meinten, es wäre ganz gut möglich, daß auch in ihrer Gegend der Boden Honig berge (in bezug auf die Milch wollten sie in Zukunft mit der zufrieden sein, die ihnen ihre Kühe und Ziegen liefern). Sie gruben deshalb ganze Tagwerk klastertief um; aber selbstverständlich ohne jeden Erfolg. Will man die Allhartsmaiser in Harnisch bringen, so darf man sie nur fragen: »Wo habts denn d' »Henigruabn?«

Ein paar Kößlarner waren eines Nachts auf Beute ausgezogen und schlichen schwer bepackt vor Tagesanbruch wieder heim. Unterwegs wurden sie aber von der Polizei gestellt. Auf Befragen, was sie in ihren Säcken hätten, erwiderten sie: »Köastöck!« und so werden nun alle Kößlarner genannt, wenn man sie ärgern will.

Die Einwohner von Simbach bei Landau am Inn wollten gleich anderen Orten einen ständigen Schrannentag haben, und zwar an jedem Mittwoch. Sie schickten daher eine Abordnung an den König, ihn zu bitten, daß er ihren Wunsch gewähre. Das Volk ist kurz und bündig im Ausdruck und so baten die Simbecker: »Herr Küni gib uns an Migga!«[1] »Den sollt ihr haben«, sagte der lachend. »Jede Woche einen; vorher noch dazu einen Dienstag und nachher einen Donnerstag!« »Dös is z'viel, Herr Küni! Dös is z'viel! Mia glang ma schon mit n Migga!« erwiderten freudig wieder die von Simbach.

Wenn ihr einmal zu einem Simbecker kommt, dann fragt ihn, ob Simbach noch immer seinen Migga hat!

Aber auch die Frage nach der roten Geiß bringt die Simbecker aus ihrer Ruhe. Wer darnach fragt, sehe sich aber vor! Man wird ihn in einen Stall führen und ihn dort einzusperren versuchen.

Auch andere Orte haben ihre Spitz- und Spottnamen:
Die Vilshofener heißen Bullenbeißer,
die Vohburger gleich den Kößlarnern Köastöck,
die Pförringer Leberwürst,
die Geisenfelder Hanfstengl,
die Abensberger Windlwascher,
die Steinbacher Kropfate,
die Bewohner von Au b. Fr. d' Baron,
die Mitterskirchner Kreuzerweckenbeißer,
die Eschlkamer die Stolzn,
die Taubenbacher und Seibersdorfer Gratnschnapper.

---

1 Mittwoch.

Die Wurmannsquicker fragt man nach der Drehbank,
die Eggenfeldener nach dem Galgen,
die Reisbacher nach dem Schimmel. Ein weiß, porzellanener Zweiliterkrug steht in der Nische eines Gasthauses und wer die Reisbacher – eigentlich sagt man die Reisbecker – mit dem Schimmel »aufzwickt«, muß ihn auf seine Kosten füllen lassen.

Die Deggendorfer fragt man nach den Knödeln,
die Passauer nach dem Passauer Tölpel.

Weiters spricht man von den laufenden Bayerbeckern und den schauenden Wengern.
Von Nöham erzählt man, daß sich dort der Hund am »Weltkirda« erhängt habe und von Engiburgsried, daß da die Geiß den Hund »derbissn«, das ist totgebissen, hat.

Elisabethszell nennt man Zweschbnzell.

Den Iggensbeckern sagt man:

> D'Iggnsböcka, blauö Mo(n)ta(g)brüada,
> gengan furt am Sunnta, kömman hoam am Irda;
> wenn's nocha weng an Geld not is,
> nocha is ön Irda[1] no nöt gwiß.

Um Winzer hört man:

> Wer durch Neßlbach geht und spürt koan Wind,
> wer durch Winzer geht und sehgt koa Kind,
> wer durch Oida[2] geht und kriagt koan Spott,
> der hat a bsundre Gnad vom liabn Gott!

---

1 Dienstag. Jrta = Eritag, Erchtag, Erichtag.
2 Niederalteich.

In Staning bei Chamerau soll sich vor langer Zeit einmal ein herrschaftliches Gefängnis, vielleicht ein Schuldturm, befunden haben.
Daran erinnern die Spottverse:

> In Staning is s Zuchthaus.
> Wer a Geld hot, der kimmt wieda aus;
> wer koans hot, muaß drinnat bleibn
> und Spinnradi treibn!

Die Moizerlitzer

Die Regener gingen einmal nach Patersdorf wallfahren. Dort angekommen frug man sie, woher sie seien. Wahrheitsgemäß antworteten sie: »Aus Regen!« Da aber in Regen damals die Pest herrschte, wies man sie zurück. Kurze Zeit darauf rückten sie wieder an. Diesmal gaben sie an, sie seien aus Moizerlitz (in Böhmen). Jetzt ließ man sie ein und öffnete ihnen die Kirche. Der Name Moizerlitzer ist den Regnern bis auf den heutigen Tag geblieben.

Was die Sage von den Deggendorfer Knödeln erzählt

Als die Hussiten seinerzeit den Böhmer- und Bayerischen Wald durchzogen, kamen sie auch nach Deggendorf und belagerten es. Die mutigen Bürger stürmten gleich auf die Mauern und setzten ihnen energischen Widerstand entgegen. Tag und Nacht hielten sie aus, ja, wenn die Feinde eine Pause im Kampfe machten, dann aßen und schliefen sie sogar auf den Wällen. Eines Mittags richteten sie wieder zum Kochen an. Es sollte Knödel mit Sauerkraut geben. Da der Hunger der Belagerten groß war, durften die Knödel auch nicht zu klein ausfallen. Gerade, als der Koch die ansehnlichen Rundlinge formte, schlich sich ein Hussit mit einer Leiter heran, erstieg sie und schaute neugierig über die Mauer. Flugs flog ihm ein Riesenknödel ins Gesicht. Erschrocken sprang er von der Leiter und eilte in das Lager zurück. Dort erzählte er, daß die Deggendorfer noch eine Unmenge Kugeln hätten und noch immer neue machten. Darauf brachen die Hussiten ihr Lager ab und zogen davon.

Zur Erinnerung daran hat man zwei große Knödel aus Stein meißeln und am Deggendorfer Rathaus aufhängen lassen.

Von der Neßlbacher Kirchweih

Die Neßlbacher wollten auch eine Kirchweih wie andere Pfarreien haben, konnten sich aber immer über den Tag, an dem er stattfinden sollte, nicht einigen. Als sie wieder einmal auf dem Dorfplatz standen und eifrigst darüber berieten, kam eine Geiß des Weges gelaufen und schrie aus vollem Halse: »Mäh! Mä!« »No, da ham ma's ja!« lachte der Schneider. »D' Goaß muaß 's uns sagn, weil ma 's selba nöt wissn!« Den Neßlbachern war ein Stein vom Herzen. Sie einigten sich: Am Sonntag nach Bartlmä (24. August) sollte ihre Kirchweih sein. Und so geschah es und ist's heute noch.

Der Ortsname Wunder

Die Einöde Wunder bei Hüttenkofen hieß früher Elend. Wie aus dem Elend ein Wunder wurde, darüber besteht folgende Sage:

Der Söldner zu Elend hat einmal seine zwei Ochsen im freien Felde stehen lassen. Da ist nun ein Dieb gekommen, hat den größeren Ochsen gestohlen, ihm aber rasch noch den Schweif abgehauen und denselben in das Maul des kleineren Ochsen gesteckt. Wie nun der Bauer wieder aufs Feld zurückgekommen und den kleinen Ochsen gesehen, der den Schweif des größeren im Maule hatte, rief er aus: »O Wunder! O Wunder! Jetzt hat der kleine Ochs den großen gefressen!« Seit dieser Zeit hat der Ort nicht mehr Elend, sondern Wunder geheißen. *Dingolfinger Heimatmuseum*

Wie Wischiburg zu seinem Namen kam

Eine Leibspeise der Rottaler Bauern sind die »Gwichstn«. Es sind dies kleine Knödel aus Mehl und Wasser, die so hart werden, daß man sie, wie der Rottaler selber sagt, über das Hausdach werfen kann, ohne daß sie zerspringen oder zerbröckeln. Weil diese Knödel so hart sind, so lassen sie sich nur mit dem Löffel ohne Gefahr aus der Suppenschüssel heben. Wer sie jedoch mit der Gabel anspießen will, muß nach dem rechten Knödel schauen und nach dem linken spießen, heißt es.

Ein Handwerksbursche kam einmal zur Mittagszeit in einen Rottaler Bauernhof und wurde zum Essen eingeladen. Auf dem Tische stand eine Schüssel Fleischbrühe mit »Gwichstn«. Der Handwerksbursche hatte noch nie solche Dinger gesehen und gegessen. Als er gewohntermaßen mit der Gabel auf einen Knödel hinfuhr, sprang derselbe aus der Schüssel, über den Tisch und hinunter auf den Boden. Tyraß, der Hofhund, lag unter der Bank und rannte gierig auf den Flüchtling los. Der prallte aber an seinen Zähnen ab und kollerte wieder weiter zur Tür hinaus, die gerade offen stand. Tyraß wollte jedoch sich den Bissen nicht entgehen lassen und sprang ihm nach von der Flötz in den Hof, vom Hofe auf die Straße. So oft er hinschnappte, hüpfte der Knödel wieder davon und so begann ein lustiges Treiben auf der Landstraße dahin. Bei einem Dorfe in der Nähe von Stephansposching endlich verfing sich der Knödel in einem Rinnsteine und Tyraß packte und verschluckte ihn mit heißer Gier. Jenes Dorf hatte damals noch keinen Namen. Weil nun der Hund hier den Knödel erwischte, ward es Wischiburg geheißen.